百姓实用法律知

劳动争议维权必读

主 编

许海峰

编 者

（以姓氏笔画为序）

于丹宁　王玉涛　王继宽　许守振

许海峰　李玉群　李保密　孟庆亮

赵卫华　赵海燕　彭山岭　程文玉

蒋思保　谢春梅

金盾出版社

内容提要

　　本书围绕劳动争议维权问题,采用简洁明了的问答方式,介绍了有关劳动权益的基本知识和劳动争议纠纷维权的法律法规知识,主要有:劳动合同概述,劳动合同的签订、履行、变更、终止和解除,劳动报酬,集体劳动合同,五险一金,劳动争议仲裁,劳动争议诉讼,等等。同时选编了典型案例供参考,还附有相关的法律法规方便查询,可帮助读者依法正确处理劳动争议纠纷,维护自身的合法权益。

图书在版编目(CIP)数据

　　劳动争议维权必读/许海峰主编 . —北京:金盾出版社,2016.9
(2019.11 重印)
　　(百姓实用法律知识手册)
　　ISBN 978-7-5186-0881-2

　　Ⅰ.①劳…　Ⅱ.①许…　Ⅲ.①劳动争议—劳动法—基本知识—中国　Ⅳ.①D922.591

　　中国版本图书馆 CIP 数据核字(2016)第 070936 号

金盾出版社出版、总发行

北京市太平路 5 号(地铁万寿路站往南)
邮政编码:100036　电话:68214039　83219215
传真:68276683　网址:www.jdcbs.cn
北京印刷一厂印刷、装订
各地新华书店经销
开本:880×1230 1/32　印张:11.75　字数:340 千字
2019 年 11 月第 1 版第 3 次印刷
印数:6 001～9 000 册　定价:35.00 元
(凡购买金盾出版社的图书,如有缺页、
倒页、脱页者,本社发行部负责调换)

前言

　　中国共产党十八届四中全会做出了《全面推进依法治国若干重大问题的决定》，标志着法治社会进入了全新的历史时期。依法治国不仅是治国理政的方略，而且与我们的日常生活息息相关、紧密相连。随着法治要求的强化，人们亟须用法治意识武装自己，用法律知识充实自己，用法律手段保护自己的合法权益。只有全民努力，才能实现依法治国的总目标。

　　我国宪法规定，中华人民共和国公民在法律面前一律平等。公民依法享有广泛的权利和义务。但是，由于历史、政治、文化、经济等方面的原因，公民的人身权益、财产权益和其他权益遭到不法行为的侵害也时有发生。一些人误以为，法律就是约束人、惩罚人的，一个人只要不违法犯罪，就与法律无关，这种对法律和政策无知或知之甚少导致他们常常"让自己的权益睡着了"，不知道自己拥有多少权益，或者不知道如何合法地保护自己的权益，面对矛盾和纠纷，常常采取忍气吞声的或者过激的、非法的手段去达到自己的目的，结果导致自己由合法变成非法，既影响了生活的幸福、社会的稳定，也阻碍了现代化建设的进程。可以说，对公民进行广泛的法律普及工作仍然是任重道远的任务。因此，我们经过多年的实践和知识积累，促成了这套百姓实用法律知识手册的问世。我们希望通过这套知识手册的普及，使完善实用的法律知识与您的生活紧密相连，消除您生活中的法律困惑，化解您生活中遇到的各种矛盾,指导您维护自己的合法权益,最终目的是不打官司或打赢官司。

该套丛书由国家机关、政法院校、科研院所和律师事务所的部分专家、学者和具有丰富经验的资深律师共同编写,具有以下主要特点:

一是通俗易懂。以现行法律为准则,简明扼要、深入浅出地讲解各类法律基础知识,将深奥的法律理论、严肃的法律规范和复杂的法律问题,用简明通俗的语言进行解答,使之让广大百姓读得懂、看得明。为了让读者全面了解某些知识的历史沿革,书中个别地方还援引了部分已废止的法律法规,敬请广大读者在运用中注意甄别。

二是实用性和可操作性强。坚持法律的生命在于应用理念,把实用性、普及性放在首位,紧密联系百姓现实生活提出问题、解决问题,是群众维护自己合法权益、依法解决矛盾和纠纷的政策帮手和法律顾问。

三是内容新。紧跟发展变化,以最新的法律法规为依据,把最新的典型案例、最新的法律法规、最新的示范文本格式、最新的司法解释等融会贯通于全书,指导解决各种现实问题。

由于我们水平所限,时间仓促,书中难免存在不妥之处,敬请广大读者批评指正。

作　者

导　读

　　对于劳动者的权利与义务,本书的重点有:劳动者的权利包括劳动者有平等就业的权利、劳动者有选择职业的权利、劳动者有取得劳动报酬的权利、劳动者享有休息休假的权利、劳动者有获得劳动安全卫生保护的权利、接受职业技能培训的权利、享受社会保险和福利的权利和提请劳动争议处理的权利。同时,劳动者应当完成劳动任务,提高职业技能,执行劳动安全卫生规程,遵守劳动纪律和职业道德的义务。另外,劳动法对女职工和未成年人进行特殊保护。妇女享有与男子平等的就业权利,在录用职工时,除国家规定的不适合妇女的工种或者岗位外,不得以性别为由拒绝录用妇女或者提高对妇女的录用标准。禁止用人单位招用未满16周岁的未成年人。文艺体育和特种工艺单位招用未满16周岁的未成年人,必须依照国家有关规定,履行审批手续,并保障其接受义务教育的权利。

　　劳动合同又称劳动契约,国外也称为雇佣合同或雇佣契约,是指劳动者同企业、事业、机关、团体等用人单位为确立劳动关系,明确双方责任、权利和义务的协议。企业、事业、机关、团体等用人单位有义务按照劳动者的劳动数量和质量支付劳动报酬,并根据劳动法律、法规和双方的协议,提供各种劳动条件,保证劳动者享受本单位成员的各种权利和福利待遇。劳动合同按劳动合同的期限长短、目的、人数、主体和用工制度的不同可以分为不同种类,又可分为书面和口头形式以及特定书面形式。有固定期限的劳动合同自生效之日起到终止之日止对当事人双方具有法律约束力。生效之日可以是订立之日,也可以是约定的具体日期。如果劳动合同未约定具体的生效日期,则应把生效日期确定为订立合同之日。合同期限届满,双方当事人的劳动法律关系即行终止。如果双方同意,还可以续订合同,延长期限。

对于劳动合同的内容,本书的重点有:劳动合同的法定条款包括合同期限、工作内容、劳动保护和劳动条件、劳动报酬、劳动纪律、合同终止的条件以及违反劳动合同的责任等;劳动合同的约定条款包括试用期条款、保守商业秘密条款、禁止同业竞争条款、第二职业条款、违约金和赔偿金条款以及劳动合同的禁止性条款。

用人单位故意拖延不订立劳动合同,即招用后故意不按规定订立劳动合同以及劳动合同到期后故意不及时续订劳动合同的,按以下执行:(一)造成劳动者工资收入损失的,按劳动者本人应得工资收入支付给劳动者,并加付应得工资收入25％的赔偿费用;(二)造成劳动者劳动保护待遇损失的,应按国家规定补足劳动者的劳动保护津贴和用品;(三)造成劳动者工伤、医疗待遇损失的,除按国家规定为劳动者提供工伤、医疗待遇外,还应支付劳动者相当于医疗费用25％的赔偿费用;(四)造成女职工和未成年工身体健康损害的,除按国家规定提供治疗期间的医疗待遇外,还应支付相当于其医疗费用25％的赔偿费用;(五)劳动合同约定的其他赔偿费用。

对于劳动合同的试用期,本书的重点有,试用期是指用人单位对新招收的合同制职工进行思想品德、劳动态度、实际工作能力、身体情况等进行进一步考察的时间期限。根据我国劳动法的规定,劳动合同可以规定试用期,其期限的长短由企业根据不同工种的实际情况确定,但最长不得超过六个月。试用期的劳动报酬,不得低于当地政府公布的最低工资标准。同时,当事人双方关于试用期的待遇必须依法约定,不得违反法律关于法定劳动标准的规定。

对于劳动合同的履行,本书的重点有,劳动合同的履行,是指劳动合同在依法订立生效之后,双方当事人按照劳动合同规定的条款,完成劳动合同规定的义务,实现劳动合同规定的权利的活动。劳动合同依法订立即具有法律效力,当事人必须履行劳动合同规定的义务。劳动合同一经依法订立,就应该严格履行。履行是劳动合同法律制度的关键环节,是订立劳动合同的实质所在。没有履行当事人双方确立的劳动权利义务则难以实现,订立劳动合同也毫无意义。劳动合同变更是指当事人双方对已经订立的劳动合同客体和内容进行改变,即对劳动合同各项条款达成修改、补充或限制的法律行为,是对原劳动合同规定的权利义务的完善和发展,由原劳动合同所派生,是保证劳动合同全面履行和劳动过程顺利实现的重要手段。在劳动合同履行过程中,因订立合同时所依据的客观情况发生重大变化,致使原合同无法履行时,应当变更原劳动合同中的工作内容、岗位以及劳动保护、劳动条件、工资报酬等有关条款。

对于劳动合同的解除,本书的重点有:劳动合同的解除分为用人单位解除和劳动者解除劳动合同两种。用人单位可以在劳动者有过错情况下和没有过错情况下解除合同,但用人单位不得裁减下列人员:(1)患职业病或者因工负伤并被确认丧失或者部分丧失劳动能力的;(2)患病或者负伤,在规定的医疗期内的;(3)女职工在孕期、产期、哺乳期内的;(4)法律、行政法规规定的其他情形。用人单位解除劳动合同应给予劳动者一定的经济补偿。而劳动者解除劳动合同,应当提前 30 日以书面形式通知用人单位。劳动者提前 30 日以书面形式通知用人单位,既是解除劳动合同的程序,也是解除劳动合同的条件。劳动者提前 30 日以书面形式通知用人单位,解除劳动合同,无须征得用人单位的同意。超过 30 日,劳动者向用人单位提出办理解除劳动合同的手续,用人单位应予以办理。但由于劳动者违反劳动合同有关约定而给用人单位造成经济损失的,应依据有关法律、法规、规章的规定和劳动合同的约定,由劳动者承担赔偿责任。

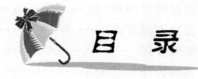

第一章 劳动合同概述

第二章　劳动合同签订、履行、变更和终止

第三章　劳动合同解除

第四章　劳动报酬

第五章　集体劳动合同

第六章　五险一金

第八章　劳动争议诉讼

附　录

第一章　劳动合同概述

一、劳动合同权利义务

1. 什么是劳动合同

劳动合同又称劳动契约，国外也称为雇佣合同或雇佣契约，是指劳动者同企业、事业、机关、团体等用人单位为确立劳动关系，明确双方责任、权利和义务的协议。根据协议，劳动者加入某一用人单位，承担某一工作和任务，遵守单位内部的劳动规则和其他规章制度。企业、事业、机关、团体等用人单位有义务按照劳动者的劳动数量和质量支付劳动报酬，并根据劳动法律、法规和双方的协议，提供各种劳动条件，保证劳动者享受本单位成员的各种权利和福利待遇。《中华人民共和国劳动法》（以下简称《劳动法》）第十六条规定，劳动合同是劳动者与用人单位确立劳动关系、明确双方权利和义务的协议。

劳动合同作为合同的一种，具有合同的一般特征：

（1）合同是法律行为。是设立、变更或消灭某种具体的法律关系的行为，其目的在于表达设定、消灭或变更法律关系的愿望和意图。这种愿望和意图是当事人的意思表示，通过这种意思表示，当事人双方或多方产生一定的权利义务关系，但这种意思表示必须是合法的，否则，合同没有约束力，也不受国家法律的保护。

（2）合同以在当事人之间产生权利义务为目的。合同当事人的协商,总是为了建立某种具体的权利义务关系,而一旦合同依法成立,这种对当事人有约束力的权利义务关系就建立起来了。任何一方当事人都必须履行自己所应履行的义务,如果不履行合同规定的义务,就是违反合同,就要承担相应的法律责任。

(3)合同是当事人双方或多方相互的意思表示一致,是当事人之间的协议。主要表现为:合同的成立,必须有两方或两方以上的当事人;当事人双方或多方必须互相意思表示;当事人的意思表示必须一致。

2. 劳动者享有哪些权利

我国宪法规定,中华人民共和国公民有劳动的权利和义务,一个公民既有劳动的权利,同时又有劳动的义务。《劳动法》进一步明确规定,"劳动者享有平等就业和选择职业的权利、取得劳动报酬的权利、休息休假的权利、获得劳动安全卫生保护的权利、接受职业技能培训的权利、享受社会保险和福利的权利、提请劳动争议处理的权利以及法律规定的其他劳动权利"。

(1)劳动者平等就业的权利。劳动权,也称劳动就业权,是指具有劳动能力的公民有获得职业的权利。劳动是人们生活的第一基本条件,是一切物质财富、精神财富的源泉,它是有劳动能力的公民获得参加社会劳动和切实保证按劳动取酬的权利。公民的劳动就业权是公民享有的各项权利的基础,如果公民的劳动不能实现,其他一切权利也就失去了基础和意义。

(2)劳动者有选择职业的权利。劳动者选择职业的权利,是指劳动者根据自己意愿选择适合自己才能、爱好的职业。劳动者拥有自由选择职业的权利,有利于劳动者充分发挥个人的特长,促进社会生产力的发展。劳动者成为市场的主体,劳动者与企业通过双向选择实现就业。在劳动力市场上,劳动者作为就业主体,具有支配自身劳动力的权利,可根据自身素质、意愿和市场价格信号,选择用人单位。选择职业的权利是劳动者劳动权利的体现,是社会进步的体现。

（3）劳动者有取得劳动报酬的权利。取得劳动报酬的权利是公民的一项重要劳动权利。我国宪法不仅规定公民有劳动的权利，而且给予劳动者的劳动权利以现实的物质的和法律的保障。我国宪法明确规定的各尽所能、按劳分配的原则，是我国经济制度的重要组成部分，同时宪法还规定，实行男女同工同酬，国家在发展生产的基础上，提高劳动报酬和福利待遇。劳动者付出劳动，依照合同及国家有关法律取得劳动报酬，是劳动者的权利，而及时、足额地向劳动者支付工资是用人单位的义务。用人单位违反义务，劳动者可以依法要求有关部门追究其责任。获取劳动报酬是劳动者持续地行使劳动权必不可少的物质保证。

（4）劳动者享有休息的权利。我国宪法规定，劳动者有休息的权利，国家发展劳动者休息和休养的设施，规定职工的工作时间和休假制度。我国劳动法规定的休息时间包括工作间歇、公休日、法定节假日以及年休假、探亲假、婚丧假、事假、生育假、病假等。我国对休息制度调整不断完善，由原来的每周48小时工作制，后改为44小时，现在实行40小时工作制，并且完善了节假日休假制度。缩短工时是提高劳动生产率的一种手段，也适应了劳动者生活水平提高的需要。休息休假的法律规定既是实现劳动者休息权的重要保障，又是对劳动者进行劳动保护的一个方面。《劳动法》规定，用人单位不得任意延长劳动时间。

（5）劳动者有获得劳动安全卫生保护的权利。劳动安全卫生保护，是保护劳动者的生命安全和身体健康，是对享受劳动权利的主体切身利益最直接的保护。由于劳动总是在各种不同环境、条件下进行的，在生产中存在着各种不安全、不卫生的因素，如不采取防护措施，就会造成工伤事故和引起职业病，危害劳动者的安全和健康。我国对劳动安全卫生保护十分重视，制定了大量的关于劳动安全保护方面的法规，形成了安全技术法律制度、职业安全卫生行政管理制度及劳动保护监督制度等一系列劳动安全卫生保护制度。

(6)劳动者有接受职业技能培训的权利。职业技能培训是指对准备就业的人员和已经就业的职工,以培养其基本的职业技能或提高其职业技能为目的而进行的技术业务知识和实际操作技能教育和训练。我国宪法规定,公民有受教育的权利和义务。受教育既包括受普通教育,也包括受职业教育。公民有劳动的权利,要实现劳动权是离不开劳动者自身拥有职业技能的,在职业技能的获得越来越多地依赖职业培训的今天,公民没有职业培训权利,劳动就业权利就无法充分实现。

(7)劳动者有享受社会保险和福利的权利。社会保险是国家和用人单位依照法律规定或合同的约定,对具有劳动关系的劳动者在暂时或永久丧失劳动能力以及暂时失业时,为保证其基本生活需要,给予物质帮助的一种社会保障制度。疾病、年老等是每一个劳动者都不可避免的,社会保险是劳动力再生产的一种客观需要。我国的社会保险制度自建立以来,随着生产建设的发展,不断地得到补充和完善,对保护职工身体健康,解除职工的后顾之忧,调动职工的生产积极性,发挥了重要的作用。我国社会保险包括生育、养老、失业、医疗、工伤保险等。

(8)劳动者有提请劳动争议处理的权利。劳动争议指劳动关系当事人因执行劳动法或履行集体劳动合同和劳动合同的规定引起的争议。劳动关系当事人作为劳动关系的主体,各自存在着不同的利益,双方不可避免地会产生分歧。用人单位与劳动者发生劳动争议,劳动者可以依法申请调解、仲裁,提起诉讼。

劳动争议调解委员会由用人单位、工会和职工代表组成。劳动争议仲裁委员会由劳动行政代表、同级工会、用人单位代表组成。解决劳动争议应贯彻合法、公正、及时处理的原则。在发生争议时有提请争议处理的权利,也是劳动者其他合法权利的保证。

3. 劳动者应履行哪些义务

劳动者的义务是指劳动法规定的对劳动者必须做出一定行为

或不得作出一定行为的约束。权利和义务是密切联系的,任何权利的实现总是以义务的履行为条件。没有权利就无所谓义务,没有义务就没有权利。《劳动法》第三条规定,劳动者应当完成劳动任务,提高职业技能,执行劳动安全卫生规程,遵守劳动纪律和职业道德。

(1)劳动者有完成劳动任务的义务。劳动者有劳动就业的权利,而劳动者一旦与用人单位发生劳动关系,就必须履行其应尽的义务,其中最主要的义务就是完成劳动生产任务。这是劳动关系范围内的法定义务,同时也是强制性义务。劳动者不能完成劳动义务,就意味着劳动者违反劳动合同的约定,用人单位可以解除劳动合同。

(2)劳动者有提高劳动技能的义务。提高职业技能、执行劳动安全卫生规程,遵守劳动纪律和职业道德,既是劳动者的义务,也是劳动者完成劳动任务的保证。劳动者努力提高职业技能,提高技术业务知识和实际操作技能,使劳动者成为适应社会主义建设的熟练劳动者,有利于提高劳动生产率,加快社会主义建设的速度。

(3)劳动者有执行劳动安全卫生规程的义务。劳动者对国家以及企业内部关于劳动安全卫生规程的规定,必须严格执行,以保障安全生产,从而保证劳动任务的完成。

(4)劳动者有遵守劳动纪律和职业道德的义务。遵守劳动纪律和职业道德,是作为劳动者的起码条件。宪法规定遵守劳动纪律是公民的基本义务,其意义是重大的。劳动纪律是劳动者在共同劳动中所必须遵守的劳动规则和秩序。它要求每个劳动者按照规定的时间、质量、程序和方法完成自己应承担的工作。劳动者应当履行规定的义务,不断增强国家主人翁责任感、兢兢业业、勤勤恳恳地劳动,保质保量地完成规定的生产任务,自觉地遵守劳动纪律,维护工作制度和生产秩序。职业道德是从业人员在职业活动中应当遵循的道德。职业道德是在职业生活中形成和发展,调节职业活动中的特殊道德关系和利益矛盾,它是一般社会道德在职业活动中的体现,其基本要求是忠于职守,并对社会负责。遵守劳动纪律和职业道德,是保证生产正常进行和提高劳动生产率的需要。现代社会化的大生产,客观上要求每个劳动者都严格遵守劳动纪律,以保证集体劳动的协调一致,从而提高劳动生产率,保证产品质量。劳动者在维护企业和自身利益的同时,还要就自己提供的产品和服务向社会负责,这是现代社会法律要求劳动者必须履行的义务。

二、劳动合同的主体

4. 用人单位有哪些

用人单位也称为用工单位,在许多国家称为雇主和雇佣人,是指具有用人资格,即具有用人权利能力和用人行为能力,使用劳动力组织生产劳动并向劳动者支付劳动报酬的单位。《劳动法》第二条规定,在中华人民共和国境内的企业、个体经济组织(以下统称"用人单位")和与之形成劳动关系的劳动者,适用本法。国家机关、事业组织、社会团体和与之建立劳动合同关系的劳动者,依照本法执行。所以,我国劳动合同法律制度中用人单位(不包括集体所有制农业生产经营组织、农户和除个体工商户以外的公民个人)主要包括:

(1)企业。是指从事产品生产、流通或服务性活动等实行独立经济核算的经济单位,包括各种所有制类型的单位,如工厂、农场、公司等。这里所称的企业,主要强调该组织的营利性,并不以是否具有独立法人资格为必要条件。从我国经济生活中出现的企业形态看,主要包括全民所有制企业、集体所有制企业、私营企业、中外合资经营企业、中外合作经营企业、外商独资企业以及股份制企业等;从资产组成形式来看,有股份制和合伙企业;从企业名称来看,有工厂、公司、农场、商店等;从行业部门来看,有工业企业、农业企业、商业企业、交通运输企业、建筑企业、金融保险企业、技术服务企业和旅游企业等。

（2）民办非企业单位。是指企事业单位、社会团体和其他社会力量以及公民个人利用非国有资产举办的从事非营利性社会服务活动的社会组织，如各类民办学校、各类民办中介机构、研究机构等。

（3）个体经济组织。一般是指雇工七人以下的个体工商户。从广义上讲，应当属于私营企业，但与个体经济组织并称的企业已经涵盖了私营企业，所以这里的个体经济组织仅限定为雇工七人以下的个体工商户。

（4）国家机关、事业组织和社会团体。根据劳动法的有关规定，这类组织也被视为用人单位。国家机关包括国家权力机关、行政机关、检察机关和审判机关，还包括国家政党机关、政治协商机关、民主党派机关和各类团体机关；事业组织包括文化、教育、卫生、科研等各种非营利性单位；社会团体包括各行业的协会、学会、联合会、研究会、基金会、联谊会、商会等民间组织。

5. 劳动者的范围有哪些

劳动者是指具有劳动能力并参加社会劳动，以自己的劳动收入作为生活资料主要来源的公民，包括工人、农民、脑力劳动者以及从事流通和服务的人员、个体劳动者等。劳动合同法律法规意义上的劳动者是指具有劳动权利能力和劳动行为能力，并依法与用人单位建立劳动关系的公民。在我国，劳动者的年龄一般为：男子 16～60 周岁，妇女 16～55 周岁（女工人为 16～50 周岁）。

劳动者在劳动法律意义上一般具有以下含义：劳动者是被用人单位招用的公民；劳动者是与用人单位依法建立劳动关系，在用人单位管理下从事劳动的公民；劳动者是通过劳动获取劳动报酬为主要生活来源，并依法享受社会保险待遇的公民；法定某种或几种人员不属于劳动法律法规调整的劳动者，如国家公务员、军事人员、家庭佣人等。

根据现行有关法律法规的规定，对劳动者的分类主要有以下几种：

（1）根据劳动者的劳动类型划分，可分为管理人员和工人。管理人员，在有的国家称为使用人，在我国称为干部；工人，一般是指在用人单位从事体力劳动和执行性劳动的人员。但是自《劳动法》实施以来，用人单位的所有人员通常为职工或员工，劳动者各种不同的身份界限随之打破，劳动者的工作内容和岗位通过订立劳动合同来确定。

（2）根据用人单位的性质来划分，可以分为全民所有制、集体所有制和其他所有制单位职工。对劳动者进行这种分类意义已经不大，因为在劳动力市场上各类所有制职工劳动权利义务已经没有区别。

（3）以劳动者户籍关系划分，分为城镇职工和农民工。我国目前对二者的不平等待遇还没有完全消除，二者在建立劳动关系和享受的福利待遇等方面还有许多差别。但随着劳动者市场的统一，这种差别会逐步消失。

（4）根据用人单位的用工形式划分，可分为正式工和临时工。正式工是指在计划经济体制下国家下达的用工指标内使用的常年性岗位上从事劳动且工作时间较长的固定职工。临时工是指在非常年性岗位、使用期限在一年以下的临时性、季节性用工。随着劳动合同制度的全面推行，这二者之间的区别也将逐步取消。

6. 不适用劳动法调整的劳动关系有哪些

以下劳动关系不适用劳动法调整：

（1）国家机关与公务员之间形成的关系；

（2）按照公务员制度执行的事业组织和社会团体与其工作人员之间形成的关系；

（3）军队和现役军人之间形成的关系；

（4）农村集体经济组织与农业劳动者之间形成的关系；

（5）家庭保姆与其雇主之间形成的雇佣关系。

7. 退休人员用不用签订劳动合同

退休人员,不需要签订劳动合同。

因为退休人员已退出工作岗位,不再具有法律意义上的劳动主体资格,即不再具有建立劳动关系的主体资格。

退休人员中有的身体尚好,本人自愿,用人单位需要,是可以从事一些力所能及的工作的,被用人单位聘用后可与其签订劳务合同,建立一种经济关系,按其劳动情况给予一定的劳动报酬,但不能建立劳动关系而成为正式职工。

三、劳动合同种类

8. 劳动合同分为几种

《中华人民共和国劳动合同法》(以下简称《劳动合同法》)第十二条规定:劳动合同分为固定期限劳动合同、无固定期限劳动合同和以完成一定工作任务为期限的劳动合同。按照劳动合同期限的长短,劳动合同可分为固定期限劳动合同、无固定期限劳动合同和以完成一定任务为期限的劳动合同三种。

9. 什么是固定期限劳动合同

固定期限的劳动合同,又称定期劳动合同,是指企业等用人单位与劳动者订立的有一定期限的劳动协议。有固定期限的劳动合同自生效之日起到终止之日止对当事人双方具有法律约束力。生效之日可以是订立之日,也可以是约定的具体日期。如果劳动合同未约定具体的生效日期,则应把生效日期确定为订立合同之日。劳动法对有固定期限的劳动合同没有时间限制,劳动者与用人单位协商一致可以选择1年、5年、10年等不同期限。合同期限届满,双方当事人的劳动法律关系即行终止。如果双方同意,还可以续订合同,延长期限。

10. 什么是无固定期限劳动合同

无固定期限的劳动合同,又称不定期劳动合同,是指企业等用人单位与劳动者订立的,没有期限规定的劳动协议。劳动者在参加工作后,长期在一个企业等用人单位内从事生产或工作,不得无故离职,用人单位也不得无故辞退。但是无固定期限并不等于长期或永远,只要劳动者与用人单位协商一致,或者劳动者达到法定退休年龄、死亡以及用人单位破产、撤销和解散,或者法律法规和当事人双方约定的解除、终止条件出现等,即可解除或终止合同。《劳动法》第二十条规定,劳动者在同一用人单位连续工作满 10 年以上,当事人双方同意续延劳动合同的,如果劳动者提出订立无固定期限的劳动合同,应当订立无固定期限的劳动合同。有固定期限劳动合同期满后,用人单位可以不需任何理由而拒绝与劳动者签订劳动合同,而无固定期限的劳动合同不存在期满的问题,除非发生法定原因或者当事人双方同意,无固定期限的劳动合同才可以解除或者终止。这种合同一般适用于技术性较强,需要持续进行的工作岗位。

11. 签订无固定期限劳动合同有哪些条件

《劳动合同法》第十四条规定:无固定期限劳动合同,是指用人单位与劳动者约定无确定终止时间的劳动合同。用人单位与劳动者协商一致,可以订立无固定期限劳动合同。有下列情形之一,劳动者提出或者同意续订、订立劳动合同的,除劳动者提出订立固定期限劳动合同外,应当订立无固定期限劳动合同:

(1)劳动者在该用人单位连续工作满 10 年的;

(2)用人单位初次实行劳动合同制度或者国有企业改制重新订立劳动合同时,劳动者在该用人单位连续工作满 10 年且距法定退休年龄不足 10 年的;

(3)连续订立二次固定期限劳动合同,且劳动者没有本法第三十九条和第四十条第一项、第二项规定的情形,续订劳动合同的。

用人单位自用工之日起满一年不与劳动者订立书面劳动合同的,视为用人单位与劳动者已订立无固定期限劳动合同。

为了充分保护劳动者的合法权益,《劳动法》特别规定:劳动者在同一用人单位连续工作满 10 年以上,当事人双方同意续延劳动合同的,如果劳动者提出订立无固定期限的劳动合同,应当订立无固定期限的劳动合同,以避免用人单位只使用劳动者的"黄金年龄"。

12. 如何解除无固定期限劳动合同

无固定期限劳动合同可以通过三种方式予以解除,包括协商解除、法定解除和约定解除。

(1)协商解除。协商解除是指合同履行过程中,当事人经协商一致同意解除合同。《劳动法》第二十四条规定:"经劳动合同当事人协商一致,劳动合同可以解除。"可见,无固定期限劳动合同不仅可以协商变更,还可以协商解除。

(2)法定解除。法定解除是指在履行合同过程中出现法定解除合同情形,当事人有权解除合同。法定解除合同情形有两种,一种是用人单位可以解除劳动合同情形,另一种是劳动者可以解除劳动合同情形。

(3)约定解除。约定解除是指在合同中约定解除合同的事项,待约定的事由出现时,当事人有权解除合同。无固定期限劳动合同可以由当事人事先约定合同解除的条件,当条件成立时,一方或双方当事人就可以解除合同。但是有一点必须注意,就是无固定期限的劳动合同不得将法定解除条件约定为终止条件,以规避解除劳动合同时用人单位应承担支付给劳动者经济补偿的义务。

13. 什么是以完成一定工作为期限的劳动合同

以完成一定工作为期限的劳动合同,是指以劳动者所担负的工作任务来确定合同期限的劳动合同,以及带有临时性、季节性的劳动合同。合同双方当事人在合同存续期间建立的是劳动法律关系，劳动者要加入劳动单位集体，遵守劳动单位内部规则，享受某种劳动保险待遇。《劳动合同法》第十五条规定：以完成一定工作任务为期限的劳动合同，是指用人单位与劳动者约定以某项工作的完成为合同期限的劳动合同。用人单位与劳动者协商一致，可以订立以完成一定工作任务为期限的劳动合同。

对非全日制用工要特别注意以下事项：

（1）非全日制劳动者在同一用人单位一般平均每日工作时间不超过4小时。每周工作时间累计不超过24小时。

（2）非全日制用工不得约定试用期。

（3）非全日制用工小时计酬标准不得低于最低小时工资标准。

（4）非全日制用工劳动报酬结算支付周期最长不得超过15日。

（5）用人单位必须为劳动者缴纳工伤保险，否则发生工伤事故则要承担相关责任。

四、劳动合同形式

14. 劳动合同应当采用书面形式吗

劳动合同作为劳动关系双方当事人权利义务的协议，也有书面形式和口头形式之分。以书面形式订立劳动合同是指劳动者在与用人单位建立劳动关系时，直接用书面文字形式表达和记载当事人经过协商而达成一致的协议。我国劳动法明确规定，劳动合同应当以书面形式订立。用书面形式订立劳动合同严肃慎重、准确可靠、有据可查，一旦发生争议时，便于查清事实，分清是非，也有利于主管部门和劳动行政部门进行监督检查。另外，书面劳动合同能够增强合同当事人的责任感，促使合同所规定的各项义务能够全面履行。与书面形式相对应的口头形式由于没有可以保存的文字依据，随意性大，容易发生纠纷，且难以举证，不利于保护当事人的合法权益。

《劳动法》第十九条规定:劳动合同应当以书面形式订立。法律之所以这样规定,其目的在于用书面形式明确劳动合同当事人双方的权利与义务,以及有关劳动条件;工资福利待遇等事项,便于履行和监督检查,在发生劳动争议时,便于当事人举证,也便于有关部门处理。

15. 什么是劳动合同书的主附件

书面劳动合同的形式有主件和附件之分。主件一般是当事人在确立劳动关系时所订立的书面劳动合同。附件一般是法定或约定作为劳动合同主体的补充而明确当事人双方权利义务的书面文件。在我国作为劳动合同附件的主要有两种:一是用人单位制定的劳动管理规章制度;二是专项类的协议,是指已经确立劳动关系的用人单位与劳动者之间就某一项劳动权利义务而订立的协议。如培训服务协议、保守商业秘密协议、离岗退养协议、下岗待岗协议等。劳动合同的附件可以与劳动合同同时订立,也可以在劳动合同履行过程中根据需要订立。专项劳动协议作为劳动合同的补充,与劳动合同一样具有同样的法律约束力。

16. 口头劳动合同有效力吗

我国劳动法明确规定劳动合同应当采用书面形式,但不可否认的是,在现实中仍存在很多的口头劳动合同,特别是对一些短期劳动而言,一般都没有书面形式的劳动合同。对口头劳动合同的法律效力如何认定,关系到劳动关系的稳定,所以应该认真研究。现在对口头合同的效力存在两种不同的意见:一种认为口头劳动合同不符合法定形式,不具有法律约束力,双方发生争议,应当按事实劳动关系处理;另一种意见认为,对口头劳动合同发生的争议,应从实际出发,区别对待,只要当事人提供的争议事实清楚,又能够取得证据,双方都认可,可以分清当事人的责任,就应当认定劳动合同成立,不宜一律认定劳动合同无效。

从处理劳动合同争议的实践来看,口头形式的劳动合同往往都与事实劳动关系相联系,而现行的劳动法律法规和政策又保护事实劳动关系,法律法规虽然规定劳动合同应当以书面形式订立,但未明确规定口头形式劳动合同不成立。所以只要当事人双方都认可,又能够分清当事人的责任,就应当认定劳动合同成立。但是不能提倡口头劳动合同,以免发生争议时不好认定和处理。

17. 什么是特定书面形式的劳动合同

根据规定,劳动合同的书面形式除合同书外,还包括信件和数据电文(包括电报、电传、传真、电子数据交换和电子邮件)等可以有形地表现所载内容的合同形式。但是随着社会经济的不断发展,以电子计算机为核心的网络通信已经普及,各种各样的现代通信手段被大量运用于市场交易活动中,在促进社会交易进步和发展的同时,也带来了新问题。如电子邮件形式所订劳动合同,该合同行为属于什么样的形式,在实践中如何处理等问题,还需要不断总结经验。对数据电文等形式的认定,应该建立在相关专业知识的基础上,尊重科学,尤其是对具体事实的认定方面,应当听取有关专家的意见。但总的原则是,不能因劳动合同没有采用书面形式,就简单认定其不能成立。

五、劳动合同的法律效力

18. 不同形式的劳动合同效力如何

劳动合同是约束用人单位和劳动者之间权利义务之契约或协议,实践中的叫法或形式有多种,如劳动协议、就业协议、聘用合同等,它们之间并无本质不同,效力是一样的。实践中许多人认为"协议"的效力低于"合同",其实不然,此属一种误解。依法签订的劳动合同是有法律效力的,此类合同属于当事人之间的"法律",必须严格履行遵守,否则将承担不利的法律后果。

劳动合同与企业规章制度产生矛盾如何处理?一般来说,劳动合同属签约双方的合意,故其效力高于用人单位单方制定的规章制度,两者发生矛盾时以劳动合同为准。有时劳动合同中当事人会约定规章制度作为该合同附件,此在情况下,二者效力一致,除非合同中有明确的特殊约定。如果劳动合同内容与法相悖,则此类内容将因违法而无效,是自始无效,根本不具有调整签约双方权利义务之功能,也不能作为劳动纠纷案件裁判的法律依据。

19. 劳动合同无效的原因是什么

无效的劳动合同是指由当事人签订成立而国家不予承认其法律效力的劳动合同。我国劳动法规定,违反法律和行政法规的劳动合同;采取欺诈、威胁等手段签订的劳动合同是无效的劳动合同。《劳动合同法》第二十六条规定,下列劳动合同无效或者部分无效:

(一)以欺诈、胁迫的手段或者乘人之危,使对方在违背真实意思的情况下订立或者变更劳动合同的;

(二)用人单位免除自己的法定责任、排除劳动者权利的;

(三)违反法律、行政法规强制性规定的。对劳动合同的无效或者部分无效有争议的,由劳动争议仲裁机构或者人民法院确认。

导致劳动合同无效有以下主要原因:

(1)劳动合同因违反国家法律、法规或政策而无效。包括:一是劳动合同当事人不具备合法主体资格,如签订劳动合同的劳动者一方必须是具有劳动权利能力和劳动行为能力的公民,企业与未满十六周岁的未成年人订立的劳动合同就是无效的劳动合同(国家另有规定的除外)。二是劳动合同的内容直接违反法律、法规和政策的规定,如劳动者与矿山企业在劳动合同中约定的劳动保护条件《矿山安全法》的有关规定,他们所订立的劳动合同是无效的。三是劳动合同订立的形式不符合法律规定,如法律要求双方当事人应订立书面劳动合同,订立的程序不符合法律的规定,在这种情况下订立的劳动合同也是无效的。四是劳动合同因违反国家利益和社会公共利益而无效。违反国家利益和社会公共利益的劳动合同,无论劳动合同当事人是否出于故意,都是无效的劳动合同。

(2)订立劳动合同因采取欺诈、威胁等手段而无效。欺诈是指当事人一方故意制造假象,致使对方形成错误认识而与之订立劳动合同,采取欺诈手段订立的劳动合同是无效的。威胁是指当事人一方迫使另一方处于恐怖或者其他被胁迫的状态而签订劳动合同,这种威胁可能是肉体的,也可能是精神的;可能是经济的,也可能是政治的;可能是针对劳动合同当事人本人的,也可能是针对他们的亲属的。不管威胁的形式如何,只要采取威胁手段,所订立的劳动合同就是无效的。

20. 无效劳动合同如何处理

无效的劳动合同,从订立的时候起,就没有法律约束力,法律既不保护无效合同当事人的权利,也不强制当事人履行无效劳动合同规定的义务。劳动合同是否有效,由劳动争议仲裁委员会或者人民法院确认,其他任何部门或者个人都无权认定无效劳动合同。此外,有些劳动合同从内容看,不是全部无效,而是部分无效,即劳动合同中的某一部分条款不发生法律效力。在部分无效的劳动合同中,无效条款如不影响其余部分的效力,其余部分仍然有效,对双方当事人有约束力。

21. 事实劳动关系如何处理

用人单位与劳动者之间形成了事实劳动关系,而用人单位故意拖延不订立劳动合同的,劳动行政部门应予以纠正。用人单位因此给劳动者造成损害的,应按规定进行赔偿。《劳动法》第十六条明确规定:劳动合同是劳动者与用人单位确立劳动关系、明确双方权利和义务的协议。建立劳动关系应当订立劳动合同;公司在聘用劳动者后不签订劳动合同是违反法律的。究其原因,一方面是由于我国《劳动法》实施时间尚不长,建立劳动雇佣关系时应当签订劳动合同的观念尚未广泛在企业中建立;另一方面是由于企业认为只要不与劳动者签订劳动合同,就可以不受劳动法律的约束,在辞退劳动者时较为便利,并且不必支付经济补偿。

实际上这种理解和做法是错误的,原劳动部《关于贯彻执行〈中华人民共和国劳动法〉若干问题的意见》(以下简称《执行劳动法若干问题的意见》)中规定:中国境内的企业、个体经济组织与劳动者之间,只要形成劳动关系,即劳动者事实上已成为企业、个体经济组织的成员,并且为其提供有偿劳动,适用劳动法。也就是说,即使用人单位不与劳动者签订劳动合同,劳动者也依然受劳动法律的保护。

六、劳动合同内容

22. 劳动合同内容应包括哪些法定条款

劳动合同的内容,是指劳动合同的当事人双方经过平等协商后达成的关于责任、权利和义务事项的条款。劳动合同的内容是用人单位与劳动者协商一致的结果,是当事人劳动权利义务的具体化,是劳动合同成立和发生法律效力的必备要件。

在劳动合同的内容中,应当有法定内容和约定内容两种。法定内容,是指劳动法律、法规规定的劳动合同的当事人必须遵守执行的条件。

《劳动合同法》第十七条规定,劳动合同应当具备以下条款:

(一)用人单位的名称、住所和法定代表人或者主要负责人;

(二)劳动者的姓名、住址和居民身份证或者其他有效身份证件号码;

(三)劳动合同期限;

（四）工作内容和工作地点；

（五）工作时间和休息休假；

（六）劳动报酬；

（七）社会保险；

（八）劳动保护、劳动条件和职业危害防护；

（九）法律、法规规定应当纳入劳动合同的其他事项。

劳动合同除前款规定的必备条款外，用人单位与劳动者可以约定试用期、培训、保守秘密、补充保险和福利待遇等其他事项。

23. 劳动合同内容包括哪些方面

劳动合同的内容一般包括三个方面：

（1）劳动合同的主体。是指订立劳动合同的当事人双方，一方是劳动者，另一方是用人单位。劳动合同主体是劳动合同成立的首要条件，也是劳动合同的首要条款。

（2）劳动合同的客体。是指劳动合同的标的，劳动合同当事人权利义务所指向的对象，是当事人双方订立劳动合同的目的的直接体现，也是产生当事人权利义务的依据。劳动合同的标的带有综合性，既可以是当事人双方在劳动过程中的劳动行为，又可以体现为劳动的成果。

（3）劳动合同的权利义务。是指劳动合同当事人享有的劳动权利和承担的义务，主要是劳动者的工作任务，用人单位应当提供的劳动条件，劳动者的劳动报酬、保险福利和其他有关待遇等。

24. 什么是劳动合同期限

劳动合同期限又称劳动合同的有效时间，是指劳动合同在法律上的时效概念，自生效时起，至终止时止。劳动合同没有期限，当事人双方享有的权利义务的时间就处于不确定状态，不利于维护各自的合法权益。劳动合同的期限分为固定期限、无固定期限和以完成一定的工作为期限三种。

25. 劳动合同的工作内容有哪些

劳动合同的工作内容是对劳动者设定的义务性条款,主要包括劳动者从事劳动的工种或岗位,或者工作部门,劳动者在生产或工作上应达到的数量、质量指标,或者应当完成的生产任务。用人单位对劳动者工作任务的安排要合理,避免要求过高,超过劳动者的承受能力,迫使劳动者延长工作时间,要保证绝大多数劳动者在法定的工作时间内都能够完成。有些用人单位与劳动者订立的劳动合同,没有规定劳动者的工种或岗位,这实际上是一种不完整的劳动合同。因为不确定具体的工种或岗位,就难以确定具体的生产数量、质量指标。没有具体的生产数量、质量指标,劳动合同就失去了履行的依据,也容易产生纠纷。

26. 劳动保护和劳动条件有哪些

劳动保护和劳动条件是指对用人单位设定的义务性条款,主要包括用人单位提供的安全卫生设施、设备、防护措施和必要工具、环境等条件,如工作时间和休息休假、各项劳动安全卫生方面的措施和设备,以及对女职工和未成年工的劳动保护等。劳动合同中约定的劳动保护和劳动条件必须符合国家劳动法律法规的规定,能够为劳动者履行劳动义务创造条件和提供可靠的保护。

2002 年 5 月 12 日,国务院公布的《使用有毒物品作业场所劳动保护条例》(国务院令第 352 号)第十八条规定,用人单位应当与劳动者订立劳动合同,将工作过程中可能产生的职业中毒危害防护措施和待遇等如实告知劳动者,并在劳动合同中写明,不得隐瞒或者欺骗。劳动者在已订立劳动合同期间因工作岗位或者工作内容变更,从事劳动合同未告知的存在职业中毒危害作业时,用人单位应当依照前款规定,如实告知劳动者,并协商变更原劳动合同有关条款。《劳动法》第三十二条规定,用人单位未按照劳动合同约定支付劳动报酬或者提供劳动条件的,劳动者可以随时通知用人单位解除劳动合同。

在订立劳动合同时,用人单位应对现有的劳动保护和劳动条件如实介绍,在国家政策允许的情况下,为劳动者提供适当的物质补偿。凡有毒、有害的工种或岗位招收劳动者的,用人单位应当在劳动合同中明确定期脱离有毒、有害物质的期限;劳动者也应当要求用人单位在劳动合同中按国家规定,约定具体脱离或轮换岗位的期限,以保护自身的健康。

27. 劳动报酬的内容有哪些

劳动报酬是指劳动者提供劳动成果的返还,是劳动者履行劳动义务后应当享受的一项基本劳动权利。劳动报酬主要包括用人单位按照劳动法律法规和劳动合同约定支付给劳动者的工资、奖金、津贴、补贴和福利等。当事人在订立劳动合同约定劳动报酬时,不得违反国家法律法规的规定,如劳动合同中不得约定用实物或有价证券支付工资,用人单位支付的工资不得低于当地政府规定的最低工资标准以及工资支付期限不得违反有关的法律法规和政策的规定。《劳动合同法》第十八条规定,劳动合同对劳动报酬和劳动条件等标准约定不明确,引发争议的,用人单位与劳动者可以重新协商;协商不成的,适用集体劳动合同规定;没有集体劳动合同或者集体劳动合同未规定劳动报酬的,实行同工同酬;没有集体劳动合同或者集体劳动合同未规定劳动条件等标准的,适用国家有关规定。

根据 1995 年 1 月 1 日起实施的《工资支付暂行规定》,工资支付主要包括:工资支付项目、工资支付水平、工资支付形式、工资支付对象、工资支付时间以及特殊情况下的工资支付。工资必须在用人单位与劳动者约定的日期支付。如遇节假日或休息日,则应提前在最近的工作日支付。工资至少每月支付一次,实行周、日、小时工资制的可按周、日、小时支付工资。

对完成一次性临时劳动或某项具体工作的劳动者,用人单位应按有关协议或合同规定在其完成劳动任务后即支付工资。劳动关系双方依法解除或终止劳动合同时,用人单位应在解除或终止劳动合同时一次性付清劳动者的工资。

非因劳动者原因造成单位停工、停产在一个工资支付周期内的,用人单位应按劳动合同规定的标准支付劳动者工资。超过一个工资支付周期的,若劳动者提供了正常劳动,则支付给劳动者的劳动报酬不得低于当地的最低工资标准;若劳动者没有提供正常劳动,应按国家有关规定办理。

用人单位在劳动者完成劳动定额或规定的工作任务后,根据实际需要安排劳动者在法定标准工作时间以外工作的,应按以下标准支付工资:

(一)用人单位依法安排劳动者在法定标准工作时间以外延长工作时间的,按照不低于劳动合同规定的劳动者本人日或小时工资标准的150%支付劳动者工资;

(二)用人单位依法安排劳动者在休息日工作,而又不能安排补休的,按照不低于劳动合同规定的劳动者本人日或小时工资标准的200%支付劳动者工资;

(三)用人单位依法安排劳动者在法定休假节日工作的,按照不低于劳动合同规定的劳动者本人日或小时工资标准的300%支付劳动者工资。

实行计件工资的劳动者,在完成计件定额任务后,由用人单位安排延长工作时间的,应根据上述规定的原则,分别按照不低于其本人法定工作时间计件单价的150%、200%、300%支付其工资。经劳动行政部门批准实行综合计算工时工作制的,其综合计算工作时间超过法定标准工作时间的部分,应视为延长工作时间,并应按本规定支付劳动者延长工作时间的工资。实行不定时工时制度的劳动者,不执行上述规定。

28. 劳动纪律的内容有哪些

劳动纪律又称内部规章制度,是指用人单位制定的劳动者在生产中必须遵守的工作秩序和劳动规则。劳动纪律是用人单位组织生产经营活动,完成工作任务的保障措施,是规范劳动行为的一项重要内容,也是劳动者必须履行的义务。劳动纪律主要包括上下班纪律、工作时间纪律、安全技术与生产规程、设备保养纪律、保密纪律、防火及防止其他事故的日常纪律等。劳动纪律是用人单位加强劳动管理的重要措施,也是其行使奖惩权的依据。在劳动合同中,劳动纪律只是作为劳动者应当履行的以下义务,并不详细约定劳动纪律的全部内容。

29. 劳动合同终止的条件有哪些

劳动合同的终止条件是指通过一定的法律事实(包括行为和事件)终止现存劳动关系的条件。是当事人双方协商约定的在何种情况下可以终止劳动合同法律约束力的内容,排除了有固定期限劳动合同期限届满终止的情形。《劳动法》第二十三条规定,劳动合同期满或当事人双方约定的终止条件出现,劳动合同即行终止。这里所说的劳动合同终止条件,是特指当事人双方约定的劳动合同终止条件。当事人双方在约定劳动合同终止条件时,不得把法定解除劳动合同条件约定为终止条件。因为按照法律法规的规定,用人单位依法解除劳动合同应当支付劳动者经济补偿金,若将法定解除劳动合同条件约定为终止条件,则有可能使用人单位规避应支付劳动者经济补偿的法律义务,侵害劳动者的合法权益。

30. 违反劳动合同的责任有哪些

违反劳动合同的责任,是指劳动合同的当事人一方或双方由于自己的过错造成劳动合同不履行或不完全履行,按照法律法规规定和劳动合同约定应当承担的法律责任。不仅包括依法应当承担违约责任,还包括在合法范围内承担或免除违约责任的具体约定。在实践中,有人认为劳动者一旦在劳动合同中签字,即使违反劳动合同的责任条款侵犯了劳动者的合法权益,也应当按照约定处理。其实劳动合同不同于一般的民事合同,民事法律关系可以有任意性规范保护当事人自行约定的权利义务,而劳动法律关系的主要特点之一就是强制性,其具体表现为用人单位必须保证劳动者取得劳动报酬,为劳动者缴纳社会保险费等一系列劳动者的基本权利。因此,在约定违反劳动合同责任时,不应侵害劳动者的基本权利。如有的劳动合同约定,劳动者上班迟到,扣发奖金,无偿加班加点,这就侵犯了劳动者的休息权利。还有的劳动合同约定,劳动者解除劳动合同,要给予用人单位巨额赔偿,其金额甚至超过了从该单位所获得的全部劳动报酬,这就违背了劳动者有取得劳动报酬的基本权利。凡劳动合同中有上述条款内容的,皆因侵犯了劳动者的合法权益,应属无效条款。

31. 试用期条款有哪些

试用期是用人单位和劳动者为相互了解、选择而依法约定的考察期。劳动合同可以约定试用期,也可以不约定试用期。在试用期内双方可以随时单方解除劳动合同,而且不必提前通知对方,也不必支付补偿金。试用期应包括在劳动合同期限内。《劳动合同法》第十九条规定,劳动合同期限三个月以上不满一年的,试用期不得超过一个月;劳动合同期限一年以上不满三年的,试用期不得超过两个月;三年以上固定期限和无固定期限的劳动合同,试用期不得超过六个月。同一用人单位与同一劳动者只能约定一次试用期。以完成一定工作任务为期限的劳动合同或者劳动合同期限不满三个月的,不得约定试用期。试用期包含在劳动合同期限内。劳动合同仅约定试用期的,试用期不成立,该期限为劳动合同期限。劳动者在试用期的工资不得低于本单位相同岗位最低档工资或者劳动合同约定工资的百分之八十,并不得低于用人单位所在地的最低工资标准。在试用期中,除劳动者有本法第三十九条和第四十条第一项、第二项规定的情形外,用人单位不得解除劳动合同。用人单位在试用期解除劳动合同的,应当向劳动者说明理由。

32. 保守商业秘密条款有哪些

商业秘密是指不为公众所知悉,能为权利人带来经济效益,具有实用性并经权利人采取保密措施的技术信息和经营信息。对于企业来说,商业秘密是一种可以带来巨大经济效益的无形资产,更是某些高科技企业赖以生存发展的资本,因此保护商业秘密有极大的意义。

实践中,用人单位通过与职工订立保密协议来保护商业秘密是最常见的有效方法。由于商业秘密本身的经济价值,签订保密协议对企业的重要性不言而喻;但对职工而言,签订保密协议意味着加重自身义务,也可能因此限制了择业自由和发展空间,所以说两者之间是一种矛盾对立的关系,其签订和履行都存在一定难度。在签订保密协议时,双方既可在劳动合同中约定保密条款,也可以订立专门的保密协议。

侵犯商业秘密的法律救济,原劳动部规定,职工违反保密协议造成用人单位损失的,应当按《反不正当竞争法》第二十条的规定支付用人单位赔偿费用。以上规定适用于保密协议没有明确违约责任的情况,如果保密协议对违约责任的承担方式已作明确约定,应按双方的意思表示处理。此外,对于其他用人单位招用尚未解除劳动合同的职工,构成共同侵权对原用人单位造成损失的,除职工承担赔偿责任外,可同时要求该单位承担连带赔偿责任,其份额一般不低于赔偿总额的 70%。

侵犯他人商业秘密实质上属于民事侵权行为,按照民法通则、民事诉讼法等规定,被侵害人可以直接提起诉讼追究其民事责任。《劳动合同法》第二十三条规定,用人单位与劳动者可以在劳动合同中约定保守用人单位的商业秘密和与知识产权相关的保密事项。对负有保密义务的劳动者,用人单位可以在劳动合同或者保密协议中与劳动者约定竞业限制条款,并约定在解除或者终止劳动合同后,在竞业限制期限内按月给予劳动者经济补偿。劳动者违反竞业限制约定的,应当按照约定句用人单位支付违约金。最高人民法院《关于审理劳动争议案件适用法律若干问题的解释(一)》第十一条也作出规定,原用人单位以新的用人单位和劳动者共同侵权为由向人民法院起诉的,新的用人单位和劳动者列为共同被告。因此,除劳动争议仲裁方式以外,用人单位还可采用民事诉讼途径维权。用人单位在索赔时,如果被造成的损失难以确定时,可参照《反不正当竞争法》的规定将赔偿额计算为侵权人在侵权期间因侵权所获得的利润。

违反保密协议侵犯他人商业秘密性质严重的,可以构成刑事犯罪。按照《中华人民共和国刑法》第二百一十九条规定,侵犯商业秘密给权利人(企业)造成重大损失的,处 3 年以下有期徒刑,并处罚金和单处罚金;造成特别严重后果的,处 3 年以上 7 年以下有期徒刑并处罚金。在追究侵权人的刑事责任,用人单位还可同时根据《中华人民共和国刑事诉讼法》第七章的规定,提起附带民事诉讼,要求侵权人承担民事赔偿责任。

33. 禁止同业竞争条款有哪些

禁止同业竞争也称为竞业禁止条款,是约定禁止劳动者与用人单位同业竞争以保守用人单位商业秘密的合同内容。包括竞业禁止的期限、范围和补偿等。关于竞业禁止条款,法律法规规定当事人可以在劳动合同中约定或者由用人单位规定,掌握用人单位商业秘密的劳动者在终止或解除劳动合同的一定期限内,不得到与原用人单位生产同类产品或者经营同类业务且有竞争关系的其他用人单位任职或工作,也不得自己生产或经营与原用人单位有竞争关系的同类产品业务,且用人单位应给予劳动者一定的经济补偿。

《劳动合同法》第二十四条规定,竞业限制的人员限于用人单位的高级管理人员、高级技术人员和其他负有保密义务的人员。竞业限制的范围、地域、期限由用人单位与劳动者约定,竞业限制的约定不得违反法律、法规的规定。在解除或者终止劳动合同后,前款规定的人员到与本单位生产或者经营同类产品、从事同类业务的有竞争关系的其他用人单位,或者自己开业生产或者经营同类产品、从事同类业务的竞业限制期限,不得超过两年。

34．第二职业条款有哪些

第二职业条款是指劳动合同中约定的劳动者可否从事第二职业以及如何从事第二职业的内容。有些国家和地区的立法允许当事人约定此种条款,我国有关法规和政策也允许科学技术人员兼职,从事第二职业,但对兼职人员及其所从事的工作范围作了规定。如1988年1月18日国务院办公厅《转发〈国家科委关于科技人员业余兼职若干问题的意见〉的通知》规定,科技人员在完成本职工作的前提下,可以在其他单位兼职,从事技术开发、技术转让、技术咨询和技术服务等利用科学技术为经济建设服务的工作。因此,凡是从事第二职业的劳动者,应当事先取得用人单位的同意,或者在劳动合同中予以约定。除法规和政策禁止从事第二职业的劳动者外,均可以在劳动合同中协商约定第二职业条款,若协商约定允许从事第二职业,则应当对第二职业的条件、执业范围,尤其是与第一职业的关系做出约定。

35．劳动合同违约金和赔偿金条款有哪些

违约金和赔偿金条款,是指用人单位与劳动者约定不履行劳动合同而应支付违约金或损失赔偿金的内容,包括对违约金或损失赔偿金的支付条件、项目、范围和数额等内容。但对违反劳动合同造成的经济损失,应当实行法定赔偿标准,而不宜由劳动合同约定赔偿金数额。至于违约金的约定,也要考虑违反劳动合同可能造成的损失和劳动者的经济承受能力等因素,因而违约金数额不应当由劳动合同约定,而应参照相关法定标准确定。

36．劳动合同的禁止性条款有哪些

劳动合同的禁止性条款,是指禁止劳动合同双方当事人约定的

条款。我国目前这类条款不多。我国劳动法规定,用人单位在与劳动者订立劳动合同时,不得以任何形式向劳动者收取定金、保证金(物)或抵押金(物);在招收、录用人员时,不得以任何名义收取集资费、培训费、体检费等。对违反规定的,由公安部门和劳动行政部门责令用人单位立即退还劳动者本人。

劳动合同书(样本)

编号 _____

甲方 _____

乙方 _____

签订日期 _____ 年 _____ 月 _____ 日

北京市劳动和社会保障局监制

甲方 _____ 法定代表人 _____

注册地址 _____

乙方 _____ 性别 ____ 居民身份证号 _____

出生日期 _____ 年 _____ 月 _____ 日

在甲方工作起始时间 _____ 年 _____ 月 _____ 日

家庭住址 _____

邮政编码 _____

户口所在地 _____ 省(市) _____ 区(县) _____

街道(乡镇)

根据《中华人民共和国劳动法》和有关规定,甲乙双方经平等协商一致,自愿签订本合同,共同遵守本合同所列条款。

一、劳动合同期限

第一条 本合同为 _____ 期限劳动合同。

本合同于_____年_____月_____日生效,其中试用期至_____年_____月_____日止。

本合同于_____终止。

二、工作内容

第二条　乙方同意根据甲方工作需要,担任_____岗位(工种)工作。

第三条　乙方工作应达到_____标准。

三、劳动保护和劳动条件

第四条　甲方安排乙方执行_____工时制度。

执行标准工时制的,乙方每日工作时间 8 小时,每周工作 40 小时。

执行综合计算工时工作制的,乙方平均每天工作时间不超过 8 小时,平均每周工作不超过 40 小时。

执行不定时工作制的,在保证完成甲方工作任务情况下,乙方自行安排工作和休息时间。

第五条　甲方安排乙方加班,应符合法律、法规的规定。甲方安排乙方延长工作时间,应支付不低于工资的150％的工资报酬;甲方安排乙方休息日工作又不能安排补休的,应支付不低于工资200％的工资报酬。甲方安排乙方法定休假日工作的,应支付不低于工资的300％的工资报酬。

乙方加班工资基数为每日_____元或按_____执行。

第六条　甲方为乙方提供必要的劳动条件和劳动工具,建立健全生产工艺流程,制定操作规程、工作范围和劳动安全卫生制度。

第七条　甲方负责对乙方进行职业道德、业务技术、劳动安全、劳动纪律和甲方规章制度的教育。

四、劳动报酬

第八条　甲方每月_____日前以货币形式支付乙方工资,月工资为_____元或按_____执行。乙方在试用期间的工资_____。甲乙双方对工资的其他约定_____。

第九条 甲方生产工作任务不足使乙方待工的,甲方支付乙方的月生活费为_____元或按_____执行。

五、保险福利待遇

第十条 甲乙双方按国家和北京市的规定参加社会保险。甲方为乙方办理有关社会保险手续。

第十一条 乙方患病或非因工负伤的医疗待遇按国家、北京市有关规定执行。甲方按_____支付乙方病假工资。

第十二条 乙方患职业病或因工负伤的待遇按国家和北京市的有关规定执行。

第十三条 甲方为乙方提供以下福利待遇:_____

_____

六、劳动纪律

第十四条 甲方根据生产经营需要,依法制定规章制度和劳动纪律,乙方违反劳动纪律和甲方的规章制度,甲方有权根据规章制度进行处理,直至解除本合同。

第十五条 乙方应遵守劳动纪律的规章制度,遵守劳动安全卫生、生产工艺、操作规程和工作规范;爱护甲方的财产,遵守职业道德;积极参加甲方组织的培训,提高自身素质。

七、劳动合同的变更、解除

第十六条 有下列情形之一的,甲乙双方应变更劳动合同并及时办理变更合同手续:

(一)甲乙双方协商一致的;

(二)订立本合同所依据的客观情况发生重大变化,致使本合同无法履行的;

(三)订立本合同所依据的法律、法规、规章发生变化的。

第十七条 当事人依据第十六条第(二)项的约定,一方要求变更本合同的,应将变更要求书面通知另一方,另一方应在 15 日内(含 15 日)书面答复对方;15 日内未答复的视为不同意变更本合同。

第十八条 经甲乙双方协商一致,本合同可以解除。

第十九条 乙方有下列情形之一,甲方可以解除本合同:

(一)在试用期间被证明不符合录用条件的;

(二)严重违反劳动纪律或者甲方规章制度,按照甲方单位规定或者本合同约定可以接触劳动合同的;

(三)严重失职,营私舞弊,对甲方利益造成重大损害的;

(四)被依法追究刑事责任的。

第二十条 有下列情形之一的,甲方可以解除本合同,但应当提前 30 日以书面形式通知乙方:

(一)乙方患病后者非因工负伤,医疗期满后,不能从事原工作也不能从事由甲方另行安排的工作或者不符合国家和本市从事有关行业、工种岗位规定,甲方无法另行安排工作的;

(二)乙方不能胜任工作,经过培训或者调整工作岗位,仍不能胜任工作的;

(三)本合同订立时所依据的客观情况发生重大变化,致使本合同无法履行,经甲乙双方协商不能就变更劳动合同达成协议的。

第二十一条 甲方有下列情形之一,确需裁减人员的,应当提前 30 日向全体职工说明情况,听取工会或者职工的意见,经向劳动和社会保障部门报告后,可以解除合同:

(一)濒临破产进行法定整顿期间的;

(二)因防治工业污染源搬迁的;

(三)生产经营状况发生严重困难的。

第二十二条 乙方有下列情况之一的,甲方不得依据本合同第二十条、第二十一条解除本合同:

(一)患职业病或者因工负伤并被确认达到伤残等级的;

(二)患病或非因工负伤、在规定的医疗期内的;

(三)女职工在孕期、产期、哺乳期内的;

（四）在甲方连续工作 10 年以上，且距法定退休年龄不满 5 年的；

（五）复员、转业退伍至人初次参加工作未满 3 年的；

（六）建设征地农转非工人员初次参加工作未满 3 年的；

（七）义务服兵役期间的；

（八）集体协商的职二代表在劳动合同期内自担任代表之日起 5 年以内的。

第二十三条　乙方解除本合同，应当提前 30 日以书面形式通知甲方，甲方应予已办理相关手续。但乙方给甲方造成经济损失尚未处理完毕的除外。

第二十四条　有下列情形之一的，乙方可以随时通知甲方解除本合同：

（一）在试用期内的；

（二）甲方以暴力、威胁或者非法限制人身自由的手段强迫劳动的；

（三）甲方未按照本合同约定支付劳动报酬或者提供劳动条件的；

（四）甲方未依法为乙方缴纳社会保险费的。

第二十五条　本合同期限届满后，因甲方原因未办理终止手续，乙方要求解除劳动关系的，劳动关系即行解除。

八、劳动合同的终止、续订

第二十六条　有下列情形之一的，本合同终止：

（一）合同期限届满的；

（二）合同约定的终止条件出现的；

（三）乙方述到法定退休条件的；

（四）甲方依法破产、解散的；

（五）法律、法规、规章规定的其他情形。

第二十七条　本合同期限届满前 30 日，甲方应将终止或续订劳动合同意向以书面形式通知乙方。甲方未提前通知乙方而终止劳动合同的,以乙方上月日平均工资为标准,每延迟1日,支付乙方1日工资的赔偿金。

第二十八条 有下列情形之一的,应续订本合同并及时办理续订手续:

(一)甲乙双方同意续订劳动合同的;

(二)本合同期限届满后,未办理终止劳动合同手续仍存在劳动关系,乙方要求续订劳动合同的。

出现本条第(二)项情况,双方就续订的劳动合同期限协商不一致时,续订的劳动合同期限从签字之日起不得少于12个月;乙方符合续订无固定期限劳动合同条件的,甲方应与其签订无固定期限劳动合同。

九、经济补偿与赔偿

第二十九条 发生下列情形之一的,甲方按下列标准向乙方支付经济补偿金:

(一)甲方克扣或者无故拖欠乙方工资的,以及拒不支付乙方延长工作时间工资报酬的,除全额支付乙方工资报酬外,还应加发相当于工资报酬25%的经济补偿金;

(二)支付乙方的工资报酬低于北京市最低工资标准的,在补足低于标准部分的同时,另外支付相当于低于部分25%的经济补偿金。

第三十条 有下列情形之一的,甲方根据乙方在甲方工作年限和乙方解除本合同前12个月的平均工资,工作每满1年支付1个月工资的经济补偿金,不满1年的按1年计算,最多不超过12个月:

(一)经与乙方协商一致,甲方解除本合同的;

(二)乙方不能胜任工作,经过培训或者调整工作岗位,仍不能胜任工作,由甲方解除本合同的;

(三)本合同期限届满,因甲方原因未办理终止手续仍存在劳动关系,甲方与乙方协商一致,解除劳动关系的。

第三十一条 有下列情形之一的,甲方解除本合同,应根据乙方在甲方工作年限,每满1年支付乙方相当于甲方上年月平均工资1个月工资的经济补偿金,不满1年的按1年计算,如乙方解除本合同前12个月的平均工资高于甲方上年月平均工资,按本人月平均工资计发:

(一)乙方患病或者非因工负伤,不能从事原工作也不能从事甲方另行安排的工作的;

(二)本合同订立时所依据的客观情况发生重大变化,致使合同无法履行,经甲乙双方协商不能就变更本合同达成协议的;

(三)甲方裁减人员的。

第三十二条 甲方向乙方支付的经济补偿金的计发标准不得低于北京市最低工资。

第三十三条 甲方解除本合同后,未按规定发给乙方经济补偿金的,除全额发给经济补偿金外,还需按该经济补偿金数额的50%支付额外经济补偿金。

第三十四条 甲方依据本合同第二十条第(一)项解除劳动合同的,应支付不低于6个月工资的医疗补助费。患重病的还应加发50%的医疗补助费,患绝症的加发100%的医疗补助费。

第三十五条 甲方违反本合同约定解除劳动合同或由于甲方原因订立无效劳动合同,给乙方造成损害的,应按损失程度承担赔偿责任。

第三十六条 甲方出资培训和出资招接收的乙方,违反本合同的约定解除合同的赔偿标准为 _____

_____

第三十七条 乙方因存在本合同规定的第十九条第(二)项、第(三)项规定的情形,被甲方解除本合同,且给甲方造成损失的,应当承担赔偿责任。

第三十八条 乙方违反本合同约定条件解除劳动合同或违反保守商业秘密事项,给甲方造成经济损失的,应依法承担赔偿责任。

双方约定 _____

十、当事人约定的其他内容

第三十九条 甲乙双方约定本合同增加以下内容：

_____

_____

十一、劳动争议处理及其他

第四十条 双方因履行本合同发生争议,当事人可以向甲方劳动争议调解委员会申请调解;调解不成的,应当自劳动争议发生之日起,60日内向劳动争议仲裁委员会申请仲裁。当事人一方也可以直接向劳动争议仲裁委员会申请仲裁。

第四十一条 本合同的附件如下_____

第四十二条 本合同未尽事宜或与今后国家、北京市有关规定相悖的,按有关规定执行。

第四十三条 本合同一式两份,甲乙双方各执一份。

甲方(公章)　　　　　　　乙方(签字或盖章)

法定代表人

或委托代理人

(签字或盖章)

签订日期：　　　年　　月　　日

签证机关(盖章)

签证员(签字或盖章)

签订日期：　　　年　　月　　日

第二章 劳动合同签订、履行、变更和终止

一、劳动合同签订

37. 劳动合同订立有哪些原则

劳动合同的订立，是指劳动者与用人单位之间为建立劳动关系，依法明确双方劳动权利义务的法律行为，是劳动关系发生的依据，并由此产生一定的法律后果。因此劳动关系双方在订立劳动合同时应当严肃认真，并遵守以下原则：

（1）平等原则。平等原则是指劳动者和用人单位在法律上处于平等的地位，平等地决定是否缔约，平等地决定合同的内容。任何一方可拒绝与对方签订合同，同时任何一方都不得强迫对方与自己签订合同。

（2）自愿原则。自愿原则是从平等原则引申出来的。当事人地位的平等性要求双方对于劳动合同的订立不得享有任何特权。当事人订立合同只能出于其内心意愿。用人单位不得强迫劳动者订立劳动合同，其他任何机关、团体和个人都无权强迫劳动者订立劳动合同。

（3）协商一致原则。协商一致原则要求当事人双方就劳动合同的主要条款达成一致意见后，劳动合同才成立。可能双方当事人都

有与对方订立劳动合同的意向,但在具体条款上,如工作期限、劳动报酬等问题上往往意见不一,这时合同就不能成立。

(4)合法原则。合法原则是指劳动合同的订立不得违反法律、法规的规定。这里所说的法律、法规,既包括现行的法律、行政法规,也包括以后颁布实行的法律、行政法规,既包括劳动法律、法规,也包括民事、经济方面的法律、法规。

38. 劳动合同订立有哪些程序

劳动合同的订立与其他合同一样,是当事人之间意思表示一致的结果,意思表示一致是通过要约与承诺进行的,所以劳动合同也不例外。要约是指希望和他人订立合同的意思表示,发出要约的人为要约人,接受要约的人为受要约人或承诺人。承诺是指受要约人同意要约的意思表示,承诺的主体是受要约人。按照劳动法的规定,建立劳动关系应当订立劳动合同。根据劳动法及有关法规的规定,订立劳动合同的主要程序有:

(1)自愿报名,提交证明文件。在有组织的招工考试中,参加考试的人员可以自愿报名,选择自己认为合适的工种。参加考试的人员,必须提交城镇户口、毕业证书或者其他的证明文件(如初次参加工作,应提交居住在街道以上机关或学校的证明文件),以此 保证录用职工的政治条件,保证用人单位了解录用职工的文化技术水平和工作能力,便于分配工作,用其所长,防止在校学生中途离校,防止非城镇人员参加考试。确需从农村招收工人的,除国家有规定的以外,必须报经省、自治区、直辖市的人民政府批准。

(2)全面考核,择优录用。各用人单位招用或个别录用职工时,应对应招人员的德、智、体进行全面考核,其考核内容和标准,可以根据生产、工作需要有所侧重。招用学徒工人,侧重文化考核;直接招用技术工人,侧重专业知识和技能考核;招用繁重体力劳动工人,侧重身体条件考核。这样做,对提高招工质量,保证生产,克服招工中的不正之风,促进青年学习有重要的意义。

（3）填写审批表格。填写新职工审批表，报请市、县人民政府劳动部门审批，并由审批部门发给新职工录用通知书。被录用者提交报到文件和其他证明文件。被录用者在向录用单位报到时，应提交报到文件，经录用单位审查后，才准许报到，由录用单位发出任职通知书。

（4）签订劳动合同。用人单位向被录用者介绍拟订劳动合同的内容和要求。在订立劳动合同以前，用人单位应当向新招收录用的职工如实地、详细地介绍拟订劳动合同的条款内容、涉及的有关情况以及签订劳动合同的要求。用人单位还有义务回答招用职工的询问、意见和要求。

双方协商一致，签订劳动合同。用人单位与新招用的职工依法就劳动合同的条款经过协商，取得一致意见，达成协议，并经双方签字盖章，劳动合同即告成立。当事人双方可以在劳动合同中规定试用期（对新职工进行考查的一定期限）。在试用期内，用人单位可以进一步考查被录用职工的德、智、体全面情况，了解其业务水平或工作能力是否与其担任的工作相称。如果发现不符合招工条件，或与其承担的工作不相称时，用人单位可以解除合同。

工会对录用职工实行必要的监督。我国工会法规定，企业行政录用工人或职员时，应当通知基层工会。基层工会如发现录用职工或职员违反政府法令时，有权于3日内提出异议。这样做可以防止个别单位不顾生产需要，乱用职工，使企业受到不应有的损失。同时，也可以维护录用职工或职员的合法权益。

（5）办理法定手续。有些用人单位在招用特定工时，应报企业主管部门和当地劳动部门备案。如全民所有制矿山、建筑、交通、铁路、邮电等用人单位招用农民轮换工或农民合同制工人时，同农民工本人或其所在县、乡有关部门签订劳动合同后，应报企业主管部门和当地劳动部门备案。

39. 如何续签劳动合同

续签劳动合同的一般做法：

(1)劳动合同期限届满前,用人单位应当提前30日将终止或者续订劳动合同的意向以书面形式通知劳动者,并协商办理终止或续订劳动合同的手续。为了确保符合上述时间规定,用人单位就要把握好确定劳动合同到期的时间、讨论续订劳动合同意向的时间以及做出决定的时间。此外,即使用人单位决定与劳动者续订劳动合同,也不能就此简化程序,否则,当出现劳动者不同意续订劳动合同的情形,因办理工作交接手续所需时间跨过原劳动合同终止日期时,即进入无劳动合同的事实劳动关系阶段,用人单位的终止劳动关系也同时转为解除劳动关系,相应的对价是不一样的。

(2)依据《劳动合同法》第十条规定,已建立劳动关系,未同时订立书面劳动合同的,应当自用工之日起1个月内订立书面劳动合同。此条也同样适用于劳动合同的续订,因此,用人单位与劳动者双方协商一致,续订劳动合同的,也应当在原劳动合同期满后的一个月内将续订手续办理完毕。

(3)若用人单位决定不再与劳动者续订劳动合同,应当依据《劳动合同法》第四十四条、第四十六条规定,与劳动者终止劳动合同,并按照该法第四十七条规定的经济补偿标准,支付经济补偿。

(4)用人单位依法发出续签意向,并维持或者提高劳动合同约定条件,劳动者不同意续订的,用人单位可以不支付经济补偿。

(5)劳动合同双方当事人依法终止劳动合同,都应当依据《劳动合同法》第五十条规定,办理劳动合同终止手续,用人单位依法出具终止劳动合同证明书。

续签劳动合同应注意如下事项:

(1)劳动合同期满,用人单位与劳动者同意续延劳动关系的,应当在劳动合同期满前依法续签劳动合同。

(2)员工若患有职业病或因工负伤并被确认达到规定的伤残等级,要求续签劳动合同的,企业应与其续签合同。

(3)员工若在企业连续工作满10年以上,在续签劳动合同时,其要求续签无固定期限劳动合同的,企业应与其续签无固定期限劳动合同。

（4）劳动合同期满后，企业不想续签合同，但未能与员工办理终止劳动合同手续，形成事实劳动关系的，视为续延劳动合同，企业应当与员工续签劳动合同。

（5）企业与员工续签劳动合同，无论期限多少，都不得约定试用期。

40. 如何审查用人单位资质

对用人单位的主体资格主要审查以下几点：一是拥有多层次分支机构的用人单位是否具有用人的资格。一般分支机构没有法人资格，其所签订的合同就没有法律效力，其用人行为的法律后果需要由该用人单位的上级单位承担；二是对承包和租赁经营的用人单位，承包者或租赁者所实施的用人行为，直接对该用人单位的用人行为产生法律后果；三是发包人与承包人用人行为能力界定。用人单位把一项工程全部或部分发包给承包人，由该承包人组织劳动者完成，若该承包人未取得用人单位的合法主体资格，应当由发包人就该承包人的用人行为承担连带责任。若该承包人具有用人单位的主体资格，其用人行为产生的法律后果由其本人全部承担；四是不具备用人资格的单位或个人用人行为能力的界定。用人单位内部管理部门或管理人员代表其所实施的用人行为，即使超越该管理部门或管理人员的代表权限，用人单位也仍要承担该用人行为的法律责任，而不能由该管理人员承担，但管理人员具有过错的，用人单位在承担责任后可以向该管理人员追偿。

41. 劳动合同应签几份

劳动合同应由双方各执一份。劳动合同系当事人的合意，应由当事人双方各执一份为凭。但实践中均有两份合同在一方手上而另一方无合同的情况，在此情况下，一旦双方就合同发生纠纷需要合同作依据时，无合同的一方就非常被动。无合同的一方多数情况下是劳动者,但也有的是用人单位。

这种情况之所以出现,直接的原因在于合同当事人签订劳动合同的方式不当。正确的签约方法应是合同双方签字盖章,然后各持一份保留。但实践中,许多用人单位往往是将事先做好的劳动合同文本一式二份交给劳动者先行签字,然后由劳动者将自己签好的劳动合同交还用人单位盖章,用人单位盖章后将其中一份交给劳动者。这种签约方式签约效率较高,问题是如果用人单位出于某种目的而有意不将劳动者已签好字的应当交还劳动者的那份劳动合同交还劳动者,那么上述情况就出现了,即两份合同全到了用人单位手上,劳动者则两手空空。相反的情况也有,即用人单位将自己盖好章的劳动合同文本两份全部交给劳动者签字,劳动者签字后出于某种目的故意未将应交归用人单位的那份劳动合同交归用人单位。

这种情况的出现,对于手上没有劳动合同的一方是非常不利的,由于两份合同均在对方手上,如果对方恶意地更改合同的条款,那么除非能够证明对方确属恶意更改,否则将不得不承受这一更改的后果。而实际上要证明对方确属恶意更改是非常困难的。

因此,建议无论是用人单位还是劳动者在签订劳动合同时,不仅要注意签约的效率性,也要注意签约的严肃性,做到当面签订、同时签订。

42. 一方拒绝或拖延签约如何处理

目前,用人单位拒绝或拖延同劳动者订立劳动合同的情况还是存在的,作为弱势群体,为了能保住工作,许多劳动者委曲求全,对用人单位的这一违法作法只是忍让迁就,但实际上,法律对此的态度是很明确的。根据《劳动法》第九十条和有关规定,用人单位与劳动者之间形成了事实劳动关系,而用人单位故意拖延不订立劳动合同,劳动行政部门应予以纠正。用人单位因此给劳动者造成损害的,应按有关规定进行赔偿。

《劳动法》第九十八条规定,用人单位违反本法规定的条件解除劳动合同或者故意拖延不订立劳动合同的,由劳动行政部门责令改正;对劳动者造成损害的,应当承担赔偿责任。根据有关规定,用人单位故意拖延不订立劳动合同,即招用后故意不按规定订立劳动合同以及劳动合同到期后故意不及时续订劳动合同的,按以下执行:(一)造成劳动者工资收入损失的,按劳动者本人应得工资收入支付给劳动者,并加付应得工资收入25%的赔偿费用;(二)造成劳动者劳动保护待遇损失的,应按国家规定补足劳动者的劳动保护津贴和用品;(三)造成劳动者工伤、医疗待遇损失的,除按国家规定为劳动者提供工伤、医疗待遇外,还应支付劳动者相当于医疗费用25%的赔偿费用;(四)造成女职工和未成年工身体健康损害的,除按国家规定提供治疗期间的医疗待遇外,还应支付相当于其医疗费用25%的赔偿费用;(五)劳动合同约定的其他赔偿费用。

最高人民法院《关于审理劳动争议案件适用法律若干问题的解释》(一)第十六条规定:劳动合同期满后,劳动者仍在原用人单位工作,原用人单位未表示异议的,视为双方同意以原条件继续履行劳动合同。一方提出终止劳动关系的,人民法院应当支持。根据《劳动法》第二十条之规定,用人单位应当与劳动者签订无固定期限劳动合同而未签订的,人民法院可以视为双方之间存在无固定期限劳动合同关系,并以原劳动合同确定双方的权利义务关系。

个别劳动者出于某种特殊目的的考虑而不愿同用人单位签订劳动合同的情况较少但的确存在,对于这部分劳动者,建议用人单位及时解除双方合同关系,以免后患。

43. 用人单位收取抵押的怎么办

有的用人单位在同劳动者订立劳动合同时以各种名义向劳动者收取抵押物,如定金、保证金、抵押金等,对此法律明文禁止,有关的法律规定是:企业不得向职工收取货币、实物等作为入厂押金,也不得扣留或者抵押职工的居民身份证、暂住证和其他证明个人身份的证件。对擅自扣留、抵押职工居民身份证等证件和收取抵押金

（品）的，公安部门、劳动监察机构应责令企业立即退还职工本人。

44. 未订劳动合同的怎么处理

对于已经建立劳动关系，但没有同时订立书面劳动合同的情况，要求用人单位与劳动者应当自用工之日起一个月内订立书面劳动合同。根据本法规定，用人单位自用工之日起满一年不与劳动者订立书面劳动合同的，视为用人单位与劳动者已订立无固定期限劳动合同。用人单位未在用工的同时订立书面劳动合同，与劳动者约定的劳动报酬不明确的，新招用的劳动者的劳动报酬应当按照企业的或者行业的集体劳动合同规定的标准执行；没有集体劳动合同或者集体劳动合同未作规定的，用人单位应当对劳动者实行同工同酬。用人单位自用工之日起超过一个月但不满一年未与劳动者订立书面劳动合同的，应当向劳动者支付 2 倍的月工资。

45. 签订劳动合同要注意哪些问题

劳动合同是劳动者的护身符。《劳动法》第十七条规定，订立和变更劳动合同，应当遵循平等自愿、协商一致的原则，不得违反法律、行政法规的规定。然而，在现实生活中不少用人单位在与劳动者签订劳动合同时采取欺诈、胁迫等手段设置陷阱，严重侵犯了劳动者的合法权益，对此，求职者一定要提高警惕，以免上当受骗。这些问题合同主要有以下六种：

（1）"暗箱合同"。这类合同中的权利和义务一边倒。有些企业，尤其是私营企业和个体工商户在与劳动者签订合同时，多采用格式合同，根本不与劳动者协商，不向劳动者讲明合同内容。在合同中，只从企业的利益出发规定用工单位的权利和劳动者的义务，而很少或者根本不规定用工单位的义务和劳动者的权利。

（2）"霸王合同"。这类合同，一般是以给劳动者或其亲友造成财产或人身损失相威胁，迫使对方在违背真实意思的情况下所签订的，受害对象一般为高科技人员。例如，有的企业看中一名技术员后,先与该技术员的亲朋好友订立劳动合同,并且给予优厚的待遇和报酬,然后再与该技术员本人进行谈判,强迫与其订立劳动合同,否则就以解雇其亲朋好友相威胁。

（3）"押金合同"。对于此类合同,劳动部办公厅、国家经贸委办公厅 1995 年 7 月 3 日下发的《对"关于用人单位要求在职职工缴纳抵押性钱款或股金的做法应否制止的请求"的复函》中明文予以制止。但如今仍有不少用人单位利用劳动者求职心切的心理向劳动者收了押金、风险金、培训费、保证金等各种名目、数额不等的金钱,劳动者稍有违反管理的行为,用人单位即"合法"扣留这部分押金。

（4）"生死合同"。部分用人单位不按劳动法的有关规定履行安全义务,妄图以与劳动者约定"工伤概不负责"的条款逃避责任。签订这类合同的主要是建筑、采石等从事高度危险作业的单位。这类企业劳动保护条件差、隐患多、设施不全,生产中极易发生伤亡事故。

（5）"卖身合同"。具体表现在一些用人单位与劳动者在合同中约定,劳动者的一切行动听从用人单位安排,一旦签订合同,劳动者就如同卖身一样完全失去了行动自由。在工作中,加班加点,被强迫劳动,有的单位连吃饭、穿衣、上厕所都规定了严格的时间,剥夺了劳动者的休息权、休假权,甚至任意侮辱、体罚、殴打和拘禁劳动者。劳动者的生活、娱乐和人身自由受到非法限制。

（6）"双面合同"。一些用人单位与劳动者签订合同时,准备了至少两份合同。一份是假合同,内容按照劳动部门的要求签订,以对外应付有关部门的检查,但在劳动过程中并不实际执行;一份为真合同,是用人单位从自身利益出发拟定的违法合同,合同规定的权利义务极不平等,对内用于约束劳动者。

二、劳动合同履行

46. 劳动合同履行有哪些原则

劳动合同的履行，是指劳动合同在依法订立生效之后，双方当事人按照劳动合同规定的条款，完成劳动合同规定的义务，实现劳动合同规定的权利的活动。《劳动法》第十七条规定，劳动合同依法订立即具有法律效力，当事人必须履行劳动合同规定的义务。劳动合同一经依法订立，就应该严格履行。履行是劳动合同法律制度的关键环节，是订立劳动合同的实质所在。没有履行当事人双方确立的劳动权利义务则难以实现，订立劳动合同也毫无意义。因此，劳动合同立法关于劳动合同履行的规定，既是劳动合同具有法律约束力的主要表现，也是当事人双方的义务。

劳动合同履行应当遵循的原则有：

（1）亲自履行原则。这是由劳动本身的特点决定的，也是保证劳动关系严肃性和稳定性的需要。劳动合同是特定人之间的合同，即用人单位与劳动者之间签订的劳动合同，它必须由劳动合同明确规定的当事人来履行，劳动合同的双方当事人也有责任履行劳动合同规定的义务，不允许当事人以外的其他人代替履行。

（2）实际履行原则。即除法律和劳动合同另有规定或者客观上已不能履行的以外，当事人要按照劳动的规定完成义务，不能用完成别的义务来代替劳动合同约定的义务。

（3）全面履行原则。是实际履行原则的补充和发展，即劳动合同生效后，当事人双方除按照劳动合同规定的义务履行外，还要按照劳动合同规定的时间、地点、方式，按质、按量地履行全部义务。

（4）协作履行原则。即劳动合同的双方当事人在履行劳动合同的过程中，有互相协作、共同完成劳动合同规定的义务，任何一方当事人在履行劳动合同遇到困难时，他方都应该在法律允许的范围，尽力给予帮助,以便双方尽可能地全面履行劳动合同。

47. 劳动合同履行有哪些条件

劳动合同履行的条件,是指劳动合同得以履行的前提。劳动合同履行没有先决条件,劳动过程就难以实现,约定的权利义务就会成为无源之水。法律法规对劳动合同履行未作出明确的规定,但从实行劳动合同制度的实践来看,应当具备以下条件:

(1)履行的主体必须是特定的当事人双方。劳动合同是特定主体之间的协议,其履行也应当在特定对象之间进行,即在订立劳动合同当事人之间履行。在履行过程中,不允许第三人代替履行;当事人双方相互履行,不允许一方只履行义务而另一方只享有权利而不履行义务。劳动合同不同于民事合同,民事合同可以由第三方代为履行。在民事债权债务关系中,合同期满一方当事人不能如期归还另一方的债权,可以请有偿还能力的第三人代为履行。而劳动合同特定主体的含义是必须由当事人双方亲自履行,他人不得代替。

(2)履行标的必须明确。劳动合同履行标的,是指劳动合同约定的权利义务要有明确的指向对象,及劳动合同要有明确的履行目标。劳动合同的基本内容,法律法规已经予以规定,但劳动合同对每一项具体条款,要由当事人来约定。如劳动者在一定时期内完成的生产数量、质量以及该生产数量、质量完成后用人单位提供的劳动报酬等,必须具体明确。只有具体明确的标的,才能为劳动合同履行提供准确的物质衡量标准,保障劳动合同的切实履行。劳动合同的标的不清,如对具体的工作岗位没有约定,在履行合同过程中,就极易引起争议。

(3)履行的期限必须确定。履行的期限,是指当事人双方有明确的承担义务享有权利的有效期限。劳动合同订立后,当事人双方应当依期履行,若遇特殊情况应征得另一方同意,协商一致变更履行期限。劳动合同期限在履行过程中有着十分重要的意义。劳动合同只有如期履行,才能保证当事人双方的不同需要。履行期限不明确,也极易引起争议。

(4)履行地点必须确定。地点确定是指当事人双方有明确的承担义务享有权利的场所。履行地点关系到劳动合同内容的履行,是劳动者极为关心的一个方面。因此,劳动合同应当明确约定履行地点,若在履行过程中一方要求变更履行地点,则应当按照劳动合同变更的规定处理,需要征得另一方当事人的同意。

48. 劳动合同中止情形有哪些

劳动合同履行的中止是指劳动合同履行过程中,因出现法定事由而使劳动合同难以继续履行,法律法规规定暂时停止其履行的制度。劳动合同履行中止,当事人可以暂时停止履行劳动合同规定的义务。引起劳动合同中止履行的原因消除后,应当继续履行。引起劳动合同履行中止的情形主要有:

(1)双方协商一致。劳动合同双方当事人中由于一方出现了应当中止履行劳动合同的情形,双方在平等自愿的、协商一致的基础上,对劳动合同履行中止进行协商,如果能够达成一致意见,可以暂时中止劳动合同的履行。

(2)劳动者涉嫌违法犯罪。劳动者涉嫌违法犯罪被公安、国家安全机关或者司法机关限制人身自由,由于没有人身自由而无权自由支配自己的劳动能力,丧失了履行劳动合同的可能,因此劳动合同的履行必须暂时中止,用人单位无须承担暂时不履行合同义务的责任。但如果证明没有犯罪,恢复人身自由后,用人单位应当与其继续履行劳动合同,劳动者被错误限制人身自由,导致中止劳动合同而造成的损失,可由其依据《国家赔偿法》的有关规定要求有关部门予以赔偿。

(3)不可抗力。不可抗力是指不能预见、不能避免、不能克服的客观情况。如果当事人可以预见,而因为疏忽大意等原因没有预见,或者发生的事件虽不可避免但能够克服,以及个人的行为,都不构成不可抗力。《民法通则》有关不可抗力影响合同履行的规定,主要包括地震、水灾、火灾、劳动者突发疾病和受到意外伤害等。实践中,当事人可以在劳动合同中约定哪些社会事件属于不可抗力,以免引起争议。法律关于不可抗力范围的规定比较原则,当事人双方有必要进行具体的补充,明确各自的权利义务。但当事人约定不可抗力的范围,不得违反法律法规的规定,或任意扩大不可抗力的范围。如果当事人从减轻风险出发,愿意扩大不可抗力的范围,可以通过劳动合同设定免责条款解决。

不可抗力与劳动合同的履行密切相关,对劳动合同的履行产生了三种后果:一是全部不能履行;二是部分不能履行;三是不能如期履行。因不可抗力事件发生,导致劳动合同履行中止时,可以免除停止履行劳动合同的责任。但并不是所有情况下都可以免除当事人中止劳动合同履行的责任。我国合同法规定,因不可抗力不能履行合同的,根据不可抗力的影响,部分或者全部免除责任,但法律另有规定的除外。当事人迟延履行后发生不可抗力的,不能免除责任。但是当事人一方应及时通知对方,以尽量减少给对方造成的损失,并应在合理的期限内提供证据。因为不可抗力的存在或发生的举证责任是由遭受不可抗力的一方承担的,提供证明的机关可以是公证机关、政府部门及其他能够证明不可抗力存在或发生的机关。

(4)劳动者应征入伍。劳动者应征入伍,保卫国家安全,是法律规定适龄公民应尽的义务。为了解除参军入伍的劳动者的后顾之忧,国家规定用人单位应当与劳动者中止履行劳动合同,但仍继续保持劳动关系。劳动者应征入伍期间,可以中止劳动合同的履行。也可以采取变更劳动合同的方式,继续与用人单位保持劳动关系。

三、劳动合同的变更

49. 劳动合同变更有哪些原则

劳动合同变更是指当事人双方对已经订立的劳动合同客体和

内容进行改变,即对劳动合同各项条款达成修改、补充或限制的法律行为,是对原劳动合同规定的权利义务的完善和发展,由原劳动合同所派生,是保证劳动合同全面履行和劳动过程顺利实现的重要手段。《劳动法》第十七条规定:订立和变更劳动合同,应当遵循平等自愿、协商一致的原则,不得违反法律、行政法规的规定。在劳动合同履行过程中,因订立合同时所依据的客观情况发生重大变化,致使原合同无法履行时,应当变更原劳动合同中的工作内容、岗位以及劳动保护、劳动条件、工资报酬等有关条款。

(1)经当事人双方协商一致。劳动合同变更,应在劳动合同有效期内进行,并遵循平等自愿、协商一致的原则,不得违反法律、行政法规的规定。双方当事人在主客观情况发生变化后,对原劳动合同重新协商,并达成一致才能对原合同进行变更。缺少对任何一个环节的协商一致,劳动合同变更都不能生效。

(2)要依法进行。其依法进行主要是指:一是变更程序符合法律规定。劳动合同变更一般要经过提议、协商、订立三个阶段。若一方接受另一方的建议,双方则可订立新的协议,若变更协议不能或不能完全被对方接受,双方需要继续协商。变更后的劳动合同或协议应当报送劳动合同管理机关进行鉴证。若在协商过程中发生争议,任何一方都可以向企业调解委员会申请调解,调解不成可以向当地劳动争议仲裁委员会申请仲裁,也可以不经企业调解直接申请仲裁。二是变更后的劳动合同内容符合法律规定。《劳动法》第十七条规定,变更劳动合同不得违反法律、行政法规的规定。法律法规是国家意志的体现,变更后的劳动合同内容若违反了法律法规的规定,必须会损害国家利益、社会利益或其他人的合法权益。因此,变更后的劳动合同不得违反国家法律法规的规定。

(3)有正当理由。正当理由是指引起变更劳动合同的原因是出于工作或生产经营需要而出现了某种客观情况的变化。劳动合同变更后,变更后的新条款即取代原条款,原条款失去法律效力。但是变更合同时未予变更的旧条款依然有效。如果双方经过协商最后仍然无法就变更劳动合同达成协议的,依法可要求解除合同,但依照《劳动法》第三十一条规定,应当提前 30 日以书面通知用人单位。依法变更的劳动合同内容,应视为原劳动合同的一部分,对当事人双方均具有法律约束力,未变更的部分,当事人应当继续履行。

50. 劳动合同变更有哪些方式

劳动变更可能是基于各种各样的原因,如用人单位经营情况的变化、劳动者身体状况的变化、不可抗力发生、国家政策调整等,但无论何种原因,劳动合同变更的方式都只有一种,即当事人协商一致。《劳动合同法》第三十四条规定,用人单位发生合并或者分立等情况,原劳动合同继续有效,劳动合同由承继其权利和义务的用人单位继续履行。第三十五条规定,用人单位与劳动者协商一致,可以变更劳动合同约定的内容。变更劳动合同,应当采用书面形式。变更后的劳动合同文本由用人单位和劳动者各执一份。如果就变更不能协商一致,那么即变更未成,劳动合同应继续履行,这是通常情况,但个别情况下,可以解除劳动合同,如《劳动法》第二十六条规定,劳动合同订立时所依据的客观情况发生重大变化,致使原劳动合同无法履行,经当事人协商不能就变更劳动合同达成协议的,用人单位可以解除劳动合同,但应当提前 30 日以书面形式通知劳动者本人。

51. 劳动合同变更有哪些条件

一般情况下,劳动合同订立后,双方当事人必须认真履行,任何一方不得擅自变更劳动合同。但是,在履行劳动合同过程中,由于企业生产经营状况的变化,或者职工劳动、生活情况的变化,也可以变更劳动合同。劳动合同的变更,是指当事人双方对依法成立的劳动合同的条款所做的修改和增减。劳动合同的变更,包括协议变更和法定变更两种情况,协议变更是指双方当事人必须协商一致,达成协议;法定变更是在法律规定的原因出现时,当事人一方可依法提出变更劳动合同（变更的内容也需要当事人双方协商一致）。无论是协议变更，还是法定变更，只限于对劳动合同的某些内容的变更，不能对劳动合同的当事人进行变更。

（1）订立劳动合同时所依据的法律、法规已经修改，致使原来订立的劳动合同无法全面履行，需要做出修改；

（2）企业经上级主管部门批准转产，原来的组织仍然存在，原签订的劳动合同也仍然有效，只是由于生产方向的变化，原来订立的劳动合同中的某些条款与发展变化的情况不相适应，需要做出相应的修改；

（3）上级主管机关决定改变企业的生产任务，致使原来订立的劳动合同中有关产量、质量、生产条件等都发生了一定的变化，需要做出相应的修改，否则原劳动合同无法履行；

（4）企业严重亏损或发生不可抗力的情况，确实无法履行劳动合同的规定；

（5）当事人双方协商一致，同意对劳动合同的某些条款做出变更，但不得损害国家利益。

52. 劳动合同变更有哪些程序

（1）及时向对方提出变更劳动合同的要求。即提出变更劳动合同的主体可以是企业，也可以是职工，无论哪一方要求变更劳动合同，都应当及时向对方提出变更劳动合同的要求，说明变更劳动合同的理由、内容、条件等；

（2）按期向对方作出答复。即当事人一方得知对方变更劳动合同的要求后，应在对方规定的期限内作出答复，不得对对方提出的变更劳动合同的要求置之不理；

（3）双方达成书面协议。即当事人双方就变更劳动合同的内容经过协商，取得一致意见，应当达成变更劳动合同的书面协议，书面协议应指明对哪些条款做出变更，并应指明变更后劳动合同的生效日期，书面协议经双方当事人签字盖章生效，并报企业主管部门或者上级劳动行政部门备案。

53. 用人单位原因引起劳动合同变更有哪些情形

劳动合同变更必须符合法定的条件,根据现行法律法规的规定,除当事人协商约定变更劳动合同外,还有因法定原因和当事人一方原因引起劳动合同变更的情形。

(1)劳动合同订立时依据的客观情况发生重大变化。《劳动法》第二十六条规定,劳动合同订立时所依据的客观情况发生重大变化,致使原劳动合同无法履行,经当事人协商不能就变更劳动合同达成协议的,用人单位可以解除劳动合同。这里的"客观情况"是指发生不可抗力或出现使劳动合同全部或部分无法履行的其他情形,并且排除了《劳动法》第二十七条所列的客观情况,即用人单位经济性裁员。一般包括两个方面:一是不可抗力。不可抗力使得当事人在劳动合同中约定的权利义务无法实现,原合同必须进行变更。二是用人单位改变经营范围。虽然用人单位的主体资格没有发生变化,但随着用人单位经营范围的变更,其经营业务也随之调整,人员的工作内容也必须随之变更。

(2)用人单位的资产性质或经营方式发生变化。用人单位的资产性质或者经营方式发生变化,主体资格变更的,变更后的用人单位可以与劳动者协商变更或者重新订立劳动合同,变更或者重新订立的劳动合同期限不得少于原劳动合同未履行的期限。主体资格变更是指随着用人单位资产性质或者经营方式的变化,用人单位在工商行政管理机关登记注册后与原企业是两个不同的法人,其主体资格发生了变化。用人单位主体资格发生变化的情形主要包括:

一是用人单位出售变更劳动合同。用人单位出售是指用人单位的开办者或投资者将用人单位的所有权有偿转让给其他社会组织或个人。出售方和购买方是买卖法律关系,二者对劳动合同的主体是根本不同的。但用人单位所有权的转移,其与劳动者之间形成的劳动法律关系并未因此而自然消亡。新的用人单位不得单方变更原劳动合同,即使出售方和购买方有约定,也不能以此对抗原劳动合同的约定。用人单位出售后,因生产经营发生重大变化,导致劳动合同无法履行的,购买方应当遵循协商一致的原则与劳动者确立变更劳动合同内容,变更后的劳动期限不得少于原劳动合同未履行的期限。劳动者不同意到用人单位工作的,新的用人单位可以解除劳动合同,但应当依法给予劳动者经济补偿。

二是租赁、承包企业变更劳动合同。根据有关规定,租赁经营、承包经营的企业,所有权并没有发生改变,法人名称未变,在与职工签订劳动合同时,该企业仍为用人单位一方。根据租赁合同或承包合同,租赁人、承包人如果作为该企业的法定代表人或该法定代表人的授权委托人时,可代表该企业(用人单位)与劳动者订立劳动合同。

三是企业改制引起劳动合同的变更。1998 年 1 月 26 日,劳动部发布了《关于企业实施股份制和股份合作制改造中履行劳动合同问题的通知》(劳部发〔1998〕34 号),在企业实施股份制或股份合作制改造后,用人单位主体发生变化的,应当由变化后的用工主体继续与职工履行原劳动合同。由于企业改制导致原劳动合同不能履行的,企业与职工应当依法变更劳动合同。

四是企业改变名称应变更劳动合同。劳动合同一经合法签订,即具有法律效力。其法律效力体现为劳动合同对双方当事人都具有法律约束力,双方的权利都受到法律保护,双方都必须履行劳动合同中规定的义务,任何一方都不得违反合同,否则就要承担相应的法律责任。如若是该职工在与新公司法人签订劳动合同后违约跳槽,致使用人单位因该职工原岗位缺员影响生产,带来了经济损失,根据相关法律规定及双方签订的有效、合法的劳动合同的有关条款,属于职工单方面违反劳动合同,就应当赔偿违约金。在此提醒正在转制、改制过程中的用人单位,万万不可忽视劳动合同的主体问题,否则就要承担不利的法律后果。

(3)国家法律法规或政策发生变化。劳动合同所依据的法律法规或政策发生变化,如政府出台新的改革方案等,此时双方当事人应当依据新的法律法规规定或新的改革方案,协商一致后,对劳动合同的相关条款进行变更。如解除劳动合同对劳动者经济补偿标准的约定,被新的法律法规所废止,凡依据该文件的规定在劳动合同解除时给予劳动者经济补偿金标准的约定,都应予以变更,未变更的,经济补偿金标准只能按照新的法律法规规定执行。

(4)用人单位的外派劳务合同变更。在劳动合同履行期间,用人单位因与其他单位履行经济或劳务合同,指派劳动者到对方或双方约定的地点工作,用人单位应当与被指派的劳动者协商一致变更劳动合同。若劳动者因难以克服的困难,明确表示不愿到对方工作或双方约定地点工作,用人单位不能单方面强行外派劳动者。若劳动者同意的,用人单位应当就劳动者在外履行劳动合同期间的工资和福利待遇等方面的事项,具体协商变更。用人单位与被指派的劳动者在变更劳动合同时,对劳动者在外派期间的福利待遇约定不明的或没有约定的,应当由派出单位负责。用人单位与其他单位经济或劳务合同履行完毕,被指派的劳动者应及时回原单位工作。

(5)非全日制用工的劳动合同变更。非全日制用工是指以小时计酬为主,劳动者在同一用人单位一般平均每日工作时间不超过四小时,每周工作时间累计不超过二十四小时的用工形式。非全日制用工双方当事人可以订立口头协议。从事非全日制用工的劳动者可以与一个或者一个以上用人单位订立劳动合同;但是,后订立的劳动合同不得影响先订立的劳动合同的履行。《劳动合同法》第七十条规定,非全日制用工双方当事人不得约定试用期。非全日制用工双方当事人任何一方都可以随时通知对方终止用工。终止用工,用人单位不向劳动者支付经济补偿。非全日制用工小时计酬标准不得低于用人单位所在地人民政府规定的最低小时工资标准。非全日制用工劳动报酬结算支付周期最长不得超过 15 日。

54. 劳动者原因引起劳动合同变更的情形有哪些

(1)劳动者患职业病或因工负伤致残丧失劳动能力的。劳动者患职业病或因工负伤致残的，经劳动鉴定委员会鉴定为部分丧失劳动能力，会对其劳动能力形成障碍，在重新寻找工作时遇到麻烦。对劳动者造成这种伤害是因为用人单位没有提供法律法规规定的安全卫生条件或由工作原因所造成的，因此，劳动者除有《劳动法》第二十五条规定的严重违法违纪行为外，用人单位不得与其解除劳动合同，应当根据其致残的具体情况，由用人单位按照《劳动法》第二十九条和其他有关规定，通过协商变更劳动合同的内容，调整劳动者的工种或岗位，安排适当的工作。给劳动者造成的其他损失，用人单位应依法补偿。

（2）劳动者身患疾病或非因工负伤的。在劳动合同履行过程中，劳动者可能因为自身原因患疾病或非因工负伤，但用人单位不能以劳动者在法定的医疗期满后，不能坚持原工种的劳动为由，与其解除劳动合同，而应当依据《劳动法》第二十六条规定，即劳动者患病或非因工负伤，医疗期满后不能从事原工作的，双方应当变更劳动合同的有关内容，另行安排适当的劳动工种或工作岗位等。只有出现不能从事用人单位另行安排的工作时，方可解除劳动合同。

对患有精神疾病的劳动者，法律法规规定按其疾病情况的不同程度分别做出了规定。对重病患者经治疗后完全丧失劳动能力的，用人单位可以与其解除劳动合同，终止劳动关系，办理退职、退休手续；对治疗后还有劳动能力的，用人单位要根据患者的实际情况适当安排工作。

（3）劳动者长期被外单位借用、带薪上学、应征入伍等。劳动者长期被外单位借用、带薪上学、应征入伍等，按照国家法律法规和政策规定，这部分人员与用人单位长期保持劳动关系，但又不在岗位，不能亲自履行劳动合同，因此双方可以协商对原劳动合同进行变更，明确双方在保持劳动关系期间的权利和责任。对被借用的，双方应协商变更劳动者被借用的期限、工资福利待遇的发放等，劳动者被借用后应当及时回原单位工作；带薪上学，应当订立培训服务协议，明确劳动者在学习期间的权利义务、工资、福利待遇以及学习结束后劳动者的服务期限等。

(4)劳动者内部退养、下岗或待安置。劳动者因自身原因被用人单位安排内部退养、下岗等,劳动合同订立时的基本情况发生了重大变化,当事人双方应当协商变更劳动合同的相关内容或订立专项协议,对劳动者退出工作岗位后内部退养工资、生活费以及其他福利待遇等有关事项做出相应的变更。

(5)劳动者家庭发生重大变故。劳动者家庭发生重大变故,如其配偶患有重病,需要有人照顾等,致使劳动者无法坚持原岗位的工作。用人单位应当根据劳动合同协作履行的原则,与劳动者协商变更劳动合同的有关条款,适当调整其工作岗位。暂时不能调整的,也应当向劳动者说明原因,待条件成熟时再进行调整,变更劳动合同。

四、劳动合同终止

55. 什么是劳动合同终止

劳动合同的到期终止是劳动合同自然结束、失去约束力的一种方式,是结束劳动关系的主要形式之一。《劳动法》第二十三条规定:"劳动合同期满或者当事人约定的劳动合同终止条件出现,劳动合同即行终止。"

劳动合同的终止包括两种情况:一种是劳动合同期限届满,合同即告终止,这里主要是针对有固定期限的劳动合同和以完成一定工作为期限的劳动合同;另一种是当事人约定的合同终止条件出现,劳动合同即告终止,这种情况既适用于有固定期限和以完成一定工作为期限的劳动合同,也同时适用于无固定期限的劳动合同,属于约定终止。

但在现实生活中,劳动合同期满后,用人单位既不与劳动者办理终止劳动合同手续,也不与劳动者续签劳动合同的现象却比较普遍。

56. 劳动合同终止与解除有什么区别

(1)劳动合同解除与劳动合同终止当事人的意思表示不同。劳动合同解除是指劳动合同订立后,因出现某种法定的事实,导致用人单位与劳动者之间形成的劳动关系自动归于消灭,或导致双方劳动关系的继续履行成为不可能而不得不消灭的情形。劳动合同终止主要是基于某种法定事实的出现,其一般不涉及用人单位与劳动者的意思表示,只要法定事实出现,一般情况下,都会导致双方劳动关系的消灭。

(2)劳动合同解除与劳动合同终止依据情形不同。劳动合同解除情形根据《劳动合同法》的规定,分为意定解除、劳动者主动辞职、劳动者被迫解除、用人单位单方通知解除、用人单位提前通知单方解除等几种,前述各种解除的成立条件是不同的。

关于劳动合同终止,《劳动法》第二十三条规定:"劳动合同期满或者当事人约定的劳动合同终止条件出现,劳动合同即行终止。"《劳动合同法》对劳动合同终止的具体情形做出了列举式的规定。该法第四十四条规定:有下列情形之一的,劳动合同终止:劳动合同期满的;劳动者开始依法享受基本养老保险待遇的;劳动者死亡,或者被人民法院宣告死亡或者宣告失踪的;用人单位被依法宣告破产的;用人单位被吊销营业执照、责令关闭、撤销或者用人单位决定提前解散的;法律、行政法规规定的其他情形。因此,当出现劳动合同法规定的上述事实之一时,劳动合同即行终止。

(3)劳动合同解除与劳动合同终止履行法定程序不同。劳动合同解除根据不同情形,需要履行不同的法律程序,如果未履行必要的法定程序,可能会导致劳动合同解除违法,从而不能出现当事人预想达到的解除效果,甚至事与愿违地要承担相应的损害赔偿责任。在劳动合同解除的诸多情形中,除了意定解除以及劳动者在人身受到威胁、被强迫劳动的情形下解除劳动合同,不需要履行相应的法定程序,其他均需履行相应的程序。

而对于劳动合同终止是否履行相应的法定程序,以及未履行法定程序的法律后果,劳动法和劳动合同法均没有做出明确规定,从而导致实践中对于劳动合同终止时用人单位是否需要履行提前通知义务,以及需要提前多长时间通知,各地掌握的尺度不尽一致。

(4)劳动合同解除与劳动合同终止经济补偿金的计算起点不同。根据《劳动合同法》规定的经济补偿金,以2008年1月1日为分界点分段计算的原则,除劳动者以用人单位未依法为劳动者缴纳社会保险为由,要求解除劳动合同,并支付经济补偿金时,经济补偿金的计算年限应自2008年1月1日起计算经济补偿金的年限外,其他解除劳动合同的情形,经济补偿金的计算年限均应自双方建立劳动关系起计算,即应按工作年限计算,只是2008年1月1日前后,经济补偿金计算的数额略有不同。对于劳动合同终止经济补偿金的问题,《劳动合同法》之前的法律、法规规定,劳动合同自动终止的,用人单位是无须向劳动者支付经济补偿金的。

而《劳动合同法》对于此问题做出了明确规定,《劳动合同法》第四十六条规定:劳动合同期满后,若用人单位不同意按照维持或高于原劳动合同约定条件,与劳动者续订劳动合同的,用人单位应当向劳动者支付经济补偿金。但根据《劳动合同法》规定的经济补偿金以2008年1月1日为分界点分段计算的原则,对于2008年1月1日后,因劳动合同终止需要支付经济补偿金的,经济补偿金的计算年限,应自2008年1月1日开始计算,2008年1月1日之前的工作年眼,不属于经济补偿金计算范畴。

57. 终止劳动合同有哪些条件

劳动合同期满或者当事人约定的劳动合同终止条件出现,劳动合同即行终止。劳动合同的终止是指劳动合同期满或当事人双方约定的劳动合同终止条件出现,劳动合同即行终止。

(1)合同期限已满。定期的劳动合同在合同约定的期限届满

后,除非双方是依法续订或依法延期,否则合同即行终止;

(2)合同目的已经实现。以完成一定的工作为期的劳动合同在其约定工作完成以后,或其他类型的劳动合同在其约定的条款全部履行完毕以后,合同因目的的实现而自然终止;

(3)合同约定的终止条件出现。企业劳动合同或集体劳动合同对企业劳动合同约定的终止条件出现以后,企业劳动合同就此终止;

(4)当事人死亡。劳动者一方死亡,合同即行终止;雇主一方死亡,合同可以终止,也可以因继承人的继承或转让第三方而使合同继续存在,这要依实际情况而定;

(5)劳动者退休。劳动者因达到退休年龄或丧失劳动能力而办理退休手续后,合同即行终止;

(6)企业不复存在。企业因依法宣告破产、解散、关闭或兼并后,原有企业不复存在,其合同也告终止。

58. 单位不得终止劳动合同的情况有哪些

(1)根据我国工会法规定,基层工会专职主席、副主席或者委员自任职之日起,其劳动合同期限自动延长,延长期限相当于其任职期间;非专职主席、副主席或者委员自任职之日起,其尚未履行的劳动合同期限短于任期的,劳动合同期限自动延长至任期期满。但是,任职期间个人严重过失或者达到法定退休年龄的除外。

(2)劳动和社会保障部等部门《关于进一步推行平等协商和集体劳动合同制度的通知》规定,参与集体协商签订集体劳动合同的职工协商代表在任期内,劳动合同期满的,企业原则上应当与其续签劳动合同至任期届满。

(3)《关于执行劳动法若干问题的意见》规定,除劳动法第二十五条规定的情形外,劳动者在医疗期、孕期、产期和哺乳期内,劳动合同期限届满时,用人单位不得终止劳动合同。劳动合同的期限应自动延续至医疗期、孕期、产期和哺乳期期满为止。

（4）国务院《工伤保险条例》规定,用人单位不得终止伤残程度为1~6级的工伤职工的劳动合同。不过,伤残程度为5级或6级的,经工伤职工本人提出,该职工可以与用人单位解除或者终止劳动关系,由用人单位支付一次性工伤医疗补助金和伤残就业补助金。

（5）《职业病防治法》规定,用人单位对未进行离岗前职业健康检查的劳动者不得解除或者终止与其订立的劳动合同;用人单位在疑似职业病病人诊断或者医学观察期间,不得解除或者终止与其订立的劳动合同。

59. 终止劳动合同应办理哪些手续

（1）用人单位必须在合同期满前提前一个月书面通知劳动者。原劳动部《关于加强劳动合同管理完善劳动合同制度的通知》规定:企业在"劳动合同期满前应当提前一个月向职工提出终止或续订劳动合同的意向,并及时办理有关手续"。

（2）用人单位必须给劳动者出具终止劳动合同证明书。原劳动部《关于企业职工流动若干问题的通知》规定:"用人单位与职工解除劳动关系后,应当及时向职工提供相应的证明材料。"终止劳动合同是解除劳动关系的形式之一,用人单位必须及时向职工提供终止劳动合同证明书。

（3）终止劳动合同可以不支付经济补偿金。原劳动部《关于贯彻执行中华人民共和国劳动法若干问题的意见》第三十八条指出:"劳动合同期满或者当事人约定的劳动合同终止条件出现,劳动合同即行终止,用人单位可以不支付劳动者经济补偿金。国家另有规定的,可以从其规定。"

60. 终止劳动合同有补偿吗

根据劳动法和劳动合同法的规定,终止劳动合同,用人单位有以下几种情形的,应当向劳动者支付经济补偿金。

（1）用人单位未按照劳动合同约定提供劳动保护或者劳动条件，劳动者解除劳动合同的；

（2）用人单位未及时足额支付劳动报酬，劳动者解除劳动合同的；

（3）用人单位低于当地最低工资标准支付劳动者工资，劳动者解除劳动合同的；

（4）用人单位未依法为劳动者缴纳社会保险费，劳动者解除劳动合同的；

（5）用人单位的规章制度违反法律、法规的规定，损害劳动者权益，劳动者解除劳动合同的；

（6）用人单位以欺诈、胁迫的手段或者乘人之危，使劳动者在违背真实意思的情况下订立或者变更劳动合同，致使劳动合同无效，劳动者解除劳动合同的；

（7）用人单位免除自己的法定责任、排除劳动者权利，致使劳动合同无效，劳动者解除劳动合同的；

（8）用人单位订立劳动合同违反法律、行政法规强制性规定，致使劳动合同无效，劳动者解除劳动合同的；

（9）用人单位以暴力、威胁或者非法限制人身自由的手段强迫劳动，劳动者解除劳动合同的；

（10）用人单位违章指挥、强令冒险作业危及劳动者人身安全，劳动者解除劳动合同的；

（11）法律、行政法规规定的其他情形。

经济补偿按劳动者在本单位工作的年限，每满一年支付一个月工资的标准向劳动者支付。六个月以上不满一年的，按一年计算；不满六个月的，向劳动者支付半个月工资的经济补偿。劳动者月工资高于用人单位所在直辖市、设区的市级人民政府公布的本地区上年度职工月平均工资三倍的，向其支付经济补偿的标准按职工月平均工资三倍的数额支付，向其支付经济补偿的年限最高不超过十二年。

61. 什么是逾期终止劳动合同

逾期终止劳动合同分三种类型：

（1）法定可以逾期终止的。包括：一是劳动合同制工人因工负伤还在治疗期间，劳动合同可以逾期终止，劳动合同期限应予延长到医疗终结时止。二是女职工在孕期、产期、哺乳期内合同期满的，应当逾期到"三期"满再终止合同。三是职工患病或非因工负伤，法定医疗期未满而合同期满的，应当逾期至医疗期满再终止劳动合同。

（2）约定可以逾期终止的。主要是指合同双方当事人根据实际情况约定。法定终止合同时间已到，在何种条件下可以逾期终止合同的情形，需要注意的是约定的内容必须合法。

（3）法定不逾期终止的情况有以下几种：一是合同期满或合同中约定的终止条件出现，当事人一方要求终止合同，而另一方则坚持延续合同，致使出现逾期履行合同的状况；二是合同期满或合同终止的约定条件出现，合同应当终止，而双方当事人均未提及办理终止手续形成事实劳动关系的情形；三是特殊工种可能影响职工身体健康国家限制工作年限（如放射性、高温、井下等有保护时间限制的），合同期满双方均同意延续合同的情形。

62. 如何解决逾期终止劳动合同纠纷

对于法定应当逾期终止劳动合同而不逾期终止或法定不应逾期终止合同而强行逾期终止的，应由劳动监察部门责令限期改正，不改正的给予通报批评，因此而给当事人造成损失的，应依法给予赔偿。由此引发的劳动争议，双方当事人均可依法申请仲裁，仲裁委员会应依法进行处理。

对劳动合同到期或约定终止合同的条件出现，双方当事人既不续订合同，又不终止合同，形成事实劳动关系后逾期终止合同引起的争议，可以申请劳动争议仲裁处理，仲裁委员会应依据有关规定，首先督促双方续订或终止劳动合同,同时要区别双方各自的责任,其次再依据续签的合同或国家的规定,以及双方责任的大小进行处理。

五、劳动试用期

63. 什么是试用期

试用期是指用人单位对新招收的合同制职工进行思想品德、劳动态度、实际工作能力、身体情况等进行进一步考察的时间期限。根据我国劳动法的规定,劳动合同可以规定试用期,其期限的长短由企业根据不同工种的实际情况确定,但最长不得超过六个月。

《劳动合同法》第十九条规定,劳动合同期限三个月以上不满一年的,试用期不得超过一个月;劳动合同期限一年以上不满三年的,试用期不得超过二个月;三年以上固定期限和无固定期限的劳动合同,试用期不得超过六个月。同一用人单位与同一劳动者只能约定一次试用期。以完成一定工作任务为期限的劳动合同或者劳动合同期限不满三个月的,不得约定试用期。试用期包含在劳动合同期限内。劳动合同仅约定试用期的,试用期不成立,该期限为劳动合同期限。

64. 试用期是否要签劳动合同

试用期是要签合同的。劳动合同双方可以不约定试用期,也可以约定试用期限,试用期最长不得超过六个月。即试用期应包括在劳动合同期限内,试用期期间,用人单位也应依法为员工参加社保。在试用期,劳动者可随时提出解除劳动合同,用人单位在试用期内证明劳动者不符合录用条件的,也可以解除劳动合同。

在实践中,确实有不少用人单位口头与劳动者约定三个月或六个月试用期,但不签订劳动合同。试用期满后用人单位认为试用合格,就签订正式劳动合同,如果用人单位认为不符合录用条件,就解除劳动关系。实际上用人单位的这种做法是违反法律规定的。试用期存在的前提是双方签订了劳动合同,没有签订劳动合同,就不存在"试用期"一说。用人单位只约定试用期而未签订劳动合同的,视为不存在试用期,双方发生劳动争议将按照事实劳动关系进行处理。

65. 一般试用期是多长时间

根据劳动合同法规定,劳动合同期限三个月以上不满一年的,试用期不得超过一个月;劳动合同期限一年以上不满三年的,试用期不得超过二个月;三年以上固定期限和无固定期限的劳动合同,试用期不得超过六个月。

同一用人单位与同一劳动者只能约定一次试用期。

以完成一定工作任务为期限的劳动合同或者劳动合同期限不满三个月的,不得约定试用期。

试用期包含在劳动合同期限内。劳动合同仅约定试用期的,试用期不成立,该期限为劳动合同期限。

劳动者在试用期的工资不得低于本单位相同岗位最低档工资或者劳动合同约定工资的百分之八十,并不得低于用人单位所在地的最低工资标准。

66. 试用期工资如何计算

用人单位滥用试用期的一个表现是试用期间付给劳动者的薪金待遇低。试用期劳动者薪金待遇低的现象非常普遍,很多用人单位视试用人员为廉价劳动力,任意压低其基本薪水,甚至不给工资。还有一些单位,硬性规定在试用期间一切意外伤害不列入工伤范围。这也是用人单位热衷于约定试用期的重要原因之一。对试用期内工资待遇较低的问题,社会反响非常强烈。对试用期间劳动者待遇过低或得不到保障的突出问题,《劳动合同法》第二十条做出了有针对性的规定:劳动者在试用期的工资不得低于本单位同岗位最低档工资或者劳动合同约定工资的百分之八十,并不得低于用人单位所在地的最低工资标准。这是劳动者在试用期间工资待遇的法定最低标准。对本条的理解,应把握以下几点:

(1)劳动者和用人单位劳动合同双方当事人在劳动合同里约定了试用期工资,而约定的试用期工资又高于本条规定的标准的,按约定执行。

(2)约定试用期工资应当体现"同工同酬"的原则。试用期间劳动者提供的价值不意味一定小于正式工,所以不能当然地认为试用期间劳动者的工资就是最低标准,这不符合同工同酬的原则。这样理解也遏制了用人单位的利益驱动,为使用廉价劳动力提供便利而滥用试用期。同工同酬原则还体现在用人单位必须为试用期间的劳动者缴纳保险,这是用人单位的法定义务,不能为了降低企业成本而逃避。

(3)劳动者在试用期的工资,劳动合同法实际上规定了两个最低标准:不得低于本单位同岗位最低档工资;或者劳动合同约定工资的百分之八十。这就存在着按哪一个标准执行的问题,正确的理解应当是条文里两者相比取其高。

(4)劳动者在试用期的工资不得低于用人单位所在地的最低工资标准,不得低于最低工资。《劳动法》第四十八条规定,国家实行最低工资保障制度。用人单位支付给劳动者的工资不得低于当地最低工资标准。

67. 试用期内负伤能享受工伤待遇吗

根据《关于执行劳动法若干问题的意见》第十八条规定:劳动者被用人单位录用后,双方可以在劳动合同中约定试用期,试用期应包括在劳动合同期限内。由此可见,试用期是用人单位和劳动者为相互了解、选择而约定的考察期,试用期是包括在劳动合同期限内的。在试用期内劳动者与用人单位已形成劳动关系。另据企业职工工伤保险相关规定:职工因工负伤治疗,享受工伤医疗待遇。因此在试用期发生的工伤,用人单位应给劳动者工伤待遇。

68. 试用期内能否解除劳动合同

《劳动合同法》第二十一条规定,在试用期内,除劳动者有本法第三十九条和第四十条第一项、第二项规定的情形外,用人单位不得解除劳动合同。用人单位在试用期解除劳动合同的,应当向劳动者说明理由。

由此可见,在试用期内,用人单位不能随意解除劳动合同。根据《劳动合同法》第三十九条规定,劳动者在试用期内被证明不符合录用条件的,用人单位可以解除劳动合同。也就是说,在试用期内,除了劳动者存在其他法定解除劳动合同的情形而由用人单位解除劳动合同外,只有证明劳动者不符合录用条件时用人单位才有权解除劳动合同。

在试用期内,除非劳动者发生以下情形之一,否则,用人单位不得解除劳动合同:

(1)在试用期间被证明不符合录用条件的;

(2)严重违反用人单位的规章制度的;

(3)严重失职,营私舞弊,给用人单位造成重大损害的;

(4)劳动者同时与其他用人单位建立劳动关系,对完成本单位的工作任务造成严重影响,或者经用人单位提出,拒不改正的;

(5)因以欺诈、胁迫的手段或者乘人之危,使对方在违背真实意思的情况下订立或者变更劳动合同的情形致使劳动合同无效的;

(6)被依法追究刑事责任的;

(7)劳动者患病或者非因工负伤,在规定的医疗期满后不能从事原工作,也不能从事由用人单位另行安排的工作的;

(8)劳动者不能胜任工作,经过培训或者调整工作岗位,仍不能胜任工作的。

此外,即使劳动者符合上述情形之一,用人单位需要在试用期与劳动者解除劳动合同的,也应当向劳动者说明理由。

69. 试用期解除劳动合同有哪些程序

用人单位在试用期内解除劳动合同应当遵守如下程序规定:

(1)用人单位在试用期解除劳动合同的,应当向劳动者说明理由,这里的"说明理由",法律并未规定一定得采取书面形式,但从举证的角度出发,建议采用书面形式,并且要求劳动者签收。

(2)用人单位在试用期内解除劳动合同,也应当事先将理由通知工会。用人单位违反法律、行政法规规定或者劳动合同约定的,工会有权要求用人单位纠正。用人单位应当研究工会的意见,并将处理结果书面通知工会。

(3)用人单位需制作"解除劳动合同通知书"送达给劳动者,同时向劳动者出具解除或者终止劳动合同的证明,并在十五日内为劳动者办理档案和社会保险关系转移手续。

用人单位试用期内解除劳动合同需保留履行法定程序的书面证据,并且保留送达的书面证据。

70. 职工试用期辞职需要交纳培训费用吗

试用期内解除劳动合同职工不偿付培训费用,但职工解除劳动合同应赔偿用人单位出资的招、接收费。根据原劳动部办公厅《关于试用期内解除劳动合同处理依据问题的复函》(劳办发[1995]264号)规定,用人单位出资(指有支付货币凭证的情况)对职工进行各类技术培训,职工提出与单位解除劳动关系的,如果在试用期内,则用人单位不得要求劳动者支付该项培训费用。……如果是用人单位出资招用的职工,职工在合同期内(包括试用期)解除与用人单位的劳动合同,则该用人单位可按照《违反〈劳动法〉有关劳动合同规定的赔偿办法》(劳部发[1995]223号)的规定向职工索赔。

如果试用期满,在合同期内,则用人单位可以要求劳动者支付该项培训费用,具体支付方法是:约定服务期的,按服务期等分出资金额，以职工已履行的服务期限递减支付；没约定服务期的，按劳动合同期等分出资金额，以职工已履行的合同期限递减支付；没有约定合同期的，按5年服务期等分出资金额，以职工已履行的服务期限递减支付；双方对递减计算方式已有约定的，从其约定。如果合同期满，职工要求终止合同，则用人单位不得要求劳动者支付该项培训费用。

71. 试用期是否需要交保险

在试用期内也应该享受保险，因为试用期是合同期的一个组成部分，它不是隔离在合同期之外的。所以在试用期内也应该上保险。另外，企业给员工上保险是一项法定的义务，不取决于当事人的意思或自愿与否，即使员工表示不需要交保险也不行，而且商业保险不能替代社会保险。

六、劳务派遣

72. 什么是劳务派遣

所谓的劳务派遣，即劳动力租赁，由派遣机构与劳动者订立劳动合同并支付报酬，把劳动者派向其他用工单位，再由用工单位向派遣机构支付一笔服务费用。而劳务派遣工指的就是被派遣的劳动者。《劳动合同法》第五十八条规定："劳务派遣单位是本法所称用人单位，应当履行用人单位对劳动者的义务。劳务派遣单位与被派遣劳动者订立的劳动合同，除应当载明本法第十七条规定的事项外，还应当载明被派遣劳动者的用工单位以及派遣期限、工作岗位等情况。"在这个过程中，法律关系主要有三个：一是员工与劳务派遣企业存在劳动关系；二是劳务派遣企业与实际用工企业的委托合同；三是实际用工单位与派遣劳动者的用工管理关系。

采取劳务派遣有两大好处，一是让国有企业、机关事业单位突破用工编制的限制,二是为用人单位在劳动合同管理、社会保险办理等方面提供专业服务,降低管理成本。劳动者的工资、社会保险待遇,实际上等于也是由用人单位承担的,其支付的费用当中,包括这笔开支和劳务派遣公司的服务费。

73. 劳务派遣用工范围和比例有何规定

自 2014 年 3 月 1 日起施行《劳务派遣暂行规定》对劳务派遣的用工范围和用工比例规定如下:

(1)用工范围。用工单位只能在临时性、辅助性或者替代性的工作岗位上使用被派遣劳动者。临时性工作岗位是指存续时间不超过 6 个月的岗位;辅助性工作岗位是指为主营业务岗位提供服务的非主营业务岗位;替代性工作岗位是指用工单位的劳动者因脱产学习、休假等原因无法工作的一定期间内,可以由其他劳动者替代工作的岗位。

用工单位决定使用被派遣劳动者的辅助性岗位,应当经职工代表大会或者全体职工讨论,提出方案和意见,与工会或者职工代表平等协商确定,并在用工单位内公示。

(2)用工比例。用工单位应当严格控制劳务派遣用工数量,使用的被派遣劳动者数量不得超过其用工总量的 10%。用工总量是指用工单位订立劳动合同人数与使用的被派遣劳动者人数之和。

计算劳务派遣用工比例的用工单位是指依照劳动合同法和劳动合同法实施条例可以与劳动者订立劳动合同的用人单位。

74. 劳务派遣协议有哪些内容

劳务派遣单位应当依法与被派遣劳动者订立两年以上的固定期限书面劳动合同。

劳务派遣单位可以依法与被派遣劳动者约定试用期。劳务派遣单位与同一被派遣劳动者只能约定一次试用期。

劳务派遣协议应当载明下列内容:

（1）派遣的工作岗位名称和岗位性质；

（2）工作地点；

（3）派遣人员数量和派遣期限；

（4）按照同工同酬原则确定的劳动报酬数额和支付方式；

（5）社会保险费的数额和支付方式；

（6）工作时间和休息休假事项；

（7）被派遣劳动者工伤、生育或者患病期间的相关待遇；

（8）劳动安全卫生以及培训事项；

（9）经济补偿等费用；

（10）劳务派遣协议期限；

（11）劳务派遣服务费的支付方式和标准；

（12）违反劳务派遣协议的责任；

（13）法律、法规、规章规定应当纳入劳务派遣协议的其他事项。

75. 劳务派遣单位有哪些义务

劳务派遣单位应当对被派遣劳动者履行下列义务：

（1）如实告知被派遣劳动者《劳动合同法》第八条规定的事项、应遵守的规章制度以及劳务派遣协议的内容；

（2）建立培训制度，对被派遣劳动者进行上岗知识、安全教育培训；

（3）按照国家规定和劳务派遣协议约定，依法支付被派遣劳动者的劳动报酬和相关待遇；

（4）按照国家规定和劳务派遣协议约定，依法为被派遣劳动者缴纳社会保险费，并办理社会保险相关手续；

（5）督促用工单位依法为被派遣劳动者提供劳动保护和劳动安全卫生条件；

（6）依法出具解除或者终止劳动合同的证明；

（7）协助处理被派遣劳动者与用工单位的纠纷；

（8）法律、法规和规章规定的其他事项。

被派遣劳动者在用工单位因工作遭受事故伤害的,劳务派遣单位应当依法申请工伤认定,用工单位应当协助工伤认定的调查核实工作。劳务派遣单位承担工伤保险责任,但可以与用工单位约定补偿办法。

被派遣劳动者在申请进行职业病诊断、鉴定时,用工单位应当负责处理职业病诊断、鉴定事宜,并如实提供职业病诊断、鉴定所需的劳动者职业史和职业危害接触史、工作场所职业病危害因素检测结果等资料,劳务派遣单位应当提供被派遣劳动者职业病诊断、鉴定所需的其他材料。

76. 劳务派遣合同如何解除和终止

(1)被派遣劳动者提前30日以书面形式通知劳务派遣单位,可以解除劳动合同。被派遣劳动者在试用期内提前3日通知劳务派遣单位,可以解除劳动合同。劳务派遣单位应当将被派遣劳动者通知解除劳动合同的情况及时告知用工单位。

(2)被派遣劳动者被用工单位退回,劳务派遣单位重新派遣时维持或者提高劳动合同约定条件,被派遣劳动者不同意的,劳务派遣单位可以解除劳动合同。

(3)被派遣劳动者被用工单位退回,劳务派遣单位重新派遣时降低劳动合同约定条件,被派遣劳动者不同意的,劳务派遣单位不得解除劳动合同。但被派遣劳动者提出解除劳动合同的除外。

(4)劳务派遣单位被依法宣告破产、吊销营业执照、责令关闭、撤销、决定提前解散或者经营期限届满不再继续经营的,劳动合同终止。用工单位应当与劳务派遣单位协商妥善安置被派遣劳动者。

(5)劳务派遣单位与被派遣劳动者解除或者终止劳动合同的,应当依法向被派遣劳动者支付经济补偿。

77. 什么情况下用工单位可以将被派遣劳动者退回劳务派遣单位

有下列情形之一的,用工单位可以将被派遣劳动者退回劳务派遣单位：

（1）用工单位有《劳动合同法》第四十条、第四十一条规定情形的；

（2）用工单位被依法宣告破产、吊销营业执照、责令关闭、撤销、决定提前解散或者经营期限届满不再继续经营的；

（3）劳务派遣协议期满终止的。

被派遣劳动者退回后在无工作期间，劳务派遣单位应当按照不低于所在地人民政府规定的最低工资标准，向其按月支付报酬。

被派遣劳动者有《劳动合同法》第四十二条规定情形的，在派遣期限届满前，用工单位不得依据本规定第十二条第一款第一项规定将被派遣劳动者退回劳务派遣单位；派遣期限届满的，应当延续至相应情形消失时方可退回。

78. 跨地区劳务派遣如何缴纳社会保险

劳务派遣单位跨地区派遣劳动者的，应当在用工单位所在地为被派遣劳动者参加社会保险，按照用工单位所在地的规定缴纳社会保险费，被派遣劳动者按照国家规定享受社会保险待遇。

劳务派遣单位在用工单位所在地设立分支机构的，由分支机构为被派遣劳动者办理参保手续，缴纳社会保险费。

劳务派遣单位未在用工单位所在地设立分支机构的，由用工单位代劳务派遣单位为被派遣劳动者办理参保手续，缴纳社会保险费。

第三章 劳动合同解除

一、劳动合同解除概述

79. 什么是劳动合同解除

劳动合同的解除,是指劳动合同依法订立后,未履行完毕以前,当事人双方提前终止劳动合同的法律效力,解除双方权利义务关系。劳动合同解除具有以下法律特征:

解除是劳动合同法律约束力的提前终止,即在当事人双方所约定的义务还没有完全履行前终止。一般情况下,劳动者和用人单位双方都应当按照约定履行自己的义务后才能终止劳动合同,而劳动合同解除则是在当事人双方都未完全享有权利和履行义务的情况下终止。因此,劳动合同解除不同于约定的权利义务完全实现或当事人丧失法律主体资格的终止。

劳动合同解除是基于当事人的意思表示而终止。在劳动合同履行过程中,会出现当事人难以预料的情况,这些情况有时会成为当事人一方解除劳动合同的条件,但当事人如没有提出提前终止劳动合同的意思表示,劳动合同仍然可以继续履行。因此,劳动合同解除不同于在一定法律事实出现后无须当事人双方有终止意思表示的当然终止或强制终止。

80. 劳动合同解除有哪些形式

劳动合同的解除分为法定解除和约定解除两种。解除劳动合同引起的法律后果与终止劳动合同引起的法律后果大致相同。

(1)法定解除。是指在劳动合同的履行过程中,出现劳动法律法规规定的情况时,当事人一方或者双方解除劳动合同的行为。在法定解除的情况下,一方当事人可以不与另一方当事人协商,也无须征得另一方的同意,就可依据劳动法律法规规定的条件和程序解除合同。

(2)约定解除。是指在劳动合同的履行过程中,当事人一方或者双方认为继续履行合同已经没有必要时,与另一方协商取得一致意见后,解除劳动合同的行为。与法定解除不同的是,约定解除不能由一方自主决定,而必须是双方的行为,其解除的条件不一定是法律法规规定情形的出现,只要当事人双方在真实意思表示的基础上协商一致就可以了。

81. 劳动合同解除有哪些分类

(1)以解除的方式分类。按照劳动合同解除的方式不同,可以分为两种:一是协商解除。劳动合同当事人双方协商一致解除。法律法规对这种解除方式一般不规定条件,只要求解除合同在程序上、形式和内容上合法即可。《劳动法》第二十四条规定,经劳动合同当事人协商一致,劳动合同可以解除。双方协商解除劳动合同,不仅包括对解除劳动合同关系本身协商一致,还包括对双方或一方提出解除劳动合同的条件协商一致。二是单方解除。即享有解除权的单方当事人以单方意思表示解除合同。单方解除权是指当事人依法享有的、无须对方当事人同意而单方决定解除合同的权利。又包括随时解除和提前通知解除两种情况。随时解除是指在没有通知对方的情况下可以单方解除,提前通知解除是指预先通知对方当事人后才能单方解除。

(2)以解除条件分类。按照劳动合同解除是依据法律规定,还是当事人双方约定进行划分,可以包括以下两种类型:一是法定解除。即劳动者或用人单位在符合法律法规规定解除条件的情况下,单方解除劳动合同。法律规定劳动合同解除的条件,目的是限制单方解除劳动合同的任意性,以维护劳动关系的稳定。二是约定解除。即劳动者或用人单位可以在约定解除劳动合同条件出现的情况下,单方解除劳动合同。在具备约定解除劳动合同的条件出现时,当事人做出解除的意思表示,劳动关系可以终止。

(3)以解除原因分类。按照解除劳动合同的当事人一方是否有过错,劳动合同解除可以分为两种:一是有过错解除。即由于当事人一方的过错而导致另一方解除劳动合同,包括劳动者因用人单位有过错而解除劳动合同或用人单位有过错而解除劳动合同。过错是指当事人的错误行为达到了法律法规或劳动合同以及用人单位规章制度规定的可以解除劳动合同的条件,轻微的过错不包括在内。因用人单位的过错,则应补偿劳动者因解除合同所受到的损失,而劳动者的过错,则不能要求用人单位因解除合同而给予经济补偿。二是无过错解除。即当事人一方无过错或虽有过错但没有达到法律法规或劳动合同以及用人单位规章制度规定的解除劳动合同的条件,当事人一方单独解除劳动合同。对于这种类型的劳动合同解除,为了避免给对方当事人造成损失,劳动法规定了提前通知的制度。而且还规定了用人单位提出解除劳动合同,要依法给予劳动者经济补偿。

二、用人单位解除

82. 什么是用人单位单方解除权

用人单位行使单方解除权,无论是预告单方解除或单方即时解除权,均须履行事先通知工会并听取工会意见,而后才开始发生解除效力。在这里,第三方即工会参与机制被引入解除程序之中,表达了国家希望通过充分发挥工会的作用、以平衡劳资关系的良好愿望。

相对劳动者的单方解除权,用人单位单方解除权的享有也是广泛的,体现了法律对用人单位用人自主权的尊重。只是在行使要件上有特殊要求,履行程序上较劳动者较为严格,有限自治在这里也得到充分体现。

83. 用人单位解除合同有哪些情形

根据劳动法规定,用人单位可以解除劳动合同的情形有三个方面。

(一)《劳动合同法》第三十九条规定,劳动者有下列情形之一的,用人单位可以解除劳动合同:

(1)在试用期间被证明不符合录用条件的;

(2)严重违反用人单位的规章制度的;

(3)严重失职,营私舞弊,给用人单位造成重大损害的;

(4)劳动者同时与其他用人单位建立劳动关系,对完成本单位的工作任务造成严重影响,或者经用人单位提出,拒不改正的;

(5)因本法第二十六条第一款第一项规定的情形致使劳动合同无效的;

(6)被依法追究刑事责任的。

(二)有下列情形之一的,用人单位提前三十日以书面形式通知劳动者本人或者额外支付劳动者一个月工资后,可以解除劳动合同:

(1)劳动者患病或者非因工负伤,在规定的医疗期满后不能从事原工作,也不能从事由用人单位另行安排的工作的;

(2)劳动者不能胜任工作,经过培训或者调整工作岗位,仍不能胜任工作的;

(3)劳动合同订立时所依据的客观情况发生重大变化,致使劳动合同无法履行,经用人单位与劳动者协商,未能就变更劳动合同内容达成协议的。

(三)有下列情形之一,需要裁减人员二十人以上或者裁减不足二十人但占企业职工总数百分之十以上的,用人单位提前三十日向工会或者全体职工说明情况,听取工会或者职工的意见后,裁减人员方案经向劳动行政部门报告,可以裁减人员:

(1)依照企业破产法规定进行重整的;

(2)生产经营发生严重困难的;

(3)企业转产、重大技术革新或者经营方式调整,经变更劳动合同后,仍需裁减人员的;

(4)其他因劳动合同订立时所依据的客观经济情况发生重大变化,致使劳动合同无法履行的。

84. 劳动者有过错情况下如何解除合同

按照《劳动法》第二十五条规定,劳动者有下列情形之一的,企业可以解除劳动合同:

(1)在试用期间被证明不符合录用条件的。试用期是指用人单位对新招收的合同制职工进行思想品德、劳动态度、实际工作能力、身体情况等进行进一步考察的时间期限。根据我国劳动法的规定,劳动合同可以规定试用期,其期限的长短由企业根据不同工种的实际情况确定,但最长不得超过六个月。在试用期内,如果发现职工有不符合录用条件的,如身体条件、受教育程度、实际工作能力不符合录用条件,企业可以解除劳动合同,以保证职工队伍的素质,不断提高劳动生产率。

(2)严重违反劳动纪律或用人单位的规章制度的。劳动纪律是职工在集体劳动中必须遵守的准则和规范。职工违反劳动纪律或用人单位的规章制度的行为主要包括:严重违反劳动纪律,经常迟到早退、旷工,消极怠工,影响生产、工作秩序;玩忽职守,违反技术操作规程和安全规程,损坏设备、工具,浪费原材料、能源;服务态度很差,经常与顾客吵架或损害消费者利益的。职工有上述行为时,企业应当及时进行教育,或根据企业职工奖惩法规给予应有的行政处分。如果经过教育或行政处分以后,职工仍然不改正错误的,企业可以直接解除劳动合同,而不必先办理辞退手续,再办理解除劳动合同的手续。

（3）严重失职,营私舞弊,对用人单位利益造成重大损害的。主要指:玩忽职守,违章指挥,造成事故,使人民生命、财产遭受损失;滥用职权,违反政策,违反财经纪律,偷税漏税,截留上缴利润损公肥私,使企业在经济上遭受重大损失;贪污、盗窃,使企业遭受重大损失,尚不构成犯罪。职工有上述行为之一的,企业有权直接解除劳动合同,也不必先办理辞退手续,再办理解除劳动合同的手续。

（4）被依法追究刑事责任的。劳动者违反国家法律,构成犯罪,依法被追究刑事责任的,企业有权解除劳动合同。

上述四种解除劳动合同的情形属劳动者有过错,劳动者有上述情形之一的,企业有权随时解除劳动合同,不需要提前一个月通知劳动者,也不需要给予劳动者经济补偿。

85. 劳动者没有过错情况下如何解除合同

《劳动合同法》第四十条规定,有下列情形之一的,用人单位提前三十日以书面形式通知劳动者本人或者额外支付劳动者一个月工资后,可以解除劳动合同:

（1）劳动者患病或者非因工负伤,医疗期满后,不能从事原工作也不能从事由用人单位另行安排的工作的。按照有关规定,劳动合同制工人患病或非因工负伤,一般给予3个月到2年的医疗期限。在本单位工作满20年以上或有特殊情况的,医疗期可以根据不同病情适当延长,对于医疗期满以后,仍然不能从事原工作也不能从事由用人单位另行安排的工作的,企业有权解除劳动合同。

（2）劳动者经过培训或者调整工作岗位,仍不能胜任工作的。"不能胜任工作"是指劳动者不能按要求完成劳动合同约定的工作任务或同工种人员的工作量。劳动者在试用期满后不能胜任工作,用人单位应当对其进行培训或为其调整工作岗位,但劳动者经过一定时间的培训或重新调整工作岗位仍不能胜任工作,就意味着劳动者缺乏履行劳动合同的能力,用人单位可以解除劳动合同。但要注意的是,劳动合同约定的工作任务要合理,以绝大多数同工种的劳动者都能够完成的工作任务为准,而不能故意提高工作定额标准,使劳动者无法完成工作任务。

(3)劳动合同订立时所依据的客观情况发生重大变化,致使原劳动合同无法履行,经当事人协商不能就变更劳动合同达成协议的。根据劳动法的规定,在劳动合同订立时所依据的客观情况发生重大变化,致使原劳动合同无法履行时,当事人双方可以变更劳动合同的某些内容。这里的"客观情况"是指发生不可抗力或出现致使劳动合同全部或部分无法履行的其他情况,如发生自然灾害、地震、水灾、火灾,用人单位迁移、被兼并、资产转移等。变更劳动合同,需要双方当事人协商一致才可,如果双方当事人就变更劳动合同不能达成协议,企业有权解除劳动合同。用人单位根据客观情况变化解除劳动合同,应当具备以下条件:

客观情况发生重大变化应有客观事实,主要表现为劳动合同订立时所依据的客观情况发生重大变化;客观情况发生重大变化为不可归责于当事人的原因所致,如不可抗力等;客观情况发生重大变化不为当事人所预料,且不能为当事人所避免,如战争、国家经济政策调整等;客观情况发生重大变化发生在劳动合同履行过程中;客观情况发生重大变化导致原劳动合同无法履行,经当事人协商不能就变更劳动合同达成协议。

上述三种解除劳动合同的情形属劳动者无过错,企业要求解除劳动合同的,应当提前三十日以书面形式通知劳动者本人,并根据劳动者在该用人单位的工龄给予劳动者经济补偿。

这里需要特别提出的是,根据劳动法的规定,用人单位解除劳动合同,工会认为不适当的,有权提出意见。如果用人单位违反法律、法规或者劳动合同,工会有权要求重新处理;劳动者申请仲裁或者提起诉讼的,工会应当依法给予支持和帮助。这样做,不仅有利于维护企业经营者的权威,帮助企业行政方面更好地行使职权,也有利于职工的合法权益不受侵害,稳定职工情绪。

86. 用人单位不得解除劳动合同的情形有哪些

用人单位不得解除劳动合同,是指根据法律的规定,在特定的情况下,用人单位不再享有解除劳动合同的权利。《企业经济性裁减人员规定》第五条规定,用人单位不得裁减下列人员:(1)患职业病或者因工负伤并被确认丧失或者部分丧失劳动能力的;(2)患病或者负伤,在规定的医疗期内的;(3)女职工在孕期、产期、哺乳期内的;(4)法律、行政法规规定的其他情形。根据我国劳动法的规定,劳动者有下列情形之一的,用人单位不得依据劳动法第二十六条、第二十七条的规定解除劳动合同:

(1)患职业病或者因工负伤并被确认丧失或者部分丧失劳动能力的。职业病是劳动者在生产劳动及其职业活动中,接触职业性有害因素引起的疾病。职工患了职业病,说明企业的生产或工作条件、安全制度或者医疗条件不够完善;职工因工负伤,说明企业的劳动保护制度不完善或劳动保护措施不健全。职工患职业病或因工负伤,都有可能造成职工丧失或者部分丧失劳动能力。因此,为了保障职工的合法权益,职工患职业病或者因工负伤并被确认丧失或者部分丧失劳动能力的,不管是在试用期内,还是在整个劳动合同期内,企业等用人单位都不得解除劳动合同。

(2)患病或者负伤,在规定的医疗期内的。劳动合同制工人患病或者非因工负伤,按其在本单位工件时间的长短,给予三个月至两年的医疗期,在本单位工作二十年以上或病情特殊的,医疗期可以适当延长。在规定的医疗期,为了保障职工有稳定的收入,安心养病,企业不得解除劳动合同,即使劳动合同期限届满,企业也不得解除劳动关系,必须延续到医疗期满。

(3)女职工在孕期、产期、哺乳期内。孕期是指怀孕期间;产期是指生育期间;哺乳是指女职工哺乳其婴儿的时间。根据宪法保护妇女、儿童的原则,为了保护女职工的合法权益,保护妇女、儿童的身心健康,劳动法规定,在女职工孕期、产期、哺乳期间,即使具备了解除劳动合同的条件,企业也不得解除劳动合同,包括劳动合同期限届满,企业也不得解除劳动合同,必须延续到女职工孕期、产期、哺乳期届满。

(4)法律、法规规定的其他情形。依据法规、规章和政策规定用人单位不得解除劳动合同的情形主要包括:

一是劳动者拒绝从事存在中毒危害作业的。获得劳动保护,拒绝从事存在职业中毒危害的作业是法律赋予劳动者的权利。根据国务院有关使用有毒物品作业场所劳动保护规定,劳动者有权拒绝从事存在职业中毒危害作业,用人单位不得因此单方面解除与劳动者订立的劳动合同。同时还规定,禁止因劳动者行使正当的职业卫生保护权利而降低其工资、福利等待遇或解除、终止与其订立的劳动合同。

二是劳动者实施工会行为或职工代表(集体协商代表)行为的。劳动者实施工会行为或职工代表行为,代表职工一方与用人单位进行协商或谈判,往往因为代表劳动者的整体利益,与用人单位据理力争,而遭受用人单位的打击报复。为了避免这种情况的发生,我国工会法等法规规定,劳动者履行工会或职工代表职责的,除有明确规定的外,用人单位不得单方面解除劳动合同。

三是劳动者因涉嫌违法犯罪在被拘留、收容审查等期间的。即劳动者未被司法机关认定为有罪,依法追究刑事责任前的时间。涉嫌仅仅是有牵连,没有最后定论,因而用人单位不得与其解除劳动合同。但是用人单位可以在劳动者因涉嫌违法犯罪被有关机关拘留、收容审查或逮捕等被限制人身自由期间,中止履行劳动合同。如劳动者被证明与涉嫌无关,则可以依照国家赔偿法的规定申请国家赔偿;如劳动者违法犯罪,被依法追究刑事责任,用人单位可以从其被限制人身自由之日起解除劳动合同。

87. 用人单位解除劳动合同有哪些流程

(1)事先通知工会。用人单位解除劳动合同,应当事先将理由通知工会。用人单位违反法律、行政法规规定或者劳动合同约定的,工会有权要求用人单位纠正。用人单位应当研究工会的意见,并将处理结果书面通知工会。

(2)送达劳动者。用人单位解除劳动合同的意思表示只有送达劳动者,始发解除效力。在解除劳动合同的情况下,劳动者往往拒签相关文件,那么用人单位在招聘用人过程中就应当做好劳动合同法律风险防范。比如说在招工阶段可以要求劳动者在提交员工登记表时确认送达地址,或是在劳动合同中明确约定相关文件的送达地址等。

88. 解除劳动合同经济补偿金怎么算

用人单位在劳动合同到期之前提出解除合同的,应当依照国家有关规定向劳动者支付经济补偿。对于经济补偿金的计算问题,主要有如下几个方面需注意:

(1)经济补偿金的计算年限。按照现有的法律规定在用人单位提出解除劳动合同的情况下,用人单位应当根据劳动者在本单位规定的工作年限,每满一年支付一个月的经济补偿金。

(2)经济补偿金的计算标准。我国法律规定劳动者的月平均工资指企业正常生产情况下劳动者解除合同前 12 个月的平均工资。

(3)月平均工资包括的内容。这里的“工资”是指用人单位依据国家有关规定或劳动合同的约定,以货币形式直接支付给本单位劳动者的劳动报酬,一般包括计时工资、计件工资、奖金、津贴和补贴、延长工作时间的工资报酬以及特殊情况下支付的工资等。

根据上述规定,工资性收入应当包括计时工资、计件工资、资金、津贴和补贴、延长工作时间的工资报酬以及特殊情况下支付的工资等,但不应包括住房补贴和手机通信费。因为住房补贴是公司提供给员工的福利而不是其应得的工资性收入,而手机通信费未以津贴的形式发放给职工,而是按规定予以报销的,这说明单位没有将它列入工资支付总额。同时,经济补偿金应当以职工实际工资性收入为计算标准,而不应以应发工资为准,即实际工资性收入是扣除社会保险金、公积金、税收之后的所得。

三、用人单位经济性裁减人员

89. 什么是经济性裁减人员

经济性裁减人员,是指用人单位一次性解除一定数量劳动者的劳动合同,以此作为克服困难和改善生产经营状况的一种措施,是提前通知解除劳动合同的一种形式。其特殊之处是批量解除劳动合同,而不是单个解除。允许用人单位因经济原因裁减人员是为了增强用人单位的活力,适应市场竞争,确保其在困境中渡过难关。但是裁减人员涉及大批劳动者的切身利益,会给劳动者和社会带来不利后果,影响社会稳定和增加就业压力,因此对经济性裁减人员又从严控制。《劳动法》第二十七条规定,用人单位濒临破产进行法定整顿期间或者生产经营状况发生严重困难,确需裁减人员的,应当提前三十日向工会或者全体职工说明情况,听取工会或者职工的意见,经向劳动行政部门报告后,方可以裁减人员。用人单位依据本条规定裁减人员,在六个月内录用人员的,应当优先录用被裁减的人员。

90. 用人单位裁减人员有哪些原则

在市场经济体制下,用人单位应当有用人自主权,用人单位不仅可以招收新职工,也可以辞退裁减人员。我国劳动法规定,用人单位濒临破产进行法定整顿期间或者生产经营状况发生严重困难,确需裁减人员的,经用人单位提前三十日向工会或者全体职工说明情况,并向劳动行政部门报告,可以裁减人员。但这并不是说,用人单位可以以生产经营状况不好为由,随便裁减人员。为了稳定职工队伍,保护职工的合法权益,用人单位裁减人员必须遵循以下原则:

（1）确实需要原则。即用人单位濒临破产进行法定整顿期间生产经营状况发生严重困难，确需裁减人员，即用人单位在濒临破产进行整顿期间或生产经营状况发生严重困难时，必须裁减多余的人员才能渡过难关时，用人单位才可以裁减人员。

企业濒临破产进行整顿法定期间，是指依破产法规定的整顿期间，即"企业由债权人申请破产的，在人民法院受理案件后三个月内，被申请破产的企业的上级主管部门可以申请对该企业进行整顿，整顿期限不超过两年"。破产法中的企业整顿与人们通常所说的一般企业整顿是不同的，主要表现在：破产整顿是以直接避免企业破产为目的的预防手段，是一种拯救措施，企业整顿是在企业尚未出现根本性危机的情况下所采取的经常性措施。破产整顿有法定的期限，其期限不得超过两年，企业整顿虽然也规定了一定的期限，但这种期限没有法律约束力。破产整顿必须以达成和解协议为前提，企业整顿则没有法定前提条件。破产整顿已纳入法律调整的范围，企业在整顿期间，如果有法律规定的情形之一的，就要终结该企业的整顿，并追究其责任人员的法律责任，企业整顿不会产生这种效果。破产整顿要受人民法院债权人会议的监督，企业整顿没有这方面的要求。破产企业整顿的目标是扭亏为盈，恢复清偿能力，使企业能够按照和解协议清偿债务，企业才算真正摆脱了被宣告破产的危险。为此，在法定的破产整顿期间，企业必须调整企业内部结构、整顿责任制度、整顿财经纪律、调整企业产品结构，如果确实需要，还可以对职工进行适当调整，裁减多余的职工。

企业生产经营状况发生严重困难的标准，法律没有明确的规定。产品无销路、严重积压，资金周转严重困难，缺少原材料燃料和能源等生产条件的保证，这些情况算不算生产经营状况发生严重困难，可不可以裁减人员，由劳动行政部门根据实际情况决定。

（2）程序原则。用人单位裁减人员必须遵循法律规定的程序。按照劳动法的规定，用人单位濒临破产进行法定整顿期间或者生产经营状况发生严重困难，确需裁减人员时，应当提前三十日向工会或者全体职工说明情况,听取工会或者职工的意见,并报有关劳动行政部门之后,方可裁减人员;工会或者职工对裁减人员持有不同意见时,可以提出解决办法与用人单位协商。职工作为企业的主人,有参加企业民主管理权利,有对企业的生产和工作提出意见和建议的权利。工会依照法律的规定,有监督企业执行国家有关法律的权利。因此,企业濒临破产进行法定整顿期间或者生产经营发生严重困难时,全体职工或者工会有权知道企业的现状和今后的发展情况,如果企业认为只有通过裁减人员的方法,才能使企业复苏或生存下去时,必须提前三十日向工会全体职工说明情况,给职工时间做好各方面的准备和安排。如果工会或者职工对裁减人员有不同意见,可以提出其他解决办法(如适当降低工资、减少工作时间等),与企业进行协商,如果企业认为工会或者职工提出的办法能够解决问题,则可以不裁人员;如果企业认为工会或者职工提出的办法解决不了企业的实际问题,则可以向劳动行政部门报告,适当裁减人员。企业裁判人员遵循严格的程序,既有利于社会的稳定。

(3)优先录用原则。因为被减人员对企业情况熟悉,技术熟练,有利于企业发展生产,所以,我国劳动法规定:用人单位按照劳动法的规定裁减人员后,在六个月内录用人员的,应当优先录用被裁减的人员。这样做,不仅有利于企业发展生产,也可以防止少数企业以生产经营发生严重困难为由,在裁减人后又马上招收新职工,对企业实施大换血,侵犯被裁减人员的合法权益。

《劳动合同法》第四十一条规定,有下列情形之一,需要裁减人员二十人以上或者裁减不足二十人但占企业职工总数百分之十以上的,用人单位提前三十日向工会或者全体职工说明情况,听取工会或者职工的意见后,裁减人员方案经向劳动行政部门报告,可以裁减人员:(一)依照企业破产法规定进行重整的;(二)生产经营发生严重困难的;(三)企业转产、重大技术革新或者经营方式调整,经变更劳动合同后,仍需裁减人员的;(四)其他因劳动合同订立时所依据的客观经济情况发生重大变化,致使劳动合同无法履行的。

裁减人员时,应当优先留用下列人员:(一)与本单位订立较长期限的固定期限劳动合同的;(二)与本单位订立无固定期限劳动合同的;(三)家庭无其他就业人员,有需要扶养的老人或者未成年人的。用人单位依照本条第一款规定裁减人员,在六个月内重新招用人员的,应当通知被裁减的人员,并在同等条件下优先招用被裁减的人员。

91. 裁减人员的法定事由有哪些

我国劳动法规定用人单位只有在下列两种情况下才能裁减人员:

一是用人单位濒临破产。被人民法院宣告进入法定整顿期间,达到当地政府规定的严重困难企业标准,确需裁减人员的,可以裁员。破产整顿期间是为了使企业改善经营状况,缩小开支范围,扭转亏损局面,其中裁减一定的人员是必需的,因此,濒临破产进行法定整顿期间,用人单位可以按照法定程序,与部分劳动者解除劳动合同。整顿过程是破产程序的一部分,如果整顿成功,企业就可以避免破产的命运。

二是生产经营发生严重困难。即用人单位生产经营状况恶化,发生诸如严重亏损、开工严重不足、产品严重积压等困难,达到当地政府规定的严重困难企业标准,需要通过裁减人员来克服困难。

92. 哪些人员用人单位不能裁减

《劳动合同法》第四十二条规定,劳动者有下列情形之一的,用人单位不得依照本法第四十条、第四十一条的规定解除劳动合同:(一)从事接触职业病危害作业的劳动者未进行离岗前职业健康检查,或者疑似职业病病人在诊断或者医学观察期间的;(二)在本单位患职业病或者因工负伤并被确认丧失或者部分丧失劳动能力的;(三)患病或者非因工负伤,在规定的医疗期内的;(四)女职工在孕期、产期、哺乳期的;(五)在本单位连续工作满十五年,且距法定退休年龄不足五年的;(六)法律、行政法规规定的其他情形。

93．裁减人员有哪些程序规定

根据有关规定,用人单位确需裁减人员,应按下列程序进行:

(1)提前三十日向工会或者全体职工说明情况,并提供有关生产经营状况的资料。即用人单位裁减人员应提前三十日通知劳动者和工会,说明裁减人员的原因,并如实提供用人单位生产经营发生严重困难的情况。

(2)提出裁减人员方案,内容包括:被裁减人员名单,裁减时间及实施步骤,符合法律、法规规定和集体劳动合同约定的被裁减人员经济补偿办法。集体劳动合同约定的经济补偿金标准高于法律法规规定的,用人单位应当按照集体劳动合同约定支付。

(3)将裁减人员方案征求工会或者全体职工的意见,并对方案进行修改和完善。即用人单位将制定的裁减人员方案交由工会或全体职工大会或职工代表大会讨论,认真听取他们的意见或建议。工会或职工的意见和建议虽然对用人单位约定裁减人员没有约束力,但工会对用人单位违反法律法规规定和集体劳动合同约定裁减人员,有要求重新处理的权利。只要工会或全体职工提出的意见和建议是合理合法的,用人单位就应对裁减人员的方案进行修改或完善。

(4)向当地劳动行政部门报告裁减人员方案以及工会或者全体职工的意见,并听取劳动行政部门的意见。用人单位向当地劳动行政部门报告裁减人员方案,为了使劳动行政部门对用人单位裁减人员行为进行监督和检查,以保证用人单位裁减人员方案的合法性和顺利实施。如发现用人单位不符合裁减人员的条件,裁减方案违反法律法规规定和集体劳动合同约定,或者未提前通知工会和全体职工,以及没有听取工会或全体职工的合理意见或建议,劳动行政部门可以责令用人单位停止裁减行为,或者责令其按照规定补正程序。

（5）由用人单位正式公布裁减人员方案，与被裁减人员办理解除劳动合同手续，按照有关规定向被裁减人员本人支付经济补偿金，出具裁减人员证明书。这样做是为了为被裁减人员办理失业保险手续，对于被裁减而失业的人员，参加失业保险的，可到当地劳动就业服务机构登记，申领失业救济金。用人单位从裁减人员之日起，六个月内需要新招人员的，必须优先从本单位裁减的人员中录用，并向当地劳动行政部门报告录用人员的数量、时间、条件以及优先录用人员的情况。

四、劳动者解除劳动合同

94. 什么是劳动者的单方解除权

由于掌握资源的悬殊，劳动者与用人单位的地位无法实现平等，劳动者相对于用人单位而言始终处于弱势地位。从劳动期限的角度讲，劳动者是在以一定期限内放弃某种程度的人身自由来换取报酬的。如果有明确期限的话，很多时候，这种期限是劳动者违心答应的。从保护劳动权益出发，法律赋予了劳动者单方无条件解除劳动合同的权利。

《劳动法》第三十一条规定："劳动者解除劳动合同，应当提前三十日以书面形式通知用人单位。"从而以立法的形式原则性规定了劳动者单方解除劳动合同的权利。

《关于执行劳动法若干问题的意见》第三十二条规定："劳动者解除劳动合同，应当提前三十日以书面形式通知用人单位。超过三十日，劳动者可以向用人单位提出办理解除劳动合同手续，用人单位予以办理。"

原劳动部办公厅《关于劳动者解除劳动合同有关问题的复函》进一步规定："劳动者提前三十日以书面形式通知用人单位，既是解除劳动合同的程序，也是解除劳动合同的条件。劳动者提前三十日以书面形式通知用人单位,解除劳动合同,无须征得用人单位的同意。超过三十日,劳动者向用人单位提出办理解除劳动合同的手续,用人单位应予办理。但劳动者违反劳动合同有关约定而给用人单位造成经济损失的,应依据有关法律、法规、规章的规定和劳动合同的约定,由劳动者承担赔偿责任。"

95. 劳动者行使单方解除权应注意什么

(1)在劳动合同明确约定了劳动期限时,劳动者可以单方解除合同。

(2)行使单方劳动合同解除权时,应书面通知用人单位。这点劳动者应特别注意,应保留用人单位签收的证明或其他证据,以免以后发生争议。

(3)应当提前三十日书面通知。换句话说,劳动者在书面通知用人单位后还应继续工作至少三十天,以给用人单位安排交接工作的合理时间。同时,这样也能使劳动者解除劳动合同合法化。否则,将会构成违法解除劳动合同,而可能承担赔偿责任。

(4)重视违约金条款。如果劳动合同中约定了提前解除合同应承担违约金,且约定了具体数额,那么,劳动者单方解除合同时,则应按约承担违约责任。因为,赋予劳动者无条件单方解除合同,已经给予了劳动者相当的权利,如果劳动者与用人单位一致约定了劳动者单方解除合同应承担一定责任,那么劳动者就应当承担这种责任。

(5)如果出现《劳动法》第三十二条规定的情形之一的,劳动者可以随时通知用人单位解除劳动合同,而不受提前三十日的限制。

《劳动法》第三十二条规定的情形指:在试用期内的;用人单位以暴力、威胁或者非法限制人身自由的手段强迫劳动的;用人单位未按照劳动合同约定支付劳动报酬或者提供劳动条件的。

96. 劳动者解除劳动合同的情形有哪些

劳动者解除劳动合同,是指在劳动合同期限未届满时,由劳动者本人提出要求,用人单位和劳动者双方提前停止履行劳动合同,并终止双方由于订立劳动合同而建立起的劳动关系。《劳动合同法》第三十八条规定,用人单位有下列情形之一的,劳动者可以解除劳动合同:

(1)未按照劳动合同约定提供劳动保护或者劳动条件的;

(2)未及时足额支付劳动报酬的;

(3)未依法为劳动者缴纳社会保险费的;

(4)用人单位的规章制度违反法律、法规的规定,损害劳动者权益的;

(5)因本法第二十六条第一款规定的情形致使劳动合同无效的;

(6)法律、行政法规规定劳动者可以解除劳动合同的其他情形。

97. 如何理解劳动者提前通知解除合同的时间

根据规定,劳动者可以提出解除劳动合同,但应当提前三十日以书面形式通知用人单位。即在用人单位没有过错的情况下,劳动者要求解除劳动合同,必须提前三十日以书面形式通知用人单位,不能说走就走。《劳动法》第三十一条规定,劳动者解除劳动合同,应当提前三十日以书面形式通知用人单位。这条规定可以这样理解:

(1)劳动者应当提前三十天以书面形式通知用人单位,既是劳动者解除劳动合同或辞职的程序,也是辞职的条件。提前三十天通知用人单位,一方面考虑了劳动合同制度的流动性、变动性的本质特点,促进用人单位建立劳动者能进能出的用人机制,另一方面又兼顾了当事人双方的利益,给他们一定的期限进行准备和调整。利用这一期限,用人单位可以重新安排人员,避免因劳动者辞职给生产经营带来的损失。

(2)只要劳动者提前三十天通知了用人单位,超过三十天无论用人单位是否批准,劳动者均可解除劳动合同或辞职,用人单位应当为劳动者办理手续。如劳动者提前三十天以书面形式通知用人单位解除劳动合同,用人单位不予办理,劳动者可以向劳动争议仲裁机构申请仲裁。

(3)劳动者解除劳动合同或辞职,给用人单位造成的经济损失,应当依据法律法规或规章制度的规定以及劳动合同的约定,承担赔偿责任。也就是说,劳动者应当承担的违反劳动合同约定的责任,不能因其提前三十日通知用人单位而豁免。

98. 劳动者随时提出解除合同的情形有哪些

根据《劳动法》第三十条的规定,有下列情形之一的,劳动者可以随时通知用人单位解除劳动合同:

(1)在试用期内的。试用期不但是用人单位对新招收职工各方面的情况进行进一步考察的期限,也是新招收职工用于考察用人单位的劳动条件、劳动报酬是否符合劳动合同规定的期限。在试用期内,劳动者发现用人单位的实际情况与订立劳动合同时所介绍的情况不相符合时,劳动者可以随时要求解除劳动合同。如果劳动者由于个人原因,不能或不愿意再在该用人单位工作,只要在试用期内,就可以随时解除劳动合同。

(2)用人单位以暴力、威胁或者非法限制人身自由的手段强迫劳动的。"暴力"是指对劳动者实施捆绑、拉拽、殴打、伤害等行为。"威胁"是指对劳动者施以暴力或者其他强迫手段。人身自由主要指公民的人身不受侵犯以及与此相关系的住宅和人格尊严不受侵犯等,企业不管出于何种目的,采用何种方式,只要有违法侵犯劳动者人身自由的,劳动者有权随时解除劳动合同,并要求有关机关追究直接责任人的责任。

(3)用人单位未按照劳动合同约定支付劳动报酬或者提供劳动条件的。劳动报酬是劳动者付出劳动应得收入,是劳动者得以维持劳动力再生产的主要来源,是用人单位的法定义务。劳动条件包括劳动者履行劳动义务所需的生产资料条件和安全卫生条件,是劳动者从事生产劳动必不可少的条件,不提供劳动条件,劳动就无法进行,劳动者的生命安全和健康就得不到保障。如果用人单位未按照国家规定的标准或劳动合同的规定提供劳动条件,致使劳动安全、劳动卫生条件恶劣,严重危害职工的身体健康,并得到国家劳动部门、卫生部门的确认,劳动者也有权提出解除劳动合同。

99. 劳动者解除劳动合同的其他情形有哪些

除国家法律规定外,根据国务院行政法规和地方政府行政法规的规定。有下列情形之一的,劳动者可以随时与用人单位解除劳动合同:

(1)用人单位强迫劳动者集资、入股或者缴纳风险抵押性财物的;

(2)用人单位拒绝依法为劳动者缴纳社会保险费的;

(3)用人单位低于当地人民政府规定的最低工资标准支付劳动者工资报酬的;

(4)法律法规规定的其他情形。依照前款规定解除劳动合同,劳动者已经提供劳动的,用人单位应当按照劳动合同的约定,支付劳动者的劳动报酬和其他待遇。

100. 劳动者解除劳动合同有哪些程序

《劳动法》第三十一条规定:"劳动者解除劳动合同,应当提前三十日以书面形式通知用人单位。"即劳动者如要解除劳动合同,除通过与用人单位协商一致后解除和依法行使即时解除权外,只要提前三十日以书面形式通知用人单位,即可单方解除劳动合同。

本条规定了劳动者的辞职权,同时也规定了劳动者单方解除劳动合同的条件和程序。劳动者行使一般解除权,单方解除劳动合同无须任何实质条件,但必须提前三十日通知用人单位,以使用人单位进行必要的准备,避免影响其生产和经营,且应依据劳动合同的约定,向用人单位承担责任。

劳动者的辞职权,亦即劳动者自主选择职业权利的一项具体化权利,是《劳动法》规定的劳动者的一项基本权利。《劳动法》第三十一条规定了劳动者自主选择职业的权利的肯定和具体化。此条文规定的目的在于保护劳动者在劳动关系中的弱者地位,维护劳动自主的权利。劳动力是劳动者用于谋生并且储存和依附在劳动者身体内的一种能力。劳动者作为劳动法律关系的主体,首先拥有是否要让自己的劳动力与生产资料结合以及与什么生产资料结合的决定权;其次拥有通过订立解除劳动合同,选择能最大限度地发挥自身劳动力效用的最佳岗位的权利。同时,市场经济体制客观上要求劳动力能进行合同流动,以满足不同用人单位、不同就业岗位对各种不同素质的劳动者的需要。《劳动法》第三十一条的规定为劳动者行使自主择业的权利提供了法律依据。

101. 劳动者违法解除合同有何后果

劳动者享有解除劳动合同的权利,但并不是说劳动者在违法或违约解除的情况下,就不用承担任何责任。事实上,如果劳动合同约定了提前解除劳动合同的违约金,那么劳动者就需要向用人单位支付违约金,而且如果给单位造成了直接经济损失,那么还要承担相应的经济损失。

五、劳动合同解除的特殊问题

102. 无固定期限劳动合同如何解除

无固定期限的劳动合同,只要不出现法律规定的可以解除或当事人双方约定的可以解除劳动合同的条件,一般履行至劳动者达到法定退休年龄为止。无固定期限的劳动合同是劳动合同的一种类型,与固定期限劳动合同一样,具有法律法规规定的劳动合同的一般属性,经当事人双方同意,或者依照法定或约定的条件,均可解除。无固定期限的劳动合同在履行过程中,任何一方出于某种原因都可以向对方提出解除劳动合同的要求,另一方只要同意,就可以按照《劳动法》第二十四条的规定解除劳动合同。如劳动者有《劳动法》第二十五条、第二十六条规定的情形之一,用人单位也可以解除劳动合同,用人单位有《劳动法》第三十二条规定的情形之一的,劳动者也可以解除劳动合同。

103. 员工被依法追究刑事责任劳动合同如何解除

根据《劳动法》第二十五条规定,劳动者被依法追究刑事责任的,用人单位可以解除劳动合同。劳动部办公厅在《关于〈劳动法〉若干条文的说明》(劳办发[1994]289号)中对此条款作了具体解释。刑事责任是指:一是被人民法院判处刑罚(包括主刑:管制、拘役、有期徒刑、无期徒刑、死刑;附加刑:罚金、剥夺政治权利、没收财产)的;二是被人民法院依据《刑法》第三十七条免予刑事处罚的。因此,劳动者被追究刑事责任,用人单位可以解除劳动合同。不过,用人单位认为劳动合同可以继续履行的,也可以不解除劳动合同。如果劳动者被管制或者监外执行或缓刑,用人单位不解除合同的,有义务配合当地公安机关对犯罪分子进行监管。

104. 关于离退休人员如何解除合同

各地应采取适当的调控措施,优先解决适龄劳动者的就业和再就业问题。对被再次聘用的已享受养老保险待遇的离退休人员,根据劳动部《关于实行劳动合同制度若干问题的通知》(劳部发[1996]354号)第十三条的规定,其聘用协议可以明确工作内容、报酬、医疗、劳动保护待遇等权利、义务。离退休人员与用人单位应当按照聘用协议的约定履行义务,聘用协议约定提前解除书面协议的,应当按照双方约定办理,未约定的,应当协商解决。离退休人员聘用协议的解除不能依据《劳动法》第二十八条执行。离退休人员与用人单位发生争议,如果属于劳动争议仲裁委员会受案范围的,劳动争议仲裁委员会应予受理。

105. 职工隐瞒婚育情况单位能解除合同吗

用人单位进行招聘时,为了招用合适的劳动者,有权了解劳动者与劳动合同直接相关的基本情况。劳动者应当根据实际情况,客观真实地告知用人单位。这是《劳动合同法》确定的劳动者在建立劳动关系时必须履行的。对于劳动者违反告知义务,尤其是签订劳动合同时存在欺诈行为的,将导致劳动合同无效,用人单位可以据此提出解除劳动合同。

上述劳动者如实告知义务的内容通常理解为与劳动合同履行直接相关的情况,一般包括劳动者的技能、工作经历、学历、健康状况等。在入职时根据用人单位要求填写职工登记表实际就是在履行告知义务。对于技能、工作经历、学历、健康状况等,应当如实陈述,否则可能会导致合同无效。如在"婚育状态"一栏,隐瞒真实情况而填写为已婚已育,无论动机如何都是不诚信的行为,应予以批评,但仅该项内容的不真实并不必然导致劳动合同无效。

妇女是推动社会进步的重要力量,进入劳动力市场谋得职业,获取劳动报酬,参加社会工作是宪法赋予成年妇女的一项权利。劳动法明确规定,在录用职工时,除国家规定的不适合妇女的工种或者岗位外,不得以性别为由拒绝录用妇女或者提高对妇女的录用标准。妇女权益保障法更是规定了女职工在孕期、产期、哺乳期,企业不能解除劳动合同。但是我们也不得不看到,在现实生活中,许多企业为了避免因女职工生育可能发生额外的费用,不愿意录取女职工,尤其是未生育的妇女。这实质上是一种就业歧视,不为法律所允许。公司如果仅因为未如实告知婚育情况就与之解除劳动合同,显然违背立法本意,可以与其进行交涉或向相关部门寻求帮助。

106. 有代通知金解除劳动合同吗

代通知金,即代替通知金,是非法律用语,《劳动法》中没有代通知金的概念,但有与之相同的内容,代通知金是香港和台湾地区的说法,就是指用人单位在提出解除劳动合同或终止劳动合同时应该提前一个月通知的情况下,如果用人单位没有依法提前一个月通知的,以给付一个月工资作为代替。

《劳动合同法》规定用人单位需支付经济补偿的情形有很多种,但适用代通知金方式解除劳动合同的却只有三种。该法第四十条规定,有下列情形之一的,用人单位提前三十日以书面形式通知劳动者本人或者额外支付劳动者一个月工资后,才可以解除劳动合同:

(1)劳动者患病或者非因工负伤,在规定的医疗期满后不能从事原工作,也不能从事由用人单位另行安排的工作的;

(2)劳动者不能胜任工作,经过培训或者调整工作岗位,仍不能胜任工作的;

(3)劳动合同订立时所依据的客观情况发生重大变化,致使劳动合同无法履行,经用人单位与劳动者协商,未能就变更劳动合同内容达成协议的。除此之外,无论是用人单位过失性辞退劳动者,还是经济性裁员,或者其他情形解除劳动合同,均无须适用代通知金。

因此,有的劳动者在主张用人单位违法解除劳动合同并要求支付赔偿金时,一并主张代通知金,这是没有法律依据的。

代通知金解除劳动合同应注意以下问题:

首先,双方的劳动合同解除之日为通知领取额外一个月工资的代通知金当日,解除劳动合同的时间不需要计算到通知之日后的30天。

其次,对于是采用提前30日书面通知方式解除合同还是支付代通知金后解除合同,选择权在用人单位,用人单位可以根据劳动关系履行的实际情况做出自由选择。

最后,用人单位选择额外支付代通知金解除劳动合同的,其额外支付的代通知金应当按照该劳动者上一个月的工资标准确定。

《劳动法》对用人单位非过失性辞退只规定了提前 30 日以书面形式通知劳动者本人就可以解除劳动合同。但在具体实施过程中,有些地区根据实际情况,以额外支付一个月工资的提前通知金的形式而即时解除劳动者的劳动合同,也达到了比较好的法律效果和社会效果。关于代通知金,为了适应劳动关系双方的需要,世界上也有一些国家使用这种做法,如韩国。

107. 职工患病期间单位能不能解除合同

《劳动法》第二十九条规定,职工患病或负伤在规定的医疗期间,用人单位不能依据《劳动法》第二十六条、第二十七条的规定解除劳动合同。很多人认为职工在患病或负伤医疗期间内绝对不能解除劳动合同,这种理解是不正确的。

根据《关于执行劳动法若干问题的意见》第三十条规定:《劳动法》第二十五条为用人单位可以解除劳动合同的条款,即使存在第二十九条规定的情形,但只要劳动者存在第二十五条规定的四种情形之一,用人单位也可以根据第二十五条的规定解除劳动合同。

《劳动法》第二十五条规定的四种情形是:在试用期间被证明不符合录用条件的;严重违反劳动纪律或者用人单位规章制度的;严重失职,营私舞弊,对用人单位利益造成重大损失的;被依法追究刑事责任的。

如果劳动者在患病医疗期间有泄露商业秘密等情形,符合《劳动法》第二十五条规定的四种情形,用人单位可以解除合同。

第四章　劳动报酬

一、工资构成

108. 工资是怎么构成的

1990 年 1 月 1 日国家统计局发布《关于工资总额组成的规定》指出，工资总额是指各单位在一定时期内直接支付给本单位全部职工的劳动报酬总额。工资总额的计算应以直接支付给职工的全部劳动报酬为根据。工资总额由六个部分组成：

(1)计时工资；

(2)计件工资；

(3)奖金；

(4)津贴和补贴；

(5)加班加点工资；

(6)特殊情况下支付的工资。

109. 工资有哪些类别

(1)基础工资。基础工资即保障职工基本生活需要的工资。设置这一工资单元的目的是为了保证维持劳动力的简单再生产。基础工资主要采取按绝对额或系数两种办法确定和发放。绝对额办法，主要是考虑职工基本生活费用及占总工资水平中的比重，统一规定同一数额的基础工资；系数办法，主要是考虑职工现行工资关系和占总工资水平中的比重,按大体统一的参考工资标准规定的职工本人标准工资的一定百分比确定基础工资。

(2)岗位(职务)工资或技能工资。岗位工资或技能工资是根据岗位(职务)的技术、业务要求、劳动繁重程度、劳动条件好差、所负责任大小等因素来确定的。它是结构工资制的主要组成部分,发挥着激励职工努力提高技术、业务水平,尽力尽责完成本人所在岗位(职务)工作的作用。岗位(职务)工资有两种具体形式,一种是采取岗位(职务)等级工资的形式,岗(职)内分级,一岗(职)几薪,各岗位(职务)工资上下交叉;另一种是采取一岗(一职)一薪的形式。岗位(职务)工资标准一般按行政管理人员、专业技术人员、技术工人、非技术工人分别列表。

(3)效益工资。效益工资是根据企业的经济效益和职工实际完成的劳动的数量和质量支付给职工的工资。效益工资发挥着激励职工努力实干,多做贡献的作用。效益工资没有固定的工资标准,它一般采取奖金或计件工资的形式,全额浮动,对职工个人上不封顶、下不保底。

(4)浮动工资。浮动工资是劳动者劳动报酬随着企业经营好坏及劳动者劳动贡献大小而上下浮动的一种工资形式。其形式多样,有利于调动职工群众的积极性,促使职工群众关心集体事业。

(5)年功工资。年功工资是根据职工参加工作的年限,按照一定标准支付给职工的工资。它是用来体现企业职工逐年积累的劳动贡献的一种工资形式。它有助于鼓励职工长期在本企业工作并多做贡献,同时,又可以适当调节新老职工的工资关系。年功工资采取绝对额或按系数两类形式发放的办法。绝对额又可分为按同一绝对额或分年限按不同绝对额的办法发放。按系数又可分为按同一系数或不同系数增长的办法发放。一般来说,增加年功工资,主要决定于职工工龄的增长,同时还应决定于职工的实际劳动贡献大小和企业经济效益好差。只有这样,才能更好地发挥这一工资单元的作用。

各个组成部分又具有内在的联系,互相依存,互相制约,形成一个有机的统一体。

110. 工资总额不包括哪些项目

以下项目不包含在工资总额内:

(1)根据国务院发布的有关规定颁发的发明创造奖、自然科学奖、科学技术进步奖和支付的合理化建议和技术改进奖以及支付给运动员、教练员的奖金;

(2)有关劳动保险和职工福利方面的各项费用;

(3)有关离休、退休、退职人员待遇的各项支出;

(4)劳动保护的各项支出;

(5)稿费、讲课费及其他专门工作报酬;

(6)出差伙食补助费、误餐补助、调动工作的旅费和安家费;

(7)实行租赁经营单位的承租人的风险性补偿收入;

(8)对购买本企业股票和债券的职工所支付的股息(包括股金分红)和利息;

(9)劳动合同制职工解除劳动合同时由企业支付的医疗补助费、生活补助费等;

(10)因录用临时工而在工资以外向提供劳动力单位支付的手续费或管理费;

(11)支付给家庭工人的加工费和按加工订货办法支付给承包单位的发包费用;

(12)支付给参加企业劳动的在校学生的补贴;

(13)计划生育独生子女补贴。

111. 工资外收入主要包括哪些

工资外收入主要包括:

(1)保险福利费用。指各单位在工资总额以外实际支付给本单位全部职工个人的劳动保险和保险福利。包括丧葬抚恤救济费、生活困难补助、各种非工资性补贴、实行医疗制度改革的单位直接支付给职工个人的医疗费等。

（2）劳动保护费用。指职工从单位得到的由劳动保护费开支的保健食品待遇、解毒剂、清凉饮料、夏季冷饮费等等。

（3）未列入工资总额的各种劳动报酬。包括创造发明奖、合理化建议奖、运动员名次奖、稿费、讲课费、第二职业收入等。

（4）实物折款。指职工个人从单位内外得到的，按规定未列入工资总额和保险福利费用的各种实物折款。

（5）财产性收入。包括职工个人从银行和企业获得的存款利息、债券利息、股息和股金分红等。

（6）转移性收入。包括职工从职工以外其他阶层人员中得到的赠送收入、亲友搭伙费、遗产收入、捐赠收入等。

（7）其他收入。包括实行租赁经营单位承租人的风险性补偿收入、职工误餐补贴、出国人员治装费、出差补助、调动工作的旅费和安家费等。

112. 什么是计时工资

计时工资是指按计时工资标准（包括地区生活费补贴）和工作时间支付给个人的劳动报酬，包括：

（1）对已做工作按计时工资标准支付的工资；

（2）实行结构工资制的单位支付给职工的基础工资和职务（岗位）工资；

（3）新参加工作职工的见习工资（学徒的生活费）；

（4）运动员体育津贴。

113. 什么是计件工资

计件工资是指对已做工作按计件单价支付的劳动报酬，包括：

（1）实行超额累进计件、直接无限计件、限额计件、超定额计件等工资制，按劳动部门或主管部门批准的定额和计件单价支付给个人的工资；

（2）按工作任务包干方法支付给个人的工资；

（3）按营业额提成或利润提成办法支付给个人的工资。

114. 什么是奖金

奖金是指支付给职工的超额劳动报酬和增收节支的劳动报酬，包括：

（1）生产奖；

（2）节约奖；

（3）劳动竞赛奖；

（4）机关、事业单位的奖励工资；

（5）其他奖金。

115. 什么是绩效工资

绩效工资又称绩效加薪、奖励工资或与评估挂钩的工资，是以职工被聘上岗的工作岗位为主，根据岗位技术含量、责任大小、劳动强度和环境优劣确定岗级，以企业经济效益和劳动力价位确定工资总量，以职工的劳动成果为依据支付劳动报酬，是劳动制度、人事制度与工资制度密切结合的工资制度。绩效工资由四部分组成：基本工资、年龄工资、岗位工资、奖励工资。绩效工资制度有其优越性的一面，但也有不足之处。

与传统工资制相比，绩效工资制的主要特点如下：

（1）有利于雇员工资与可量化的业绩挂钩，将激励机制融于企业目标和个人业绩的联系之中；

（2）有利于工资向业绩优秀者倾斜，提高企业效率和节省工资成本；

（3）有利于突出团队精神和企业形象，增大激励力度和雇员的凝聚力。

绩效工资体系的不完善之处和负面影响主要是：容易导致对绩

优者的奖励有方，对绩劣者约束欠缺的现象，而且在对绩效优者奖励幅度过大的情况下，容易造成一些雇员瞒报业绩的行为，因此，对雇员业绩的准确评估和有效监督是绩效工资实施的关键。

116. 什么是劳务收入

劳务收入，是指个人从事设计、装潢、安装、制图、化验、测试、医疗、法律、会计、咨询、讲学、新闻、广播、翻译、审稿、书画、雕刻、影视、录音、录像、演出、表演、广告、展览、技术服务、介绍服务、经纪服务、代办服务以及其他劳务获取的所得。

劳务收入与工资收入的区别主要有：

（1）从适用法律的角度来看，工资性支出是指按《劳动法》第十六条规定用人单位和劳动者签订劳动合同后支付的工资报酬；而劳务报酬一般是根据《合同法》的有关承揽合同、技术合同、居间合同等规定签订合同而取得的报酬。签订劳动合同的员工，享有《劳动法》的权利义务，和用工单位存在着雇佣、被雇佣的关系，用人单位除支付工资报酬之外，还应履行缴纳社会保险的义务；劳务报酬则不存在这种关系，其劳动具有独立性、自由性，其行为受《合同法》调整。

（2）从管理方式来看，支付工资的员工都记载在企业的职工名册中，并且企业日常都进行考勤或签到，而支付劳务报酬的人员一般则不这样管理。公司雇用的保姆不属于《劳动法》所规定的关系，如一般公司禁止员工兼职，而保姆则一般同时为几家公司或客户服务，对某一客户按时收费。

（3）从财务核算的角度来看，工资报酬的支付一般通过应付工资科目核算；劳务报酬一般通过生产成本、管理费用、销售费用等科目核算。

二、工资发放

117. 工资应该如何发放

《劳动法》明确规定,工资应当以货币形式按月支付给劳动者本人。劳动部颁发的《工资支付暂行规定》(劳部发[1994]489号)也有如下规定:"工资必须在用人单位与劳动者约定的日期支付。如遇节假日或休息日,则应提前在最近的工作日支付。工资至少每月支付一次。"正确理解《劳动法》规定的工资应当按月支付的含义,应把握以下三点:

(1)工资至少每月支付一次。在一个月里,企业无论确定哪一天为工资支付日都可以,但必须固定日期。实行周、日、小时工资制的可按周、日、小时支付工资。对完成一次性临时劳动或某项具体工作的劳动者,应按有关协议或按合同规定在其完成任务后即支付工资。

(2)工资必须在用人单位与劳动者约定的日期支付。用人单位与劳动者约定的工资支付日期是按月支付工资的日期,用人单位只要与劳动者约定了发薪日期,每月就必须在约定之日发薪,不能随意变动,过了约定日期发薪,就是拖欠职工工资的违约行为。例如,劳动合同中约定的发薪日期是每月5日,那么这天发工资就是按月支付,如果月月有变动,就难以保证按月支付。如3月份是5日发薪,到4月份变成15日发薪,到5月份又变成25日发薪。这样3月到5月两个月各拖欠了工资10日、20日。因此,企业认为的只要在一个月内无论哪天发工资都是按月发工资显然是错误的。

(3)发薪日适逢节假日,则应提前在最近的工作日支付,而不能拖后支付。

118. 工资的支付方式有哪些

工资应当以法定货币方式支付。用人单位在一般情况下,应当用人民币支付劳动者工资,特定用人单位(外资企业)可以用外币支付。除法律规定或集体劳动合同规定的情况外,不得以实物及有价证券代替货币支付。

按月支付应理解为每月至少发放一次工资,实行月薪制的单位,工资必须每月发放,超过企业与职工约定或劳动合同规定的每月支付工资的时间发放工资即为不按月支付。实行小时工资制、日工资制、周工资制的单位工资也可以按日或按周发放,并且要足额发放。克扣是指用人单位对履行了劳动合同规定的义务和责任,保质保量完成生产工作任务的劳动者,不支付或未足额支付其工资。无故拖欠应理解为,用人单位无正当理由在规定时间内故意不支付劳动者工资。

119. 什么是工资支付的时间

工资必须在用人单位与劳动者约定的日期支付。如遇节假日或休息日,则应提前在最近的工作日支付。工资至少每月支付一次,实行周、日、小时工资制的可按周、日、小时支付工资。

关于临时和具体工作的工资支付,根据《工资支付暂行规定》第八条的规定:对完成一次性临时劳动或某项具体工作的劳动者,用人单位应按有关协议或合同规定在其完成劳动任务后即支付工资。

关于解除或终止劳动合同时的工资支付,根据《工资支付暂行规定》,劳动关系双方依法解除或终止劳动合同时,用人单位应在解除或终止劳动合同时一次付清劳动者工资。

120. 什么情况下用人单位可代扣工资

根据《工资支付暂行规定》,有下列情况之一的,用人单位可以代扣劳动者的工资:

(1)用人单位代扣代缴的个人所得税;

(2)用人单位代扣代缴的应由劳动者个人负担的各项社会保险费用;

（3）法院判决、裁定中要求代扣的抚养费、赡养费；

（4）法律、法规规定可以从劳动者工资中扣除的其他费用。

另外，因劳动者本人的原因给用人单位造成经济损失的，用人单位可以按照劳动合同的约定要求其赔偿经济损失。经济损失的赔偿，可以从劳动者本人的工资中扣除，但每月扣除部分不得超过劳动者当月工资的 20%。若每月扣除后的剩余工资部分低于当地月最低工资标准，则应按最低工资标准支付。

121. 病假工资如何支付

病假，是指劳动者因疾病或非因工受伤，企业批准停止工作进行治病休息的期间。不少企业错误地认为，劳动者生病没有为企业提供劳动，因此企业就可以不必支付任何报酬。其实，劳动者在治疗期间，不仅可以享受医疗保险待遇，而且用人单位需要按照法定标准向劳动者支付病假工资。病假工资的计算，首先要确定两个变量，一是病假工资的计算基数，二是病假工资的计算系数。

病假工资的基数按照以下三个原则确定：

（1）有约定的，按不低于劳动合同约定的劳动者本人所在岗位（职位）相对应的工资标准确定。集体劳动合同（工资集体协议）确定的标准高于劳动合同约定标准的，按集体劳动合同（工资集体协议）标准确定。

（2）劳动合同、集体劳动合同均未约定的，可由用人单位与职工代表通过工资集体协商确定，协商结果应签订工资集体协议。

（3）用人单位与劳动者无任何约定的，假期工资的计算基数统一按劳动者本人所在岗位（职位）正常出勤月工资的 70% 确定。

此外，按以上三个原则计算的假期工资基数均不得低于当地城市规定的最低工资标准。

计算系数按照以下方式确定：

（1）职工疾病或非因工负伤连续休假在 6 个月以内的，企业应按下列标准支付疾病休假工资：

①连续工龄不满 2 年的,按本人工资的 60％计发;

②连续工龄满 2 年不满 4 年的,按本人工资的 70％计发;

③连续工龄满 4 年不满 6 年的,按本人工资的 80％计发;

④连续工龄满 6 年不满 8 年的,按本人工资的 90％计发;

⑤连续工龄满 8 年及以上的,按本人工资的 100％计发。

(2)职工疾病或非因工负伤连续休假超过 6 个月的,由企业支付疾病救济费:

①连续工龄不满 1 年的,按本人工资的 40％计发;

②连续工龄满 1 年不满 3 年的,按本人工资的 50％计发;

③连续工龄满 3 年及以上的,按本人工资的 60％计发。

病假工资的计算基数和计算系数确定后,便可计算出病假工资的数额。病假工资＝(计算基数/21.75)×计算系数×病假天数。

122. 带薪婚假工资如何计算

在婚假的问题上,虽然国家对职工的休息、休假有规定,但工资计算标准不明确,参照《关于国营企业职工请婚丧假和路程假问题的通知》规定:职工本人结婚,可以根据具体情况,由本单位行政领导批准,酌情给予一至三天的婚假。假期在三个工作日以内的,工资照发。在批准的婚丧假和路程假期间职工的工资照发。途中的车船费等,全部由职工自理。但并未明确规定工资计发的标准。因此在婚假的工资发放标准上,目前还没有适用于全国的统一规定。

根据有关法规精神,婚假期间的工资可按以下原则确定:

(1)劳动合同、集体劳动合同均未约定的,可由用人单位与职工代表通过工资集体协商确定,协商结果应签订工资集体协议。

(2)用人单位与劳动者无任何约定的,假期工资的计算基数统一按劳动者本人所在岗位职位正常出勤月工资的 70％确定。

(3)劳动合同有约定的,按不低于劳动合同约定的劳动者本人所在岗位职位相对应的工资标准确定。集体劳动合同工资集体协议确定的标准高于劳动合同约定标准的,按集体劳动合同工资集体协议标准确定。

按以上原则计算的假期工资基数均不得低于当地城市规定的最低工资标准。法律、法规另有规定的,从其规定。

123. 女职工产假期间工资如何发

我国有关女职工劳动保护法规对此做了明确规定:女职工产假为 90 天,其中产前休假 15 天。难产的,增加产假 15 天,多胞胎生育的,每多生一个婴儿,增加产假 15 天。女职工怀孕流产的,其所在单位应当根据医务部门的证明,给予一定时间的产假。凡是符合以上这些关于产假的法律法规规定的女职工,应享受自己的工资待遇。同时,任何单位不得以产假为由,辞退女职工或单方面解除劳动合同。女职工产假期间享受工资待遇,企业和事业单位不同。企业女职工,如果单位给上了生育保险的,产假期间的工资,由生育保险机构按规定支付。没有给女职工上生育保险的企业,由企业支付工资。这里说的是基本工资。

124. 非全日制用工的工资怎么支付

首先,用人单位应当按时足额支付非全日制劳动者的工资。

其次,用人单位支付非全日制劳动者的小时工资不得低于当地政府颁布的小时最低工资标准。

最后,非全日制用工的工资支付可以按小时、日、周或月为单位结算。对此双方可以在合同中进行约定。

125. 拖欠劳动者工资如何处理

在用人单位拖欠工资的情况下,职工(主要是农民工)要先和用人单位协商,如果协商无法解决,则可以通过以下法律途径来解决:

(1)向当地劳动保障监察机构投诉举报;

(2)向当地劳动争议仲裁委员会申请仲裁,需要注意的是,要在劳动争议发生之日起 60 日内向劳动争议仲裁委员会提出书面申请;

(3)通过诉讼途径解决。这又分三种情况：一是针对劳动纠纷案件，经劳动争议仲裁后任何一方不服的，可以向法院提起诉讼；二是经仲裁后都服从，劳动争议仲裁裁决生效后，用人单位不执行的，农民工可申请法院强制执行；三是属于劳务欠款类的可直接向法院提起民事诉讼。

需要特别指出的是，在碰到拖欠工资等权益受到侵害的情况时，千万不能采取爬楼、堵路等过激行为和暴力等手段，一定要依靠法律途径来解决问题。否则，一时冲动不但于事无补，还有可能因触犯刑律被追究责任。

126. 拖欠工资该如何赔偿

按有关规定，用人单位无故拖欠工资的，应根据不同情况给予赔偿。

(1)用人单位克扣或者无故拖欠劳动者工资的，除在规定的时间内全额支付劳动者工资报酬外，还需加发相当于工资报酬25％的经济补偿金。

(2)用人单位有下列情形之一的，由劳动行政部门责令限期支付劳动报酬、加班费或者解除、终止劳动合同的经济补偿；劳动报酬低于当地最低工资标准的，应当支付其差额部分；逾期不支付的，责令用人单位按应付金额50％以上100％以下的标准向劳动者加付赔偿金：

①低于当地最低工资标准支付劳动者工资的；

②安排加班不支付加班费的；

③未依照劳动合同的约定或者未依照本法规定支付劳动者劳动报酬的；

④解除、终止劳动合同，未依照本法规定向劳动者支付经济补偿的。

(3)用人单位应当按照劳动合同约定和国家规定，向劳动者及时足额支付劳动报酬。用人单位拖欠或者未足额支付劳动报酬的，人民法院应当依法发出支付令。

127. 不按规定支付工资如何处理

用人单位应根据有关法规,通过与职工大会、职工代表大会或者其他形式协商制定内部的工资支付制度,并告知本单位全体劳动者,同时抄报当地劳动行政部门备案。

各级劳动行政部门有权监察用人单位工资支付的情况。用人单位有下列侵害劳动者合法权益行为的,由劳动行政部门责令其支付劳动者工资和经济补偿,并可责令其支付赔偿金:

(1)克扣或者无故拖欠劳动者工资的;

(2)拒不支付劳动者延长工作时间工资的;

(3)低于当地最低工资标准支付劳动者工资的。

经济补偿和赔偿金的标准,按国家有关规定执行。

"无故拖欠"系指用人单位无正当理由超过规定付薪时间未支付劳动者工资,但不包活:

(1)用人单位遇到非人力所能抗拒的自然灾害、战争等原因,无法按时支付工资;

(2)用人单位确因生产经营困难、资金周转受到影响,在征得本单位工会同意后,可暂时延期支付劳动者工资,延期时间的最长限制可由各省、自治区、直辖市劳动行政部门根据各地情况确定。其他情况下拖欠工资均属无故拖欠。

三、加 班 费

128. 什么是加班

加班,广义上说即延长工作时间,是指用人单位在劳动者完成劳动定额或规定的工作任务后,根据生产或工作需要安排劳动者在法定工作时间以外工作。狭义上说,仅指按用人单位的要求,在法定节日、公休假日内进行工作；在日法定标准工作时间以外进行工作的叫加点。根据《工资支付暂行规定》第十三条的规定，加班是指职工在休息日和法定休假节日工作；加点是指职工在符合法定标准工作时间的制度工时以外延长工作时间，即提前上班或推迟下班。实际工作中，加班加点统称为加班。

无论加班还是加点，都是员工超出正常工作时间，在原本应该休息的时间内进行的工作，是工作时间在休息时间中的延伸。为了保护员工的休息权，国家对加班加点进行了严格的限制，规定了延长工时的程序及上限。

129. 用人单位安排加班须符合什么条件

用人单位安排员工加班须符合三个条件：

(1)生产经营需要。

(2)在程序上必须在加班加点前与工会和劳动者协商。《关于执行劳动法若干问题的意见》明确规定："协商是企业决定延长工作时间的程序。"协商包括两个方面，一是用人单位与工会的协商；二是与安排加班的员工协商。如果企业未经协商，强迫员工加班加点，员工则有权对此加以拒绝。

需注意的是，要求员工加班加点必须与员工协商这一程序，一般是在标准工时工作制下必须履行的法定程序。如果用人单位实行的是综合计算工时制，只要在综合计算工时的周期内，员工的工作时间不超过法定最高工作时间，用人单位要求员工在既定的工作时间以外上班，就不能视为加班，这时员工应该服从用人单位的安排，否则用人单位可以按违纪处理。

(3)加班加点的时间必须符合法律的规定。根据我国法律的规定，加班每日不得超过1小时，特殊情况下可以延长，但最多不得超过3小时，每月不得超过36小时。

另外，根据《劳动法》第四十二条规定：有下列情形之一的，延长工作时间不受本法第四十一条规定的限制：

（1）发生自然灾害、事故或者因其他原因，威胁劳动者生命健康和财产安全，需要紧急处理的；

（2）生产设备、交通运输线路、公共设施发生故障，影响生产和公众利益，必须及时抢修的；

（3）法律、行政法规规定的其他情形。

130. 加班工资应如何计算

（1）8小时外加点。根据1995年5月1日起施行的《国务院关于职工工作时间的规定》第三条"职工每日工作8小时、每周工作40小时"。因此，如果安排劳动者在每天8小时之外延长工作时间的，就应该按照《劳动法》第四十四条第一款支付加班费，即加班费不低于150％的工资；

（2）休息日加班。如果安排劳动者在休息日工作的，就应该按照《劳动法》第四十四条第二款支付加班费，即加班费不低于200％的工资；

（3）法定节日加班。如果在法定节假日安排劳动者工作的，就应该按照《劳动法》第四十四条第三款支付加班费，即加班费不低于300％的工资。

（4）计件工资时的加班加点。根据《工资支付暂行规定》第十三条规定："实行计件工资的劳动者，在完成计件定额任务后，由用人单位安排延长工作时间的，应根据上述规定的原则，分别按照不低于其本人法定工作时间计件单价的150％、200％、300％支付其工资。经劳动行政部门批准实行综合计算工时工作制的，其综合计算工作时间超过法定标准工作时间的部分，应视为延长工作时间，并应按本规定支付劳动者延长工作时间的工资。实行不定时工时制度的劳动者，不执行上述规定。"

（5）综合计算工时的加点。依据我国劳动与社会保障部2000年3月17日颁发的《关于职工全年月平均工作时间和工资折算问题的通知》："职工全年月平均工作天数和工作时间分别调整为20.92天和 167.4 小时。"因此,实行综合计算工作时间的,如果月平均工作天数超过 20.92 天,或者月平均工作时间超过 167.4 小时的,应该视为加点,按照《劳动法》第四十四条第一款支付加班费,即加班费不低于 150％的工资。

每月制度工作天数(即月平均工作天数)明确规定为 20.92 天,月平均工作时间为 167.4 小时。

131. 加班工资基数怎么算

在确定加班工资的计算基数时,劳动合同中对工资有约定的,应按不低于劳动合同约定的劳动者本人所在岗位相对应的工资标准确定。劳动合同中没有约定的,可由用人单位与员工代表通过集体协商,在集体劳动合同中明确。用人单位与劳动者无上述约定的,按劳动者本人所在岗位正常出勤月工资的 70％确定。要注意的是,如果上述办法确定的加班工资计算基数低于最低工资的,则要按最低工资计算。计算公式:

节假日加班工资＝加班工资的计算基数÷20.92×300％

休息日加班工资＝加班工资的计算基数÷20.92×200％

计算加班工资时,日工资按平均每月工作时间 20.92 天折算,小时工资则在日工资的基础上再除以 8 小时。

劳动法对工资的规定,《劳动法》中的"工资"是指用人单位依据国家有关规定或劳动合同的约定,以货币形式直接支付给本单位劳动者的劳动报酬,一般包括计时工资、计件工资、奖金、津贴和补贴、延长工作时间的工资报酬以及特殊情况下支付的工资等。

132. 单位违规安排加班如何处理

如果用人单位违反相关法规延长员工工作时间,按《劳动法》第九十条的规定,劳动行政部门应给予用人单位警告,责令其改正,并可以处以罚款。罚款的标准,根据原劳动部《违反〈中华人民共和国劳动法〉行政处罚办法》,用人单位未与工会和劳动者协商,强迫劳动者延长工作时间的,应给予警告,责令改正,并可按每名劳动者每延长工作时间 1 小时罚款 100 元以下的标准处罚。用人单位每日延长劳动者工作时间超过 3 小时或每月延长工作时间超过 36 小时的,应给予警告,责令改正,并可按每名劳动者每超过工作时间 1 小时罚款 100 元以下的标准处罚。

133. 用人单位不支付加班费怎么办

没有得到加班费的劳动者,要及时向劳动保障监察部门投诉,当然劳动者也可以选择仲裁,劳动争议由劳动合同履行地或者用人单位所在地的劳动争议仲裁委员会管辖。双方当事人分别向劳动合同履行地和用人单位所在地的劳动争议仲裁委员会申请仲裁的,由劳动合同履行地的劳动争议仲裁委员会管辖。

但需要注意的是,劳动争议仲裁有时效上的限制:劳动争议申请仲裁的时效期间为一年。仲裁时效期间从当事人知道或者应当知道其权利被侵害之日起计算。当然如果当事人一方向对方当事人主张权利,或者向有关部门请求权利救济,或者对方当事人同意履行义务而中断,仲裁时效也会中断,因不可抗力或者有其他正当理由,仲裁时效中止。

从最新的司法解释来看,最高人民法院为督促用人单位规范管理,引导劳动者正确行使权利,出台了《关于审理劳动争议案件适用法律若干问题的解释(三)》。该司法解释规定,劳动者主张加班费的,应当就加班事实的存在承担举证责任,但劳动者有证据证明用人单位掌握管理加班事实存在的证据,用人单位不提供的,由用人单位承担不利后果。

134. 补休能代替加班工资吗

根据有关规定,对安排劳动者加班后的工资报酬问题,有三种情况:

(1)安排劳动者延长工作时间的,支付不低于工资 150% 的工资报酬；

（2）休息日安排劳动者工作又不能安排补休的，支付不低于工资 200％的工资报酬；

（3）法定休假日安排劳动者工作的，支付不低于工资 300％的工资报酬。

上述三种情形中，法律规定，第二种情形，即在休息日安排劳动者工作的，其待遇有两种选择，一是安排补休，二是支付不低于工资 200％的加班工资。而第一种和第三种情形下只能支付法律规定的加班工资报酬，不能以安排补休而不支付高于正常工作时间的加班工资。

135. 加班费能计入最低工资吗

最低工资由国家统计部门规定的应当列入工资总额的各项工资性收入剔除下列项目后构成：

（1）延长法定工作时间所得的工资报酬；

（2）中班、夜班、高温、低温、井下、有毒有害等特殊工作环境条件下的津贴；

（3）人力资源社会保障部门规定的不列入最低工资的其他收入。

法律、法规规定的职工劳动保险、福利待遇，不得列入最低工资。由以上可见，用人单位若将加班费并入工资，以达到目前最低工资标准，属于违法操作。

136. 工作带回家做算加班吗

现代办公室里的许多工作都可以带到家里继续做，那么在家工作的人拿得到工资吗？

这要分两种情况看：

（1）自愿工作的不属于加班。如果员工的工作既不是用人单位的要求、决定，也没有在用人单位认可的加班记录，而只是自愿在家工作的话,不属于加班,月人单位无须支付加班费。但是,用人单位对员工的工作予以追认的话,就是单位安排的加班,应该支付相应的加班工资。

(2)有证据证明工作为单位安排就属于加班。例如,小王的主管总是在放长假前,要他在长假结束后交一份企划书。这实际上,就是间接要求小王不得不在长假期间,留出时间完成工作,变相地延长了劳动者的工作时间,属于加班。当然,劳动者必须有证据证明,确属因用人单位安排了过多的工作任务,而使员工不得不在正常的工作时间以外加班。月人单位仍需支付延长工作时间的工资。

137. 加班费要交税吗

根据《中华人民共和国个人所得税法》,除国家规定的可以免税的补贴、津贴之外,节假日、休息日和平日的加班所得,都要合并到当月的工资薪金中征税。如果是单位外的"加班",则要按"劳务报酬"来计算征税。这就是说,加班费需缴纳个税早就客观存在,而国税局的公开解答只不过是一次税务常识的重申,根本不是所谓的"增税"。

138. 值班应给加班费吗

部分用人单位以"值班""当班"等名义,模糊法定的"加班"概念,从而逃避加班费,属于违法行为。在安排春节加班的用人单位中,仍有相当一部分用人单位不给或少给法定加班费。有的用人单位故意回避"加班"的概念,取而代之以"值班""当班"等提法,如规定"公司中层以上管理人员春节轮流当班""春节值班每人每天发30元"等。

用人单位将"加班"称为"值班"的做法,是一种"文字游戏",但逃避不了法定义务。目前,我国除公务员和行政事业单位中占编制人员的福利待遇另有规定之外,凡是签订劳动合同的劳动关系都受《劳动法》调整。前者的"值班"按有关法规对待,而后者的"值班"都应属"加班"范围。有的私营企业将行政事业单位里的干部"值班"概念,偷换到加班的员工头上,是对劳动者权益的侵害。根据法律规定,用人单位在农历正月初一至初七安排员工加班,应当按照"前三日三薪、后四日双薪"的标准支付。同时,在加班费支付过程中的各类"柔性侵权"行为也属于违法。

四、最低工资

139. 什么是最低工资标准

由劳动和社会保障部制定,自 2004 年 3 月 1 日起实施的《最低工资规定》指出,最低工资标准,是指劳动者在法定工作时间或依法签订的劳动合同约定的工作时间内提供了正常劳动的前提下,用人单位依法应支付的最低劳动报酬。最低工资标准一般采取月最低工资标准和小时最低工资标准的形式。月最低工资标准适用于全日制就业劳动者,小时最低工资标准适用于非全日制就业劳动者。

确定和调整月最低工资标准,应参考当地就业者及其赡养人口的最低生活费用、城镇居民消费价格指数、职工个人缴纳的社会保险费和住房公积金、职工平均工资、经济发展水平、就业状况等因素。确定和调整小时最低工资标准,应在颁布的月最低工资标准的基础上,考虑单位应缴纳的基本养老保险费和基本医疗保险费因素,同时还应适当考虑非全日制劳动者在工作稳定性、劳动条件和劳动强度、福利等方面与全日制就业人员之间的差异。

140. 最低工资标准如何确定

最低工资标准的确定和调整方案,由省、自治区、直辖市人民政府劳动保障行政部门会同同级工会、企业联合会/企业家协会研究拟订,并将拟订的方案报送劳动保障部。方案内容包括最低工资确定和调整的依据、适用范围、拟订标准和说明。劳动保障部在收到拟订方案后,应征求全国总工会、中国企业联合会/企业家协会的意见。劳动保障部对方案可以提出修订意见,若在方案收到后 14 日内未提出修订意见的,视为同意。

省、自治区、直辖市劳动保障行政部门应将本地区最低工资标准方案报省、自治区、直辖市人民政府批准,并在批准后 7 日内在当地政府公报上和至少一种全地区性报纸上发布。省、自治区、直辖市劳动保障行政部门应在发布后 10 日内将最低工资标准报劳动保障部。

最低工资标准发布实施后,如本规定第六条所规定的相关因素发生变化,应当适时调整。最低工资标准每两年至少调整一次。用人单位应在最低工资标准发布后 10 日内将该标准向本单位全体劳动者公示。

141. 哪些项目不计入最低工资标准

在劳动者提供正常劳动的情况下,用人单位应支付给劳动者的工资在剔除下列各项以后,不得低于当地最低工资标准:

(1)延长工作时间工资;

(2)中班、夜班、高温、低温、井下、有毒有害等特殊工作环境、条件下的津贴;

(3)法律、法规和国家规定的劳动者福利待遇等。

实行计件工资或提成工资等工资形式的用人单位,在科学合理的劳动定额基础上,其支付劳动者的工资不得低于相应的最低工资标准。

劳动者由于本人原因造成在法定工作时间内或依法签订的劳动合同约定的工作时间内未提供正常劳动的,不适用于本规定。

142. 低于最低工资标准的如何处理

用人单位违反规定支付低于最低工资标准劳动报酬的,由劳动保障行政部门责令其限期改正,并责令其限期补发所欠劳动者工资,并可责令其按所欠工资的1～5倍支付劳动者赔偿金。

143. 包吃包住的能低于最低工资吗

包吃包住属于用人单位给予职工的福利,用人单位不能将此计算在劳动者的工资内,更不能因此使支付的货币工资低于最低工资标准。

最低工资是指劳动者在法定工作时间内提供了正常劳动,用人单位依法应当支付的最低劳动报酬。最低工资标准一般采用月最低工资标准和小时最低工资标准的形式。月最低工资标准适用于全日制就业劳动者,小时最低工资标准适用于非全日制就业劳动者。

根据规定:在劳动者提供正常劳动情况下,用人单位应支付给劳动者的工资在扣除延长工作时间工资,中班、夜班、高温、低温、井下、有毒有害等特殊工作环境条件下的津贴,法律法规和国家规定的劳动者福利待遇等几项后,不得低于当地最低工资标准。可见,包吃包住不在扣除项目之内,因此不能计入最低工资。

五、津贴和补贴

144. 什么是津贴和补贴

津贴和补贴是指为了补偿职工特殊或额外的劳动消耗和因其他特殊原因支付给职工的津贴,以及为了保证职工工资水平不受物价影响支付给职工的物价补贴。

(1)津贴。包括补偿职工特殊或额外劳动消耗的津贴,保健性津贴,技术性津贴,年功性津贴及其他津贴。

(2)物价补贴。包括为保证职工工资水平不受物价上涨或变动影响而支付的各种补贴。

145. 职工福利包括哪些内容

职工福利的内容可分为三类：

（1）福利津贴。一般以现金形式提供，是职工工资收入以外的收入。

（2）福利设施。包括职工食堂、职工宿舍、托儿所、幼儿园、浴室、理发室、休息室等生活福利设施，以及文化室、俱乐部、职工图书馆、健身房、泳池、运动场、歌舞厅等文化、康乐设施和场所。

（3）福利服务。福利服务的内容相当广泛，包括与上述各项设施相关的各项服务，也包括诸如接送上下班，接送职工子弟上学，提供健康检查等特别服务。

146. 津贴的种类具体有哪些

（1）岗位性津贴。岗位津贴指为了补偿职工在某些特殊劳动条件岗位劳动的额外消耗而建立的津贴。职工在某些劳动条件特殊的岗位劳动，需要付出更多的体力和脑力，因而需要建立津贴，对这种额外的劳动消耗进行补偿。这种类型的津贴具体种类最多，使用的范围最广。

（2）地区性津贴。地区性津贴是指为了补偿职工在某些特殊的地理自然条件下生活费用的额外支出而建立的津贴。如林区津贴，是为了照顾林区森林工业职工的生活，鼓励职工在林区安心工作，发展林业生产而建立的津贴，并根据林区的具体条件和各类人员的不同情况，分别确定不同的标准。另外还有地区生活费补贴、高寒山区津贴、海岛津贴等。这类津贴一般是由国家或地区、部门建立的。企业所在地区如属这些津贴的执行范围，即可照章执行。

（3）保证生活性津贴。保证生活性津贴是指为保障职工实际工资收入和补偿职工生活费用额外支出而建立的津贴。如副食品价格补贴、肉价补贴、粮价补贴等等。这类补贴具体种类不多，主要是由国家或地区、部门建立的。企业属于执行范围的，即可照章执行。

有些企业根据需要，在内部也建立了少量这类补贴，如房租、水电补贴等。

147. 津贴标准依据什么计算

津贴标准是指某项津贴在单位时间内应支付的金额。它的确定有两种方式，一是按照雇员基本工资的一定百分比计算；二是按照绝对数额计算。第一种方式比较少见，大多数是按绝对数额计算。津贴标准在确定时考虑的因素包括：

（1）工资标准。如果在制定工资标准时，已经考虑了对特殊劳动的补偿，就没有必要另设津贴补偿；如果不能全面反映一些岗位和工种的特殊劳动性质和劳动消耗，就需要单独设立补偿津贴。

（2）劳动特殊性。对劳动的特殊性及对雇员的影响，要进行科学测量，作为确定不同等级津贴标准的依据。

（3）健康损害程度。一些津贴的发放是为了补偿和预防特殊工作条件对劳动者身体健康造成的损害，津贴标准的确定与对雇员身体的损害程度直接相关。因此，需要通过一些相关部门的技术测定，例如，医疗单位、职业病防治部门等对职业病的发病率和治愈率，以及劳动保护投入等多种因素进行科学度量，从而确定通过津贴形式对雇员健康程度的补偿标准。

对一些特殊的工作和工种，我国有国家、地方和行业规定的统一津贴标准。此外，企业还有权根据生产经营状况和工作需要制定和调整本企业的津贴发放标准。

第五章　集体劳动合同

一、集体劳动合同概述

148. 什么是集体劳动合同

集体劳动合同,又称团体协约、集体协议等,是工会与企业事业单位及产业部门、雇主及雇主团体之间就劳动报酬、工作时间、休息休假、劳动安全卫生、保险福利等事项,经协商谈判缔结的书面协议。由劳动和社会保障部制定,自 2004 年 5 月 1 日起实施的《集体合同规定》第三条规定,本规定所称集体劳动合同,是指用人单位与本单位职工根据法律、法规、规章的规定,就劳动报酬、工作时间、休息休假、劳动安全卫生、职业培训、保险福利等事项,通过集体协商签订的书面协议;所称专项集体劳动合同,是指用人单位与本单位职工根据法律、法规.规章的规定,就集体协商的某项内容签订的专项书面协议。

《劳动法》规定:"企业职工一方与企业可以就劳动报酬、工作时间、休息休假、劳动安全卫生、保险福利等事项,签订集体劳动合同。集体劳动合同草案应当提交职工代表大会或者全体职工讨论通过。集体劳动合同由工会代表职工与企业签订;没有建立工会的企业,由职工推举的代表与企业签订。"

集体劳动合同作为一种劳动法律制度,是商品经济发展的产物。在一切东西都商品化了的资本主义社会,作为商品交换形式的契约制度得到了空前发展,其中最有意义的是劳动力成了自由买卖的商品。资产阶级为了使剥削合法化,便通过国家立法对雇佣契约予以认可。工人阶级则为了争得改善出卖劳动力的条件,逐步联合起来,迫使资产阶级承认工人享有自由结社权和通过集体协商谈判签订集体劳动合同的权利,并通过法律的形式予以确认。在我国社会主义市场经济条件下,集体劳动合同是调整劳动关系,保护劳动者的合法权益,促进经济发展的重要手段。

149. 集体劳动合同与一般劳动合同有哪些区别

我国现阶段的集体劳动合同多为企业劳动者一方与企业就劳动报酬、工作时间、休息休假、劳动安全卫生、保险等事项签订的书面协议。集体劳动合同与劳动合同有着明显的区别,主要表现在:

(1)合同的主体不同。集体劳动合同的一方当事人是企业行政方面,另一方必须是职工自愿结合而成并具有法人资格的工会;劳动合同的一方当事人是企业行政方面,而另一方当事人通常是劳动者个人。

(2)合同的内容不同。集体劳动合同规定的是劳动者集体劳动的劳动条件、工作时间、劳动报酬、福利待遇等,明确的有关企业的整体性措施;劳动合同则仅限于规定劳动者个人和企业之间的权利义务。

(3)适用范围不同。集体劳动合同适用于企业的全体职工,即一份集体劳动合同适用于企业的每一名职工;劳动合同则只适用于劳动者个人,对企业其他劳动者没有约束力。

(4)法律效力不同。集体劳动合同的法律效力高于劳动合同的法律效力,它是企业订立劳动合同的重要依据,劳动者个人与企业订立的劳动合同条款的标准不得低于集体劳动合同的规定,两者出现不一致时,应以集体劳动合同规定的条款为准。

150. 集体劳动合同制度有哪些作用

从企业实行集体劳动合同制度的情况来看,集体劳动合同制度有以下重要作用：

（1）集体劳动合同制度可以促进企业发展生产，改善职工的生活福利条件。集体劳动合同围绕着企业负责人的任期目标，规定企业的生产经营计划和发展计划，规定在完成生产任务的基础上，企业改善职工生活福利方面的计划和措施，这不仅使企业和劳动者双方建立起相互依靠、相互配合的密切关系，也促使双方自觉地在平等基础上相互监督、相互制约。

职工明确了企业的生产计划，可以努力完成或超额完成生产任务，促进企业生产发展。企业生产发展了，职工的生活福利待遇也可以得到改善。集体劳动合同体现了国家利益、集体利益和个人利益的结合，解决了生产与生活的矛盾，从而使广大职工认识到只有搞好生产，才能改善生活，这必定能够大大地调动起广大职工的生产积极性。

（2）集体劳动合同制度可以较好地体现职工在企业中的主体地位，加强了企业的民主管理，是企业管理民主化的重要形式。集体劳动合同是广大职工智慧的结晶，它所规定的各项条款的讨论、签订仪式的举行、合同执行情况的检查，都是在职工代表大会主持下进行的，体现了职工参加民主管理的原则。集体劳动合同制度的贯彻实施，可以大大提高职工的主人翁责任感，使职工更加关心企业的生产情况和各项重大问题的决策。

（3）集体劳动合同制度可以改善企业的经营管理，较好地发挥工会的作用，提高工会在职工中的威信。集体劳动合同对企业行政的经营管理工作提出了各项具体要求，这必然会加重企业行政的责任，督促企业行政的各级负责人都要为履行集体劳动合同规定的义务而努力工作。集体劳动合同还规定了工会的一系列权利与义务，把工会的各项工作同企业的生产经营和维护职工的合法权益紧密地结合起来。所以，工会干部必须尽力完成自己的职责，既要密切联系广大职工，又要协助企业解决生产中出现的问题。集体劳动合同不但充实了工会的工作内容，同时也提高了工会在职工中的威信。

（4）集体劳动合同制度可以弥补劳动法规的不足,健全劳动法制。目前我国虽然已经出台了大量的劳动法规,但还是不够健全,存在无法可依、无章可循的现象。集体劳动合同中的有些内容是劳动法规的具体化,有些是在符合劳动法规的前提下做出补充规定,这些内容不但为企业调整劳动关系提供了具体依据,同时也弥补了劳动法规的不足,加强了劳动法制的建设。

151. 集体劳动合同由谁签订

集体劳动合同的订立主体是职工和用人单位:

（1）职工是集体劳动合同的主体,其共同要求代表其利益的工会或者职工代表与用人单位进行协商。

需要注意的是:此处的职工代表和工会都是劳动者的代表,代表劳动者和用人单位进行协商,实际的主体是劳动者,其和劳动合同不同的是,集体劳动合同是全体劳动者作为订立的一方。

（2）用人单位也是集体劳动合同的主体之一。用人单位包括企业、非企业经济组织、私营企业和个体工商户等用工单位。

152. 集体劳动合同有哪些法律效力

集体劳动合同的法律效力是指集体劳动合同的法律约束力。凡符合法律规定的集体劳动合同,一经签订就具有法律效力。《集体合同规定》规定,符合本规定的集体劳动合同或专项集体劳动合同,对用人单位和本单位的全体职工具有法律约束力。用人单位与职工个人签订的劳动合同约定的劳动条件和劳动报酬等标准,不得低于集体劳动合同或专项集体劳动合同的规定。集体劳动合同的法律效力包括以下几个方面:

（1）集体劳动合同对人的法律效力。集体劳动合同对人的法律效力,是指集体劳动合同对什么人具有法律约束力。根据我国劳动法的规定,依法签订的集体劳动合同对企业和企业全体劳动者具有约束力。这种约束力表现在:集体劳动合同双方当事人必须全面履行集体劳动合同规定的义务,任何一方都不得擅自变更或解除集体劳动合同。如果集体劳动合同的当事人违反集体劳动合同的规定就要承担相应的法律责任。企业劳动者个人与企业订立的劳动合同中有关劳动条件和劳动报酬等标准不得低于集体劳动合同的规定。

(2)集体劳动合同的时间效力。集体劳动合同的时间效力,是指集体劳动合同从什么时间开始发生效力,什么时间终止其效力。集体劳动合同的时间效力通常以其存续时间为标准,一般从集体劳动合同成立之日起生效,如果当事人另有约定的,应在集体劳动合同中明确规定。集体劳动合同的期限届满,其效力终止。

(3)集体劳动合同对产业的效力。集体劳动合同对产业的效力,是指对于从事集体劳动合同规定的同一产业的职工、企业所具有的约束力。由于我国目前的产业工会不具有订立集体劳动合同的权利能力,因此,我国尚不存在集体劳动合同对产业的效力问题。《劳动合同法》第五十五条规定,集体劳动合同中劳动报酬和劳动条件等标准不得低于当地人民政府规定的最低标准;用人单位与劳动者订立的劳动合同中劳动报酬和劳动条件等标准不得低于集体劳动合同规定的标准。第五十六条规定,用人单位违反集体劳动合同,侵犯职工劳动权益的,工会可以依法要求用人单位承担责任;因履行集体劳动合同发生争议,经协商解决不成的,工会可以依法申请仲裁、提起诉讼。县级以上劳动保障行政部门对本行政区域内用人单位与本单位职工开展集体协商、签订、履行集体劳动合同的情况进行监督,并负责审查集体劳动合同或专项集体劳动合同。

二、集体劳动合同的内容

153. 集体劳动合同有哪些主要内容

《劳动合同法》第五十一条规定,企业职工一方与用人单位通过平等协商,可以就劳动报酬、工作时间、休息休假、劳动安全卫生、保险福利等事项订立集体劳动合同。集体劳动合同草案应当提交职工代表大会或者全体职工讨论通过。集体劳动合同由工会代表企业职工一方与用人单位订立;尚未建立工会的用人单位,由上级工会指导劳动者推举的代表与用人单位订立。第五十二条规定,企业职工一方与用人单位可以订立劳动安全卫生、女职工权益保护、工资调整机制等专项集体劳动合同。第五十三条规定,在县级以下区域内,建筑业、采矿业、餐饮服务业等行业可以由工会与企业方面代表订立行业性集体劳动合同,或者订立区域性集体劳动合同。

根据《集体合同规定》,集体协商双方可以就下列多项或某项内容进行集体协商,签订集体劳动合同或专项集体劳动合同:

(1)劳动报酬;

(2)工作时间;

(3)休息休假;

(4)劳动安全与卫生;

(5)补充保险和福利;

(6)女职工和未成年工特殊保护;

(7)职业技能培训;

(8)劳动合同管理;

(9)奖惩;

(10)裁员;

(11)集体劳动合同期限;

(12)变更、解除集体劳动合同的程序;

(13)履行集体劳动合同发生争议时的协商处理办法;

(14)违反集体劳动合同的责任;

(15)双方认为应当协商的其他内容。

154. 劳动报酬的主要内容有哪些

(1)用人单位工资水平、工资分配制度、工资标准和工资分配形式；

(2)工资支付办法；

(3)加班、加点工资及津贴、补贴标准和奖金分配办法；

(4)工资调整办法；

(5)试用期及病、事假等期间的工资待遇；

(6)特殊情况下职工工资(生活费)支付办法；

(7)其他劳动报酬分配办法。

155. 工作时间的主要内容有哪些

(1)工时制度；

(2)加班加点办法；

(3)特殊工种的工作时间；

(4)劳动定额标准。

156. 休息休假的主要内容有哪些

(1)日休息时间、周休息日安排、年休假办法；

(2)不能实行标准工时职工的休息休假；

(3)其他假期。

157. 劳动安全卫生的主要内容有哪些

(1)劳动安全卫生责任制；

(2)劳动条件和安全技术措施；

(3)安全操作规程；

(4)劳保用品发放标准；

(5)定期健康检查和职业健康体检。

158. 补充保险和福利的主要内容有哪些

(1)补充保险的种类、范围；

(2)基本福利制度和福利设施；

(3)医疗期延长及其待遇；

(4)职工亲属福利制度。

159．女职工和未成年工特殊保护的主要内容有哪些

(1)女职工和未成年工禁忌从事的劳动；

(2)女职工的经期、孕期、产期和哺乳期的劳动保护；

(3)女职工、未成年工定期健康检查；

(4)未成年工的使用和登记制度。

160．职业技能培训的主要内容有哪些

(1)职业技能培训项目规划及年度计划；

(2)职业技能培训费用的提取和使用；

(3)保障和改善职业技能培训的措施。

161．劳动合同管理的主要内容有哪些

(1)劳动合同签订时间；

(2)确定劳动合同期限的条件；

(3)劳动合同变更、解除、续订的一般原则及无固定期限劳动合同的终止条件；

(4)试用期的条件和期限。

162．奖惩的主要内容有哪些

(1)劳动纪律；

(2)考核奖惩制度；

(3)奖惩程序。

163．裁员的主要内容有哪些

(1)裁员的方案；

(2)裁员的程序；

(3)裁员的实施办法和补偿标准。

三、集体劳动合同的订立

164. 集体劳动合同的订立原则有哪些

用人单位与本单位职工签订集体劳动合同或专项集体劳动合同,以及确定相关事宜,应当采取集体协商的方式。订立集体劳动合同,应遵循下列基本原则:

(1)合法原则。订立集体劳动合同是一种法律行为,必须遵循合法原则。所谓合法,主要包括订立程序和合同内容合法两个方面。集体劳动合同订立程序合法,是指当事人双方在集体劳动合同平等协商、签字、登记等各个环节上,符合法律的有关规定。集体劳动合同内容合法,是指集体劳动合同的各项条款,必须符合我国法律、法规的有关规定。符合法律规定并不等于照搬法律规定,而是指集体劳动合同的内容不应与国家法律、法规相抵触。订立集体劳动合同只有遵守合法原则,才能得到国家的认可,集体劳动合同才具有法律效力。

(2)当事人地位平等原则。集体劳动合同当事人,不论是公有制企业还是外商投资企业、股份制企业、私营企业,在签订集体劳动合同的过程中,都处于平等的地位,而不存在隶属关系。

(3)协商一致原则。集体劳动合同是当事人双方意思表示一致而达成的协议。协商是我国处理劳动关系的重要方式,也是签订集体劳动合同的基础。当协商不能取得一致意见时,应申请当地政府组织有关各方协调处理。

(4)当事人义务对等原则。集体劳动合同当事人双方所承担的义务,不论是企业的义务,还是工会及全体职工的义务,都表现为对等原则,即一方在从对方履行义务中得到利益的同时,必须履行合同规定的义务。

165. 集体劳动合同的订立流程是什么

集体劳动合同订立的程序,是指集体劳动合同从协商到合同成立生效所经过的过程。

(1)制定集体劳动合同草案。集体劳动合同应由工会代表职工与企业签订,没有建立工会的企业,由职工推举的代表与企业签订。一般情况下,各个企业应当成立集体劳动合同起草委员会或者起草小组,主持起草集体劳动合同。起草委员会或者起草小组由企业行政和工会各派代表若干人,推行工会和企业行政代表各一人为主席或组长和副主席或副组长。起草委员会或者起草小组应当深入进行调查研究,广泛征求各方面的意见和要求,提出集体劳动合同的初步草案。

(2)审议。将集体劳动合同草案文本提交职工大会或职工代表大会审议。职工大会或职工代表大会审议时,由企业经营者和工会主席分别就协议草案的产生过程、依据及涉及的主要内容作说明,然后由职工大会或职工代表大会对协议草案文本进行讨论。做出审议决定。《集体合同规定》第三十六条规定:经双方协商代表协商一致的集体劳动合同草案或专项集体劳动合同草案应当提交职工代表大会或者全体职工讨论。职工代表大会或者全体职工讨论集体劳动合同草案或专项集体劳动合同草案,应当有二、三人以上职工代表或者职工出席,且须经全体职工代表半数以上或者全体职工半数以上同意,集体劳动合同草案或专项集体劳动合同草案方获通过。

(3)签字。集体劳动合同草案经职工大会或职工代表大会审议通过后,由双方首席代表签字或盖章。

(4)登记备案。集体合同签订后,应将集体劳动合同的文本及其各部分附件一式三份提请县级以上劳动行政主管部门登记备案。劳动行政部门有审查集体劳动合同内容是否合法的责任,如果发现集体劳动合同中的项目与条款有违法、失实等情况,可不予登记或暂缓登记,发回企业对集体劳动合同进行修正。如果劳动行政部门在收到集体劳动合同文本之日起 15 日内,没有提出意见。集体劳动合同即发生法律效力,企业行政、工会组织和职工个人均应切实履行。

166. 签订集体劳动合同应注意哪些问题

签订集体劳动合同对于职工的保护性是很大的,最重要的地方在于集体劳动合同把职工放到了一个和用人单位平等协商的位置上,从而排除了劳动合同签订中与用人单位对应的只是劳动者个人的弱势地位。集体劳动合同签订的原则平等协商、兼顾双方合法权益就体现了这一点。

(1)双方协商代表人数要对等。集体协商代表是指按照法定程序产生并有权代表本方利益进行集体协商的人员。集体协商双方的代表人数对等,一般为三至十人,并各自确定一名首席代表。

(2)选择协商代表体现民主。职工一方的协商代表由本单位工会征求职工意见后选派。未建立工会的,由本单位职工民主推荐,并经过半数以上的职工同意。职工一方的首席代表由本单位工会主席担任或者由其书面委托的其他协商代表担任;工会主席空缺的,首席代表由工会主要负责人担任。未建立工会的,职工一方的首席代表由协商代表民主推举产生。

(3)双方可"外聘"专家参加协商。在具体协商过程中,很多职工推选出来的代表可能并不太专业,对于相关的法律法规和具体应该争取的合法权益也不了解。因此,用人单位和职工一方可以委托本单位以外的有关专业人员作为本方协商代表参加协商,以提高双方协商内容的质量。只是委托人数不得超过本方协商代表的三分之一,外聘人士也不得担任首席代表。

(4)协商代表必须代表本方利益。为了使协商代表能够真正代表被代表方的利益,相关法规明确规定了协商代表应当履行的几项职责,其中包括:参加集体协商,真实反映本方要求,积极争取本方利益等。

(5)协商代表有"特别保护"。根据相关规定,职工一方的协商代表履行协商代表职责期间,用人单位不得随意变更职工协商代表的工作岗位。因工作需要确实需要变更的,应当事先征求本单位工会的意见,并征得职工本人的同意。职工一方的协商代表履行协商代表职责期间,劳动合同期限届满,协商代表本人要求顺延劳动合同期限的,用人单位应当将其劳动合同期限顺延至完成履行协商代表职责之时。

(6)职工一方提出集体协商要求,企业无正当理由不得拒绝。集体协商双方的任何一方均可就签订集体劳动合同相关事宜,以书面形式向对方提出集体协商要求。一方提出集体协商要求,另一方应当在收到集体协商要求之日起二十日内给予书面答复,无正当理由不得拒绝或者拖延集体协商;一方就劳动报酬、劳动条件、裁减人员等事项要求集体协商的,另一方不得拒绝或者拖延。

协商结果要经过职工同意,经集体协商双方协商一致的,形成集体劳动合同草案。集体劳动合同草案应当提交职工代表大会、职工大会或者职工代表会议讨论。

职工代表大会、职工大会或者职工代表会议讨论集体劳动合同草案,应当有三分之二以上职工代表或者职工出席,并经全体职工代表半数以上或者全体职工半数以上同意,集体劳动合同草案方可通过。

167. 如何确定集体协商代表

集体协商代表(以下统称协商代表),是指按照法定程序产生并有权代表本方利益进行集体协商的人员。集体协商双方的代表人数应当对等,每方至少3人,并各确定1名首席代表。

职工一方的协商代表由本单位工会选派。未建立工会的,由本单位职工民主推荐,并经本单位半数以上职工同意。职工一方的首席代表由本单位工会主席担任。工会主席可以书面委托其他协商代表代理首席代表。工会主席空缺的,首席代表由工会主要负责人担任。未建立工会的,职工一方的首席代表从协商代表中民主推举产生。用人单位一方的协商代表,由用人单位法定代表人指派,首席代表由单位法定代表人担任或由其书面委托的其他管理人员担任。

168. 协商代表有哪些职责

协商代表履行职责的期限由被代表方确定。集体协商双方首席代表可以书面委托本单位以外的专业人员作为本方协商代表。委托人数不得超过本方代表的三分之一。首席代表不得由非本单位人员代理。用人单位协商代表与职工协商代表不得相互兼任。

协商代表应履行下列职责:

(1)参加集体协商;

(2)接受本方人员质询,及时向本方人员公布协商情况并征求意见;

(3)提供与集体协商有关的情况和资料;

(4)代表本方参加集体协商争议的处理;

(5)监督集体劳动合同或专项集体劳动合同的履行;

(6)法律、法规和规章规定的其他职责。

协商代表应当维护本单位正常的生产、工作秩序,不得采取威胁、收买、欺骗等行为。协商代表应当保守在集体协商过程中知悉的用人单位的商业秘密。

169. 如何更换集体协商代表

企业内部的协商代表参加集体协商视为提供了正常劳动。职工一方协商代表在其履行协商代表职责期间劳动合同期满的,劳动合同期限自动延长至完成履行协商代表职责之时,除出现下列情形之一的,用人单位不得与其解除劳动合同:

(1)严重违反劳动纪律或用人单位依法制定的规章制度的;

（2）严重失职、营私舞弊,对用人单位利益造成重大损害的;

（3）被依法追究刑事责任的。

职工一方协商代表履行协商代表职责期间,用人单位无正当理由不得调整其工作岗位。职工一方协商代表就有关协商问题与用人单位发生争议的,可以向当地劳动争议仲裁委员会申请仲裁。工会可以更换职工一方协商代表;未建立工会的,经本单位半数以上职工同意可以更换职工一方协商代表。用人单位法定代表人可以更换用人单位一方协商代表。协商代表因更换、辞任或遇有不可抗力等情形造成空缺的,应在空缺之日起 15 日内按照本规定产生新的代表。

170. 集体协商有哪些程序

集体协商任何一方均可就签订集体劳动合同或专项集体劳动合同以及相关事宜,以书面形式向对方提出进行集体协商的要求。一方提出进行集体协商要求的,另一方应当在收到集体协商要求之日起 20 日内以书面形式给予回应,无正当理由不得拒绝进行集体协商。协商代表在协商前应进行下列准备工作:

（1）熟悉与集体协商内容有关的法律、法规、规章和制度;

（2）了解与集体协商内容有关的情况和资料,收集用人单位和职工对协商意向所持的意见;

（3）拟定集体协商议题,集体协商议题可由提出协商一方起草,也可由双方指派代表共同起草;

（4）确定集体协商的时间、地点等事项;

（5）共同确定一名非协商代表担任集体协商记录员。记录员应保持中立、公正,并为集体协商双方保密。

集体协商会议由双方首席代表轮流主持,并按下列程序进行:

（1）宣布议程和会议纪律;

（2）一方首席代表提出协商的具体内容和要求,另一方首席代表就对方的要求做出回应;

（3）协商双方就商谈事项发表各自意见，开展充分讨论；

（4）双方首席代表归纳意见。达成一致的，应当形成集体劳动合同草案或专项集体劳动合同草案，由双方首席代表签字。

集体协商未达成一致意见或出现事先未预料的问题时，经双方协商，可以中止协商。中止期限及下次协商时间、地点、内容由双方商定。

171．集体劳动合同如何变更和解除

所谓变更，是指双方当事人在集体劳动合同没有履行或虽已开始履行但尚未完全履行之前，因订立集体劳动合同的主客观条件发生了变化，依照法律规定的条件与程序，对原合同中的部分条款进行修改、补充的。所谓集体劳动合同的解除，是指集体劳动合同依法签订后，未履行完成前，由于某种原因导致当事人一方或双方提前终止集体劳动合同的法律效力，停止履行双方劳动权利义务关系的法律行为。

经双方协商代表协商一致的集体劳动合同草案或专项集体劳动合同草案应当提交职工代表大会或者全体职工讨论。职工代表大会或者全体职工讨论集体劳动合同草案或专项集体劳动合同草案，应当有三分之二以上的职工代表或者职工出席，且须经全体职工代表半数以上或者全体职工半数以上同意，集体劳动合同草案或专项集体劳动合同草案方获通过。

集体劳动合同草案或专项集体劳动合同草案经职工代表大会或者职工大会通过后，由集体协商双方首席代表签字。

一般而言，就集体劳动合同的变更或者解除可以分为法定和约定的变更和解除：就约定变更和解除而言，根据《集体合同规定》第三十九条的规定，只需要双方意思表示一致即可以变更或者解除集体劳动合同。

就法定变更和解除而言，根据《集体合同规定》第四十条的规定，有下列情形之一的，可以变更或解除集体劳动合同或专项集体

劳动合同：

(1)用人单位因被兼并、解散、破产等原因,致使集体劳动合同或专项集体劳动合同无法履行的;

(2)因不可抗力等原因致使集体劳动合同或专项集体劳动合同无法履行或部分无法履行的;

(3)集体劳动合同或专项集体劳动合同约定的变更或解除条件出现的;

(4)法律、法规、规章规定的其他情形。

此外,就变更和解除集体劳动合同的程序而言,《集体合同规定》第四十一条规定:变更或解除集体劳动合同或专项集体劳动合同适用本规定的集体协商程序。

172. 集体劳动合同如何终止

集体劳动合同的终止,是指双方当事人约定的集体劳动合同期满或者集体劳动合同终止条件出现,以及集体劳动合同一方当事人不存在,无法继续履行时,立即终止劳动合同的。

《集体合同规定》第三十八条规定:集体劳动合同或专项集体劳动合同期限一般为1～3年,期满或双方约定的终止条件出现,即行终止。集体劳动合同或专项集体劳动合同期满前3个月内,任何一方均可向对方提出重新签订或续订的要求。

四、集体劳动合同的审查

173. 集体劳动合同如何审查

《劳动合同法》第五十四条规定,集体劳动合同订立后,应当报送劳动行政部门;劳动行政部门自收到集体劳动合同文本之日起十五日内未提出异议的,集体劳动合同即行生效。依法订立的集体劳动合同对用人单位和劳动者具有约束力。行业性、区域性集体劳动合同对当地本行业、本区域的用人单位和劳动者具有约束力。《集体合同规定》第七条规定,县级以上劳动保障行政部门对本行政区域内用人单位与本单位职工开展集体协商、签订、履行集体劳动合同的情况进行监督,并负责审查集体劳动合同或专项集体劳动合同。集体劳动合同或专项集体劳动合同签订或变更后,应当自双方首席代表签字之日起10日内,由用人单位一方将文本一式三份报送劳动保障行政部门审查。劳动保障行政部门对报送的集体劳动合同或专项集体劳动合同应当办理登记手续。

集体劳动合同或专项集体劳动合同审查实行属地管辖,具体管辖范围由省级劳动保障行政部门规定。中央管辖的企业以及跨省、自治区、直辖市的用人单位的集体劳动合同应当报送劳动保障部或劳动保障部指定的省级劳动保障行政部门。

174. 报审集体劳动合同需要哪些材料

各类企业在集体劳动合同签订后,应当在7日内由企业报送劳动保障行政部门,报送材料包括:

(1)《集体劳动合同》或《集体劳动合同变更、解除审核表》一式三份;

(2)集体劳动合同涉及工资调整比例的,报送《协商工资基本数据表》和《企业人工成本状况表》;

(3)《企业法人营业执照》和《工会法人资格证书》复印件各一份;

(4)职工代表大会或职工大会通过集体劳动合同草案的决议一份;

(5)集体劳动合同双方首席代表、协商代表姓名、性别、年龄、职务、居民身份证号码。企业法定代表人、工会法定代表人未作为首席代表的,应报送法定代表人的授权委托书;

(6)职工一方协商代表的劳动合同书(审验后退还企业);

(7)社会保障登记复印件一份;

(8)集体劳动合同条款的说明书或续订集体劳动合同的说明。

175. 集体劳动合同审查哪些内容

劳动保障行政部门应当对报送的集体劳动合同或专项集体劳动合同的下列事项进行合法性审查：

(1)集体协商双方的主体资格是否符合法律、法规和规章规定；

(2)集体协商程序是否违反法律、法规、规章规定；

(3)集体劳动合同或专项集体劳动合同内容是否与国家规定相抵触。

176. 集体劳动合同的核准时限是多长

劳动保障行政部门对集体劳动合同或专项集体劳动合同有异议的,应当自收到文本之日起 15 日内将《审查意见书》送达双方协商代表。《审查意见书》应当载明以下内容：

(1)集体劳动合同或专项集体劳动合同当事人双方的名称、地址；

(2)劳动保障行政部门收到集体劳动合同或专项集体劳动合同的时间；

(3)审查意见；

(4)做出审查意见的时间。

《审查意见书》应当加盖劳动保障行政部门印章。

用人单位与本单位职工就劳动保障行政部门提出异议的事项,经集体协商重新签订集体劳动合同或专项集体劳动合同的,用人单位一方应当按规定将文本报送劳动保障行政部门审查。

生效的集体劳动合同或专项集体劳动合同,应当自其生效之日起由协商代表及时以适当的形式向本方全体人员公布。

五、集体劳动合同争议处理

177．集体协商争议如何处理

集体协商过程中发生争议，双方当事人不能协商解决的，当事人一方或双方可以书面向劳动保障行政部门提出协调处理申请；未提出申请的，劳动保障行政部门认为必要时也可以进行协调处理。

劳动保障行政部门应当组织同级工会和企业组织等三方面的人员，共同协调处理集体协商争议。

集体协商争议处理实行属地管辖，具体管辖范围由省级劳动保障行政部门规定。

中央管辖的企业以及跨省、自治区、直辖市用人单位因集体协商发生的争议，由劳动保障部指定的省级劳动保障行政部门组织同级工会和企业组织等三方面的人员协调处理，必要时，劳动保障部也可以组织有关方面协调处理。

协调处理集体协商争议，应当自受理协调处理申请之日起30日内结束协调处理工作。期满未结束的，可以适当延长协调期限，但延长期限不得超过15日。

协调处理集体协商争议应当按照以下程序进行：

（1）受理协调处理申请；

（2）调查了解争议的情况；

（3）研究制定协调处理争议的方案；

（4）对争议进行协调处理；

（5）制作《协调处理协议书》。

《协调处理协议书》应当载明协调处理申请、争议的事实和协调结果，双方当事人就某些协商事项不能达成一致的，应将继续协商的有关事项予以载明。《协调处理协议书》由集体协商争议协调处理人员和争议双方首席代表签字盖章后生效。争议双方均应遵守生效后的《协调处理协议书》。因履行集体劳动合同发生的争议,当事人协商解决不成的,可以依法向劳动争议仲裁委员会申请仲裁。

178. 集体劳动合同争议由哪些部门解决

(1)集体劳动合同处于协商争议阶段产生的纠纷,按照《集体合同规定》第五十一条规定:集体协商争议处理实行属地管辖,具体管辖范围由省级劳动保障行政部门规定。中央管辖的企业以及跨省、自治区、直辖市用人单位因集体协商发生的争议,由劳动保障部指定的省级劳动保障行政部门组织同级工会和企业组织等三方面的人员协调处理,必要时,劳动保障部也可以组织有关方面协调处理。

(2)集体劳动合同履行阶段产生的纠纷,如果是申请仲裁的,按照于2001年10月27日修订的《工会法》第二十条规定:企业违反集体劳动合同,侵犯职工劳动权益的,工会可以依法要求企业承担责任;因履行集体劳动合同发生争议,经协商解决不成的,工会可以向劳动争议仲裁机构提请仲裁,仲裁机构不予受理或者对仲裁裁决不服的,可以向人民法院提起诉讼。《集体合同规定》第五十五条也规定:因履行集体劳动合同发生的争议,当事人协商解决不成的,可以依法向劳动争议仲裁委员会申请仲裁。此处应该由有权的劳动争议仲裁机构受理。

(3)如果提起诉讼的,则按照诉讼法所规定的诉讼管辖来执行。

第六章　五险一金

一、五险一金概述

179. 什么是五险一金

"五险"统称为社会保险,指的是五种保险,包括养老保险、医疗保险、失业保险、工伤保险和生育保险;"一金"指的是住房公积金。

其中养老保险、医疗保险和失业保险,这三种险是由企业和个人共同缴纳的保费,工伤保险和生育保险完全是由企业承担的。个人不需要缴纳。这里要注意的是"五险"是法定的,而"一金"不是法定的。

180. 社会保险与商业保险有什么区别

二者都是以被保险人的生命、健康作为保险标的,并且都形成巨大的保险基金以保障支付能力。二者存在很大差别,具体表现为:

(1)被保险对象范围不同,前者限于劳动者(职工),后者可以是一切公民。

(2)两者性质不同,前者为强制性保险,后者为任意性保险,除了法律另有规定的少数情况(如对航空、轮船、火车等旅客的人身安全保险)外,一般遵循自愿原则,是否建立保险法律关系,由当事人双方决定。

（3）二者保险金的构成和征集方式不同,前者以用工单位缴纳或财政拨款为主,并以强制方式扣交;后者主要通过合同方式征集保险基金,保险金的交纳完全由投保人自行承担。

（4）两种保险关系的当事人不同,前者的当事人是特定的,即除个体经营者外,社会保险的投保人特定为用工方,承保人为专门的社会保险经办机构,被保险人为职工（或投保的劳动者）,受益人特定为职工或其生前供养的（直系）亲属;后者的当事人则是:投保人为公民,承保人为经营性保险公司,被保险人通常是投保人或其指定的人,受益人亦可由投保人指定。

181. 五险一金的缴纳比例是多少

各地缴纳比例不一样,一般规定缴费比例如下:

（1）养老保险缴费比例:单位 20%（全部划入统筹基金）,个人8%（全部划入个人账户）;

（2）医疗保险缴费比例:单位 8%,个人 2%;

（3）失业保险缴费比例:单位 2%,个人 1%;

（4）工伤保险缴费比例:单位 1%,个人不用缴;

（5）生育保险缴费比例:单位 0.8%,个人不用缴;

（6）公积金缴费比例:根据企业的实际情况,选择住房公积金缴费比例。但原则上最高缴费额不得超过职工平均工资的 10%。2010 年下半年起,全国统一规定所有用人单位按工资的 12%办理缴纳住房公积金。单位和个人都是工资的 12%。

182. 社保的缴纳范围有哪些

（1）养老保险费的征缴范围。包括国有企业、城镇集体企业、外商投资企业、城镇私营企业和其他城镇企业及其职工,实行企业化管理的事业单位及其职工。省、自治区、直辖市人民政府根据当地实际情况,可以规定将城镇个体工商户纳入基本养老保险的范围。

（2）基本医疗保险费的征缴范围。包括国有企业、城镇集体企业、外商投资企业、城镇私营企业和其他城镇企业及其职工,国家机关及其工作人员,事业单位及其职工,民办非企业单位及其职工,社会团体及其专职人员。省、自治区、直辖市人民政府根据当地实际情况,可以规定将城镇个体工商户纳入基本医疗保险的范围。

(3)失业保险费的征缴范围。包括国有企业、城镇集体企业、外商投资企业、城镇私营企业和其他城镇企业及其职工,事业单位及其职工。省、自治区、直辖市人民政府根据当地实际情况,可以规定将社会团体及其专职人员、民办非企业单位及其职工以及有雇工的城镇个体工商户及其雇工纳入失业保险的范围。

(4)工伤保险费的征缴范围。包括中国境内的所有企业及其职工。

(5)生育保险费的征缴范围。包括城镇企业及其职工。

183. 补缴社保需要提供什么材料

(一)强制补缴材料:

(1)劳动监察责令改正通知书及补缴明细表(审计补缴或责令补缴的情况);

(2)劳动争议仲裁裁决书或法院判决书(仲裁或法院判决补缴的情况);

(3)劳动局保险科补缴审批证明(补缴 1992 年 10 月至 1998 年 6 月的;补缴保险时女满 43 岁、男满 53 岁;农转工补缴 1999 年 6 月以前的);

(4)补缴申请说明(无固定格式,说明情况即可,非必需,但是可以省一些说明的麻烦);

(5)补缴期间员工在职相关证明(如工资条首、中、尾三个月复印件);

(6)报表:《社会保险费补缴明细表》(2 份),《社会保险费补缴汇总表》(5 份);

(7)补缴申请说明需社保审批。当日现金或支票或托收缴费。

（二）由于用人单位原因，补缴社会保险的，需提供以下材料：

（1）由用人单位写出的补缴申请（需明确注明补缴时间，存在的劳动关系未缴费原因）一式三份；

（2）工资原始凭证（原件及复印件，每年头、中、尾三个月）；

（3）劳动合同（原件及复印件）；

（4）职工户口本、身份证（原件及复印件）；

（5）职工人事档案（档案在职介、人才、街道的凭介绍信提阅）；

（6）职工个人写的简历；

（7）企业营业执照复印件；

（8）填写《×××区补缴养老保险审核表》一式三份（去社保中心领）；

（9）报表：《社会保险费补缴明细表》（2 份），《社会保险费补缴汇总表》（5 份）；

（10）补缴申请说明需社保审批。

184. 补缴基数如何确定

根据《城镇职工基本养老保险补缴实施细则》要求，个人申请补缴基本养老保险时，相应年度缴费工资基数档次分为以下三档：

（1）补缴年度上一年本市职工月平均工资；

（2）补缴年度上一年本市职工月平均工资的 60%；

（3）补缴年度缴费工资基数下限。

补缴时，以本人确认的相应补缴年度缴费工资基数，分别乘以办理补缴时上一年本市职工平均工资与相应补缴年度上一年本市职工平均工资的比值（即补缴系数），作为相应补缴年度的补缴基数，按照 20% 的比例缴纳。计入个人账户部分，均以本人确认的缴费工资基数按照历年规定的比例计入。

185. 单位不给缴纳社会保险怎么办

根据劳动合同法的相关规定，用人单位没有给员工缴纳社会保险的,劳动者可以解除劳动合同,并要求用人单位支付经济补偿金。

如果用人单位没有给职工缴纳社会保险,劳动者该如何主张权利呢? 首先如果用人单位没有与劳动者签订劳动合同,劳动者要保存好与用人单位存在事实劳动关系的一些证据(如上岗证、工装、工资条等证据)。另外最好能够找到劳动者在用人单位开始工作的时间的证据,这有利于计算应缴纳保险的时间。

根据劳动合同法的相关规定,用人单位没有给员工缴纳社会保险的,劳动者可以解除劳动合同,并要求用人单位支付经济补偿金。经济补偿金按照劳动者的工作年限确定。每满一年支付一个月工资,六个月以上不满一年按一年计算,不满六个月的按半年计算(月工资是指劳动者在劳动合同解除或者终止前十二个月的平均工资)。用人单位违法解除或者终止劳动合同的用人单位应向劳动者支付双倍的经济补偿金。

劳动争议案件需要经过仲裁程序才能向法院起诉,所以劳动者只能先向当地的仲裁委提起仲裁,不服仲裁裁决或者仲裁委不予受理后可以向法院诉讼,要求用人单位缴纳社会保险,并支付经济补偿金。

186. 怎样处理社会保险纠纷问题

(1)行政处理方式。从对社会保险纠纷的性质分析中可知,对于社会保险参保纠纷、因瑕疵缴纳行为引起的纠纷及保险金发放纠纷这三种纠纷,首选采用行政处理方式比较好。首先,社会保险费用由社会劳动保险行政部门或者税务机关履行追缴职责,可以发挥业务娴熟的资源优势。社会劳动保险行政部门或者税务机关对缴费单位的缴费情况、用人情况、工资变动情况、每年的缴费基数等,都有比较及时、充分的了解和娴熟的业务技能与认知能力保障,它们能随时发现缴费单位违法缴纳保险费的情况。其次,社会劳动保险费用由社会劳动保险行政部门或者税务机关履行追缴职责强制进行追缴,符合社会保险关系正常化、规范化长期发展的趋势和规律。

（2）司法救济方式。司法实践证明，用司法诉讼或仲裁方式解决社会保险纠纷是方式之一，但如不区分各种社会保险纠纷的性质而将其一概作为劳动争议案件予以受理，效果不理想，不仅耗时耗力，而且不利于执行。因此，社会保险纠纷的性质决定了在适用司法救济方式时必须严格限定其适用范围。具体包括两种情形：一是对于社会保险赔偿纠纷应作为劳动争议案件予以受理；二是劳动者对劳动行政部门的处理不服时，可以提起行政诉讼。

（3）社会参与和监督的方式。对社会保险纠纷的解决更要完善咨询、听证、投诉、争议处理的舆论监督制度，让更多的社会组织和公民参与到纠纷的解决过程中来，使其进一步明确社会保障体系的基本导向。要充分发挥新闻媒体的作用，不断扩大法制宣传教育的深度和广度。结合劳动保障工作重点、法律法规执行中涉及的主要问题，积极向劳动者、用人单位提供劳动保障法律咨询。有条件的地方可以建立劳动保障法规政策咨询网站、咨询热线电话和专门的咨询机构，为用人单位和劳动者提供法律咨询服务，使用人单位懂得如何依法行事，使劳动者知道怎样依法维权，这将从源头上减少社会保险纠纷的产生。

二、养老保险

187. 什么是养老保险

养老保险是社会保障制度的重要组成部分，是社会保险五大险种中最重要的险种之一。养老保险（或养老保险制度）是国家和社会根据一定的法律和法规，为解决劳动者在达到国家规定的解除劳动义务的劳动年龄界限，或因年老丧失劳动能力退出劳动岗位后的基本生活而建立的一种社会保险制度。

188. 养老保险有哪些类型

养老保险有三和基本类型。

(1)基本养老保险。基本养老保险是国家根据法律、法规的规定,强制建立和实施的一种社会保险制度。在这一制度下,用人单位和劳动者必须依法缴纳养老保险费,在劳动者达到国家规定的退休年龄或因其他原因而退出劳动岗位后,社会保险经办机构依法向其支付养老金等待遇,从而保障其基本生活。基本养老保险基金的筹集采用传统型的基本养老保险费用的筹集模式,即由国家、单位和个人共同负担;基本养老保险基金实行社会互济;在基本养老金的计发上采用结构式的计发办法,强调个人账户养老金的激励因素和劳动贡献差别。

(2)企业补充养老保险。企业补充养老保险是指由企业根据自身经济实力,在国家规定的实施政策和实施条件下为本企业职工所建立的一种辅助性的养老保险。

(3)职工个人储蓄性养老保险。职工个人储蓄性养老保险是我国多层次养老保险体系的一个组成部分,是由职工自愿参加、自愿选择经办机构的一种补充保险形式。由社会保险机构经办的职工个人储蓄性养老保险,由社会保险主管部门制定具体办法,职工个人根据自己的工资收入情况,按规定缴纳个人储蓄性养老保险费,记入当地社会保险机构在有关银行开设的养老保险个人账户,并应按不低于或高于同期城乡居民储蓄存款利率计息,以提倡和鼓励职工个人参加储蓄性养老保险,所得利息记入个人账户,本息一并归职工个人所有。职工达到法定退休年龄经批准退休后,个人储蓄性养老保险金一次性支付或分次支付给本人。

189. 如何缴纳养老保险

(一)购买养老保险缴费数额计算方法

(1)企业缴费额=核定的企业职工工资总额×20%;职工个人

缴费额＝核定缴费基数×8％(目前为8％)。

(2)个体劳动者(包括个体工商户和自由职业者)缴费额＝核定缴费基数×18％。例如,2003年4月河北省公布的2002年度省社保平工资为每月747元,因此缴费基数可以在747～2241元自主选择(即省社保平工资每月747元的100％～300％选择缴费)。全年缴费金额最少为:747×18％×12＝1613.5元,最多为:2241×18％×12＝4840.6元。

(二)基本养老保险缴费的比例

比例分为以企业参保和以个体劳动者参保两类。

(1)各类企业按职工缴费工资总额的20％缴费,职工按个人缴费基数的7％缴费(2003年为7％,两年提高一个百分点,最终到8％)。职工应缴部分由企业代扣代缴。

(2)劳动者包括个体工商户和自由职业者按缴费基数的18％缴费,全部由自己负担。

(三)养老保险缴费基数的确定

核定缴费基数以河北省上年度职工社会平均工资(简称省社平工资)为基准。

(1)企业职工凡工资收入低于省社平工资60％的,按60％核定缴费基数;高于省社平工资60％的,按实际工资收入核定缴费基数,但是最高不得高于省社平工资的300％。

(2)劳动者可以在省社平工资以上至300％的范围内,自主确定缴费基数。

190. 养老保险缴费年限是多长时间

缴费年限包括实际缴费年限和视同缴费年限。实际缴费年限是指企业和职工个人按规定向社会保险机构共同缴纳养老保险费的年限。具体地说,固定职工从1993年1月起开始个人缴费;劳动合同制职工从1986年10月起开始缴费;临时工从1990年3月起开始缴费。职工的实际缴费年限在职工退休时由当地社会保险机构按照养老保险台账和《职工养老保险手册》的记载据实核定。视同缴费年限,是指在实行企业和职工个人共同缴费的养老保险制度之前,按照国家和省有关规定计算的连续工龄或工作年限。视同缴费年限由同级劳动保障行政部门按有关规定认定。

(1)1996 年 1 月 1 日后参加工作的职工,到达法定退休年龄时,缴费年限累计不满 15 年的,退休后不享受按月领取养老金待遇,个人账户储存额一次性支付给本人,同时终止养老保险关系。

(2)1995 年 12 月 31 日前参加工作的职工,于 1998 年 1 月以后退休的,到达法定退休年龄时,缴费年限满 10 年不满 15 年的,按规定可以补缴到 15 年,退休时可以按月计发基本养老金。

(3)1995 年 12 月 31 日前参加工作,到达法定退休年龄时,缴费不满 10 年的,不能补缴。除按规定将个人账户储存额一次性支付给本人外,另按本人建立账户之前的缴费年限(含视同缴费年限)每满一年发给本人两个月指数化月平均缴费工资。

191. 缴费不足 15 年能否享受养老保险

《中华人民共和国社会保险法》(以下简称《社会保险法》)第十六条规定:"参加基本养老保险的个人,达到法定退休年龄时累计缴费不足 15 年的,可以缴费至满 15 年,按月领取基本养老金;也可以转入新型农村社会养老保险或者城镇居民社会养老保险,按照国务院规定享受相应的养老保险待遇。"

国发〔1997〕26 号文件和国发〔2005〕38 号文件规定,参保人员达到法定退休年龄时累计缴费不足 15 年的,"一次性领取个人账户储存额,终止基本养老保险关系"。实践中,确有部分人员因种种原因,到退休时累计缴费不足 15 年,无法按月领取基本养老金和享受其他养老保险待遇。《社会保险法》对这项政策做了重大完善,一是允许个人缴费至满 15 年,二是可以转入新型农村社会养老保险制度或城镇居民社会养老保险制度,按国务院规定享受相应的养老保险待遇。参保个人可根据自身实际,确定获得养老保险长期待遇的途径。

192. 个人如何缴纳基本养老保险费

职工个人一般以上一年月平均工资作为个人缴纳养老保险费的工资基数（也有按上月工资作为缴费基数的）。月平均工资应按国家统计局规定列入工资总额统计的项目计算，其中包括工资、奖金、津贴、补贴等收入。月平均工资低于当地职工月平均工资60%的，按60%计入；高于当地职工平均工资300%的部分不计入缴费工资基数，也不计入计发养老金的基数。个人缴费不计征个人所得税，由企业在发放工资时代为扣缴，已离退休人员不缴纳养老保险费。

193. 如何确定基本养老保险费缴费基数

（1）基本养老保险费个人缴费基数为职工本人上月档案工资，包括：职务（技术等级）工资和按国家规定比例计算的津贴之和，含教龄、护龄津贴或军队服务津贴、事业单位年终一次性奖金等；国家、省、市规定的各项补贴。

单位缴费基数为全部职工个人缴费基数之和。

（2）参保职工实发工资低于本人档案工资的，以本人档案工资作为缴费基数。

（3）参加基本养老保险统筹的事业单位，医疗保险、失业保险、工伤保险、生育保险缴费基数按照养老保险缴费基数执行，并实行五项社会保险统一缴纳。

（4）参保单位和职工的缴费基数由社会保险经办机构每年进行核定。

194. 个体工商户如何缴养老保险

个体工商户业主以不低于上年度市职工月平均工资为基数的19%缴纳养老保险费；雇工以月实际工资收入为基数，按其基数的

19％缴纳,其中由用人单位负担 11％,雇工本人负责 8％。最低缴费基数不得低于上年度市职工月平均工资的 40％,缴费基数超过上年度市职工月平均工资 300％的,超过部分不作为缴费基数。

195. 出国定居人员可以一次性领取基本养老金吗

(1)企业职工经批准出国定居的,出国前已参加城镇企业职工基本养老保险,待其达到法定退休年龄时,可以按规定办理退休;如本人愿意,可以一次性领取基本养老金并终止基本养老保险关系。缴费年限不满 15 年的,应一次性领取基本养老金并终止基本养老保险关系。

(2)参加城镇企业职工基本养老保险的离退休人员在领取基本养老保险待遇后出境定居的,其基本养老保险待遇可以继续领取。也可以按领取人的意愿,由领取人指定的代领人代领,或者存放在社会保险经办机构。

196. 从事特殊工种人员领取养老金需要哪些条件

特殊工种提前退休审批工作,采取以区、县劳动保障行政部门审核,市劳动保障行政部门最终审批为主,市劳动保障行政部门直接审批为辅的方法进行审批。

凡符合特殊工种提前退休条件的职工,可向企业提出提前退休申请,企业按照规定的审批工作要求,对申报职工的原始档案及相关资料进行自查,对于由区县劳动行政部门审核的,企业将相关资料报区、县劳动保障行政部门审核后,报市劳动保障部门审批;对于市劳动保障行政部门直接审批的,由企业将相关资料报主管部门审核后,报市劳动保障行政部门审批。

男年满 55 周岁、女年满 45 周岁,1992 年年底前参加工作的连续工龄和 1993 年以后的缴费年限满 10 年(不含折算工龄),1993年以后参加工作的缴费年限满 15 年,且从事国家和本市有关部门认定的特殊工种年限符合规定条件的。

其中,从事高空和特别繁重体力劳动工作累计满 10 年;从事井下、高温工作累计满 9 年;从事其他有害身体健康工作累计满 8 年。

197. 劳改刑满释放人员养老保险缴费年限如何计算

(1)被判刑或者劳动教养前已经参加企业基本养老保险社会统筹的刑释解教人员,应按规定缴纳基本养老保险费,其基本养老保险关系按规定接续。达到国家法定退休年龄时,按基本养老保险统一规定享受基本养老保险待遇。

被判处拘役、管制并剥夺政治权利以及有期徒刑及以上刑罚的刑释人员,其缴费年限从本人随所在企业在当地参加基本养老保险社会统筹时计算(被判刑期间不计算缴费年限)。

被判处有期徒刑缓期执行、劳动教养、管制但未剥夺政治权利的人员,其参保前按国家规定计算为连续工龄的工作年限,可视同缴费年限(劳教期间不计算缴费年限)。

(2)被判刑或者劳动教养前未参加企业基本养老保险社会统筹且已解除劳动关系的刑释解教人员,从参保时计算缴费年限,个人不得以事后补缴的方式增加缴费年限。

198. 养老保险个人账户储存额如何继承

在实行社会统筹和个人账户相结合的地区,如果已缴纳一定保险费的职工在退休前死亡,或退休后死亡,其个人账户中的个人缴费部分尚未支取完的,其个人账户中的个人缴费部分或个人缴费的余额,被保险人在职或退休后死亡,个人账户余额中的个人缴费部分及其利息可以由被保险人生前指定的受益人或法定继承人继承。实行社会统筹和个人账户相结合之前,职工个人缴纳的保险费不能继承。劳办发[1997]116 号文件规定,职工在职期间死亡时,其继承额为其死亡时个人账户全部储存额中的个人缴费部分本息;离退休人员死亡时,由于退休人员去世前个人账户储存额已支付了一部分个人账户养老金,因此个人账户储存额的继承部分是支付一定时期个人账户养老金后的个人缴费本息余额。其计算公式为：

继承额＝离退休人员死亡时个人账户余额×离退休时个人账户中个人缴费本息占个人账户全部储存额的比例。

继承额一次性支付给死亡者生前指定的受益人或法定继承人，个人账户中的余额部分，并入社会统筹基金。个人账户处理完毕后，应停止缴费或支付记录，予以封存。

三、医疗保险

199. 什么是医疗保险

医疗保险指通过国家立法，按照强制性社会保险原则，及"以收定支，收支平衡，略有结余"的筹资原则，运用医疗资金，保证人们公平地获得适当的医疗服务的社会保险制度。换言之，医疗保险就是当劳动者生病或受到伤害后，由国家或社会提供医疗服务或经济补偿的一种社会保障制度。

根据国务院关于建立城镇职工基本医疗保险制度的有关规定，城镇职工基本医疗保险制度的覆盖范围为：城镇所有用人单位，包括企业（国有企业、集体企业、外商投资企业、私营企业等）、机关、事业单位、社会团体、民办非企业单位及其职工。乡镇企业及其职工、城镇的经济组织业主及其从业人员是否参加基本医疗保险，由各省、自治区、直辖市人民政府决定。

医疗保险费由用人单位和个人共同缴纳。用人单位缴费率控制在职工工资总额的8%左右，职工缴费率一般为本人工资收入的2%。退休人员参加基本医疗保险，个人不缴纳基本医疗保险费。对退休人员个人账户的计入金额和个人负担医疗费的比例给予适当照顾。

200. 哪些人必须参加基本医疗保险

按照国务院规定，职工基本医疗保险制度覆盖城镇所有用人单位包括企业(国有企业、私营企业等)、机关、事业单位、社会团体、民办非企业单位及其职工。

必须参加城镇职工基本医疗保险的单位和职工,既包括机关事业单位也包括城镇各类企业,既包括国有经济也包括非国有经济单位,既包括效益好的企业也包括困难企业。这是目前我国社会保险制度中覆盖范围最广的保险制度之一。目前我国已基本形成城市、农村各类人员基本医疗保险全覆盖。

201. 个人如何缴纳基本医疗保险费

首先,各统筹地区要确定一个适合当地职工负担水平的个人基本医疗保险缴费率,一般为工资收入的 2%,有条件的地区也可以适当提高个人缴费的比例。

其次,由个人以本人工资收入为基数,按规定的当地的个人缴费率缴纳基本医疗保险费。在个人缴费基数,应该指出不是按本人基本工资或标准工资为基数,而是按国家统计局规定的工资收入统计口径为基数,即以全部工资性收入,包括各类奖金、劳务收入和实物收入等所有工资性收入为基数,乘以规定的个人缴费率,即为本人应缴纳的基本医疗保险费。

最后,个人缴费一般不需个人到社会保险经办机构去缴纳,而是由单位从工资收入中代扣代缴。

202. 退休人员要缴医疗保险费吗

按照有关规定,退休职工个人除不缴纳医疗保险费外,还规定了单位缴费划入个人账户的金额和个人负担医疗费用的比例给予照顾。

规定退休人员不需缴纳基本医疗保险费。一是社会医疗保险的性质决定的,社会医疗保险要体现互助共济,健康人帮助生病的人,退休职工一般患病较多,是需要社会照顾的脆弱人群。

二是为了均衡企业负担,为企业提供公平竞争的机会,参与市场竞争。

三是考虑到退休人员在以前的工作期限间,已经为社会做出了贡献,退休后收入低,特别是现在已经退休的职工,没有足够的用于医疗支出的积累,医疗负担较重。

203. 什么是商业医疗保险

商业医疗保险是医疗保障体系的组成部分,单位和个人自愿参加。国家鼓励用人单位和个人参加商业医疗保险。消费者以一定数额缴纳保险金,遇到重大疾病时,可以从保险公司获得一定数额的医疗费用。商业医疗保险主要包括:

(1)意外伤害医疗保险。该险种负责被保险人因遭受意外伤害支出的医疗费,作为意外伤害保险的附加责任。保险金额可以与基本险相同,也可以另外约定。一般采用补偿方式给付医疗保险金,不但要规定保险金额即给付限额,还要规定治疗期限。

(2)住院医疗保险。该险种负责被保险人因疾病或意外伤害需要住院治疗时支出的医疗费,不负责被保险人的门诊医疗费,既可以采用补偿给付方式,也可以采用定额给付方式。

(3)手术医疗保险。该险种属于单项医疗保险,只负责被保险人因施行手术而支出的医疗费,不论是门诊手术治疗还是住院手术治疗。手术医疗保险可以单独承保,也可以作为意外保险或人寿保险的附加险承保。采用补偿方式给付的手术医疗保险,只规定作为累计最高给付限额的保险金额,定额给付的手术医疗保险,保险公司只按被保险人施行手术的种类定额给付医疗保险费。

(4)普通医疗保险。该险种是医疗保险中保险责任最广泛的一种,负责被保险人因疾病和意外伤害支出的门诊医疗费和住院医疗费。普通医疗保险一般采用团体方式承保,或者作为个人长期寿险的附加责任承保,一般采用补偿方式给付医疗保险金,并规定每次最高限额。

(5)特种疾病保险。该险种以被保险人患特定疾病为保险事故。当被保险人被确诊为患某种特定疾病时,保险人按约定的金额给付保险金,以满足被保险人的经济需要。一份特种疾病保险的保单可以仅承保某一种特定疾病,也可以承保若干种特定疾病。可以单独投保,也可以作为人寿保险的附加险投保,一般采用定额给付方式,保险人按照保险金额一次性给付保险金,保险责任即终止。

四、失业保险

204. 什么是失业人员

失业人员是指在劳动年龄内有劳动能力,目前无工作,并以某种方式正在寻找工作的人员。包括就业转失业的人员和新生劳动力中未实现就业的人员。现阶段的年龄界限是指男年满十六周岁、不满六十周岁,女年满十六周岁、不满五十周岁,有劳动能力,没有职业或者没有经济收入,并要求寻找职业的人员,主要包括:

(1)初中以上各类学校毕(结)业生未继续升学或者就业的人员;

(2)经教育行政部门批准退学,且没有就业的人员;

(3)与用人单位终止、解除劳动(聘用)合同或者工作关系的人员;

(4)被用人单位辞退或者开除、除名的人员;

(5)解除劳动教养和刑满释放的人员;

(6)符合失业人员定义的其他失业人员。

《失业保险条例》所指失业人员只限定为就业转失业的人员。根据有关规定,我国目前的法定劳动年龄是16～60岁,体育、文艺和特种工艺单位按照国家规定履行审批程序后可以招用未满16周岁的未成年人。对企业中男年满60周岁、女年满50周岁的职工和机关事业单位中男年满60周岁、女年满55周岁的职工实行退休制度,对从事有毒、有害工作和符合条件的患病、因工致残职工可以降低退休年龄。按照上述规定,在法定劳动年龄内的人员都可以寻求职业,从事社会生产经营等活动,并取得合法收入。

205. 什么是失业保险

失业保险是职工在暂时失去工作或转换职业期间,没有经济收入,生活发生困难时,由政府提供物质帮助的一项社会福利制度。政府建立失业保险基金,并以税收优惠的形式负担部分费用,职工和用人单位按工资收入的不同比例,按月向社会保险经办机构缴费,职工失业后,可持有关证明,向当地劳动就业机构申请领取政府的失业救济金。

根据国际惯例和我国的基本国情,我国的失业保险是由国家法律规定的,通过建立失业保险基金,使失业人员在失业期间获得必要的经济帮助,保证其基本生活,并通过转业训练、职业介绍等手段为其重新就业创造条件的一种社会保险制度。

206. 失业保险金包括哪些内容

(1)失业保险待遇期间的医疗补助金。享受失业保险待遇期间的医疗补助金是失业保险的待遇之一,它一般采取门诊费定额补助和住院费按比例补助的办法,具体标准和申领程度由各地根据情况确定。一般情况下,门诊补助为每月 10～30 元,随失业保险金一同发放;住院补助一般按比例报销,报销比例在实际费用的 50％～70％,但一些地方对报销总额有上限的规定。

另外,如具失业人员在领取失业保险金期间患危重病,除按前款规定给予补助后,个人及其家庭负担仍然有困难的,可给予一次性补助,补助标准不超过本人应领取失业保险金总额的 200％。有的地方还规定,符合计划生育政策的妇女,在领取失业保险金期间生育的,可以领取生育补助金,数额一般为本人月失业保险金标准的 3～4 倍。

(2)失业者本人死亡的,其丧葬补助金及其供养的配偶、直系亲属的抚恤金。享受失业保险待遇期间,如果失业者本人死亡的,可以领取死亡人员的丧葬费补助和其供养的配偶、直系亲属的抚恤金。丧葬补助一般参照当地在职职工的标准发放;抚恤金根据被供养的人数确定发放数额,基数一般为失业人员死亡前本人的失业保险金标准。

(3)失业人员接受职业介绍和职业培训的补助。享受失业保险待遇期间,失业人员还可接受职业介绍和职业培训的补助,这两项补助的标准和发放办法由各省、区、市确定。通常的做法有两种:一是确定具体补助数额。如在领取期内,可以报销 500 元的培训费、100 元的职业介绍费,超过部分由失业人员个人负担。二是规定次数,不限金额。如可以享受两至三次免费职业介绍,一次职业培训等。

207. 怎样缴纳失业保险费

(1)单位按本单位职工上年度月平均工资总额的 2% 缴纳;职工个人按本人上年度月平均工资收入的 1% 缴纳,由所在单位按月从工资中代扣代缴。

(2)职工工资低于所在地上年度社会平均月工资 60% 的,以所在地职工月平均工资的 60% 作为缴费基数;职工工资基数高于当地上年度社会平均月工资 300% 的,以当地上年度社会平均月工资 300% 作为缴费基数,超过部分单位和职工个人不再缴费。

(3)农民合同制工人本人不缴纳失业保险费。企业缴纳的失业保险费在所得税前列支;事业单位、社会团体、民办非企业单位缴纳的失业保险费在本单位社会保险费中列支。

职工个人缴纳的失业保险费不计入个人当期薪金收入,免征个人所得税。

208. 失业保险费缓缴的情形有哪些

单位出现下列情形之一暂时无力缴纳的,由单位提出申请,经当地劳动保障行政部门批准,核定缓缴期限下发缓缴通知书后,方可缓缴：

（1）经营困难连续 3 个月未发给职工工资（含生活费）的；

（2）单位濒临破产，在法定整顿期限内的；

（3）单位因自然灾难造成严重损失，无法正常生产经营，处于停产期间的。

缓缴期限自核准之日起最长不超过 6 个月。期满无正当理由仍不缴纳的，自缓缴期满之日起按日加收 2‰的滞纳金。

拒不缴纳失业保险费、滞纳金的，由地方税务机关申请人民法院依法强制征缴。

失业保险费不得减免。解散、关闭、破产或者被撤销的单位，应自公告之日起 15 日内，书面通知失业保险关系所在的劳动保障行政部门参加财产清算，依法从资产变现收益中清偿欠缴的失业保险费。

企业经营权或者所有权变更的，应当清偿欠缴的失业保险费；未清偿的，由取得经营权或者所有权的一方负责缴清。法人资格灭失的单位，当月起停止缴纳失业保险费。

209. 失业保险费可以减免吗

失业保险是一种强制性的社会保险，权利和义务对等，单位和个人一律平等，不能有任何特殊，因此，失业保险费不能减少，更不能免缴。如果单位遇到法律法规规定的情况时，无法及时缴纳失业保险费时，应按规定提前办理手续，申请缓缴。缓缴期最长不超过 3 个月，期满应及时补交欠费。

不及时办理缓缴手续或缓缴申请未获批准的，按欠费对待，将依法受到处罚。缓缴期间，暂停本单位人员享受失业保险待遇。

210. 领取失业保险金的期限是多长

失业保险金，是指失业保险经办机构依法支付给符合条件的失业人员的基本生活费用，是对失业人员在失业期间失去工资收入的一种临时补偿,目的是为了保障失业人员的基本生活需要。失业保险金依法从失业保险基金中列支。

按照《失业保险条例》规定,失业人员领取失业保险金的期限,根据失业人员失业前所在单位和其本人累计缴费时间长短的不同,划分为三个档次:

(1)累计缴费时间满 1 年不足 5 年的,最长能够领取 12 个月的失业保险金;

(2)累计缴费时间满 5 年不足 10 年的,最长能够领取 18 个月的失业保险金;

(3)累计缴费时间 10 年以上的,最长能够领取 24 个月的失业保险金。

《失业保险条例》中关于缴费时间满 1 年不足 5 年的,领取失业保险金的最长期限为 12 个月的规定,不能理解为缴费时间达到上述要求的失业人员都能领取 12 个月的失业保险金。在具体操作中,各地可以在同一档次内,根据失业人员缴费时间的长短,相应拉开其领取失业保险金期限的差距。例如,失业人员失业前,累计缴费时间满 1 年不满 2 年的,可以领取 6 个月的失业保险金;累计缴费时间每增加 1 年,领取失业保险金的期限增加 2 个月;但最长不得超过 12 个月。至于具体档次如何划分,由各地根据实际情况确定。对享受期限 18 个月和 24 个月的规定,也可以照此划分具体档次。

211. 失业保险待遇包括哪些内容

失业保险待遇是指具备申领失业保险待遇的人员,在失业和办理失业登记后可享受的经济待遇。失业保险待遇主要包括:失业保险金、医疗补助金、丧葬补助金和抚恤金等。

失业保险基金直接用于失业职工的部分包括:失业职工的失业救济金;失业职工在领取失业救济金期间的医疗费、丧葬补助费,其供养的直系亲属的抚恤费、救济费;经省、自治区、直辖市人民政府批准,解决失业职工生活困难的其他费用。除上述可以货币形式得

到的保险待遇外，失业职工还可以在参加转业训练和生产自救方面
获得必要的帮助，以提高自身素质，尽快实现再就业。

（1）失业保险金。失业保险金由社会保险经办机构按月发放，
失业人员凭社会保险经办机构开具的领取失业保险金的单证，到指
定银行领取。失业保险金的标准，由各省、市人民政府按照低于当
地最低工资标准、高于城市居民最低生活保障标准的原则确定，一
般为上年度当地职工最低工资标准的80％。

（2）医疗补助金。失业人员在领取失业保险金期间患病就医
的，可以向社会保险经办机构社区领取医疗补助金。医疗补助金的
标准由各省、市人民政府规定。如某市人民政府规定，失业人员在
领取失业保险金期间患病，到指定医院就医，可以补助其应领取失
业保险金总额的60％～80％的医疗补助金。

（3）丧葬补助及抚恤金。失业人员在领取失业保险金期间死亡
的，各地失业保险经办机构应当参照当地对在职职工有关发放丧葬
费和抚恤金的规定，给予失业人员家属一次性补助。失业人员死亡
后，其尚未领取的失业保险金不能由其家属继承。但失业人员死亡
前发生的医疗费用，可以按照规定由失业保险经办机构给予补助。
其标准各省市也不相同，以各地区的规定为准。

根据《失业保险条例》的规定，失业人员在领取失业保险金期间
死亡的，应当参照当地对在职职工的规定，对其家属一次性发给丧
葬补助金和抚恤金。在职职工死亡待遇主要包括两部分，一是丧葬
补助费。这是为了减轻职工家属因办丧事而增加的经济负担，由死
亡职工生前所在单位给予一次性补助。二是抚恤金。这是为了保
证由死亡职工供养的直系亲属不因供养人死亡而断绝生活来源，由
死亡职工生前所在单位按被供养人数给予的基本生活费用。这两
项待遇的标准各地不同。

（4）生活补助金。《失业保险条例》第二十一条规定，单位招用
的农民合同制工人连续工作满1年，本单位并已缴纳失业保险费，劳
动合同期满不续订或者提前解除劳动合同的，由社会保险经办机构

根据其工作时间长短,对其支付一次性生活补助。补助的办法和标准由省、自治区、直辖市人民政府规定。按照规定,农民合同制工人本人不需要缴纳失业保险费,但也存在失业问题,失业保险条例的上述规定,是对农民合同制工人的一种照顾。

(5)职业培训和介绍补贴。失业人员在领取失业保险金期间,接受职业培训、职业介绍的费用,可由失业保险基金给予补贴。失业保险经办机构认可的培训机构对失业人员进行职业培训的,可以由失业保险经办机构根据培训的实际效果和有关凭证,向职业培训机构或者失业人员支付培训补贴。其培训补贴标准每人最高不得超过 24 个月失业保险金的 10%。

失业人员通过失业保险经办机构认可的职业介绍机构介绍,与用人单位签订 1 年以上期限劳动合同的,失业保险经办机构凭有关凭证,向职业介绍机构支付职业介绍补贴,补贴标准每人最高不得超过 24 个月失业保险金的 8%。

212. 领取失业保险金有哪些程序

(1)在当地的社保部门办理失业报备。办理方是公司,在与职工解除劳动合同的前 15 天到缴纳失业保险的社保局办理。

(2)办理领取失业金的条件是:公司为自愿缴纳失业保险金的时间超过一年。而失业的原因不是个人造成的,在这之前办理了失业登记,并且还要有再就业要求,最后一个条件就是个人愿意接受关于再就业的培训。

(3)用人单位需要向社保部门递交几项材料,方可办理失业报备:解聘通知书、失业证明(4 联)、失业登记表(2 份)、公司致社保局例行公文,以上均要求出具社保局统一格式的材料。

(4)在办理了失业登记之后,是社保部门对失业的审查时间。审查合格之后,失业人员要前去参加再就业培训,领取失业金,办理下岗证。领取时间是这样规定的:交一年可领取三个月,在此基础上每多交一年可多领取两个月。关于失业期间的医疗保险,在领取失业保险金的期间,可以报销六成到八成的医药费。

(5)失业人员个人还有一些后续手续要办理,到社保部门去提交一些文件材料办理手续之后才能开始领取失业保险金。

213. 申请失业保险金需满足什么资格

具备下列条件的失业人员,可以领取失业保险金,并同时按规定享受其他各项失业保险待遇:

(1)按照规定参加失业保险,所在单位和本人已按照规定履行缴费义务满一年的;

(2)非因本人意愿中断就业的;

(3)已依法定程序办理失业登记的;

(4)有求职要求,愿意接受职业培训、职业介绍的。

214. 劳动者非因本人意愿中断就业包括哪些情形

(1)终止劳动合同的;

(2)被用人单位解除劳动合同的;

(3)因用人单位不按规定提供劳动条件,提出解除劳动合同的;

(4)因用人单位以暴力、胁迫或者限制人身自由等手段强迫劳动,提出解除劳动合同的;

(5)因用人单位克扣、拖欠工资,或者不按规定支付延长工作时间劳动报酬,提出解除劳动合同的;

(6)因用人单位低于当地最低工资标准或者集体劳动合同约定的工资标准支付工资,提出解除劳动合同的;

(7)因用人单位扣押身份、资质、资历等证件,提出解除劳动合同的;

(8)因用人单位未依法缴纳社会保险费,提出解除劳动合同的;

(9)法律、法规另有规定的。

215. 领取失业保险金应提交哪些材料

符合领取失业保险金条件的失业人员,失业60日之内到失业保

险经办机构办理失业保险金申领手续,填写《失业保险金申领登记表》,并带齐以下证件和资料:

(1)本人的居民身份证原件及复印件;

(2)原单位出具的终止或者解除劳动(工作)关系的证明及复印件;

(3)户口所在地或居住地社区劳动保障站(中心)开出的《失业证》或办理《失业证》的证明;

(4)本人一寸免冠近照三张。

办理完登记后,失业人员本人于每月20日前持《失业保险金领取证》和身份证到经办机构办理领取手续,每月25日后到银行领取当月失业保险金。未签字报告本人就业状况的,停发当月失业保险金和门诊医疗费。农民合同工一次性领取生活补助金。

第一次办理失业登记的失业人员于当月26日到经办机构领取存折(若26日是双休日,则向后顺延)。

216. 失业人员如何申领医疗补助金

失业人员在领取失业保险金期间患病就医的,可以按照规定向社会保险经办机构申请领取医疗补助金。医疗补助金的标准由省、自治区、直辖市人民政府规定。

失业人员在领取失业保险金期间患病就医的,尽管可以在其医疗保险个人账户节余中支付,由于此时失业人员已不缴纳医疗保险费,其医疗保险账户余额必然数量有限,很难保障失业人员在领取失业保险金期间的基本医疗需求。为此,《失业保险条例》规定失业保险基金的支出项目应包括对失业人员就医的医疗补助金。失业人员在领取失业保险金期间患病就医的医疗补助金标准的确定,《失业保险条例》授权由省、自治区、直辖市人民政府规定。各地可以根据当地失业保险基金的承受能力和失业人员的实际状况,确定本地区的医疗补助金标准。符合条件的失业人员可以按照本地区的规定到当地社会保险经办机构申请领取医疗补助金。

217. 失业人员能报销医疗费吗

失业期间,失业人员一般不报销医疗费,实行医疗补助。失业人员每月可以领取相当于本人失业保险金月标准10%的门诊医疗补助金。失业人员失业前已参加基本医疗保险的,经本人书面申请可继续参保,领取失业保险金期间,基本医疗保险费由失业保险基金支付,参加基本医疗的失业人员不再享受门诊和住院医疗补贴。如失业人员原有的医疗保险缴费期未满,可在其缴费期满后按领取失业保险金期限续缴医疗保险费。此项费用列医疗补助金支出。女性失业人员符合计划生育政策的,一次性发给本人当月领取失业保险金5倍的医疗补助金;符合计划生育政策,施行计划生育手术及治疗的,一次性以给本人当月领取失业保险金2倍的医疗补助金。

218. 什么情况下终止失业保险待遇

根据有关规定,有以下情况应终止失业保险待遇。

(1)重新就业。重新就业后,失业人员的身份发生了根本变化,从失业人员转变为从业人员,已不属于失业保险的保障范围,且其就业后,可以获得稳定的收入,生活有了保障。

(2)应征服兵役。根据有关规定,18周岁以上并符合其他条件的我国公民可以参加人民解放军或武装警察部队。失业人员在享受失业保险待遇期间,符合条件的,可以应征服兵役。服役后,已不再具有失业人员身份,不能继续享受失业保险待遇。

(3)移居境外。随着国际交往的增加,我国公民移居其他国家的数量逐年增多。失业人员在享受失业保险待遇期间移居境外,不论其是否在国外就业,因其已超出我国失业保险的地域管辖范围,应停止其享受失业保险待遇。

(4)享受基本养老保险待遇。根据养老保险的有关规定,失业人员失业前参加基本养老保险并按规定缴费的,在其享受失业保险待遇期间,养老保险关系暂时中断,其缴费年限和个人账户可以存续,待重新就业后,应当接续养老保险关系。失业人员达到退休年龄时可以从享受失业保险直接过渡到享受养老保险,按其缴费年限享受养老保险待遇,基本生活由养老保险金予以保障,在这种情况下,应当停止其享受失业保险待遇。

(5)被判刑收监执行或者被劳动教养。失业人员在享受失业保险待遇期间,触犯刑律构成犯罪的,或违反有关行政法规给予行政处罚的,应根据对其处罚结果确定是否停止其享受失业保险待遇。对被判刑收监执行或者被劳动教养的,不存在基本生活问题,应停止其享受失业保险待遇;对判处缓刑或其他行政处罚的,应当继续支付失业保险待遇。

(6)无正当理由,拒不接受当地人民政府指定的部门或者机构介绍工作的。建立失业保险制度的目的是为了保障失业人员的基本生活,促进失业人员再就业。在保障失业人员基本生活的同时,政府和社会还应根据失业人员自身特点、求职意愿和市场需求,为其提供就业服务,创造就业条件。在这种情况下,失业人员应主动接受政府和社会提供的就业岗位,尽快实现再就业。这不仅可以从根本上解决失业人员的基本生活问题,也可以减轻失业保险基金不必要的支出,增强承受能力。为了鼓励失业人员尽快实现再就业,对无正当理由,拒不接受当地人民政府指定的部门或者机构介绍的工作的,停止其享受失业保险待遇。

(7)法律、行政法规规定的其他情形。这是一条概括性规定,主要是考虑到出现上述情形以外的情况,确需停止失业人员享受失业保险待遇时,可由法律、行政法规另行规定。从目前的情况看,法律、行政法规尚未规定其他情形。这一规定还表明,除法律、行政法规有权规定停止享受失业保险待遇的情形外,部门规章、地方性法规和地方规章及政策均不能对此作出规定。

失业人员对失业保险经办机构违反本规定擅自终止其失业保险待遇的,有权向劳动和社会保障行政部门申请行政复议,对复议决定不服的,可以向人民法院提起诉讼。

五、工伤保险

219. 什么是工伤保险

工伤保险是指国家和社会为在生产、工作中遭受事故伤害和患职业病的劳动者及其亲属提供医疗救治、生活保障、经济补偿、医疗和职业康复等物质帮助的一种社会保障制度。

工伤所造成的直接后果是伤害到职工的生命和健康,并由此造成职工及其家庭成员的精神痛苦和经济损失,劳动者的生命健康权、生存权和劳动权利受到影响、损害甚至被剥夺。2003 年 4 月,国务院制定公布《工伤保险条例》,2010 年 12 月,国务院对该条例进行了修订。《工伤保险条例》规定企业应当按照国家和当地人民政府的规定参加工伤保险,按照足额缴纳工伤保险费,按照办法和当地人民政府规定的标准保障职工工伤保险待遇。

工伤保险费由企业按照职工工资的一定比例缴纳,职工个人不缴纳工伤保险费。

220. 哪些算工伤

根据《工伤保险条例》第十四条规定,职工有下列情形之一的,应当认定为工伤:

(一)在工作时间和工作场所内,因工作原因受到事故伤害的;

(二)工作时间前后在工作场所内,从事与工作有关的预备性或者收尾性工作受到事故伤害的;

(三)在工作时间和工作场所内,因履行工作职责受到暴力等意外伤害的;

(四)患职业病的;

(五)因工外出期间,由于工作原因受到伤害或者发生事故下落不明的;

（六）在上下班途中，受到非本人主要责任的交通事故或者城市轨道交通、客运轮渡、火车事故伤害的；

（七）法律、行政法规规定应当认定为工伤的其他情形。

《工伤保险条例》第十五条规定，职工有下列情形之一的，视同工伤：

（一）在工作时间和工作岗位，突发疾病死亡或者在48小时之内经抢救无效死亡的；

（二）在抢险救灾等维护国家利益、公共利益活动中受到伤害的；

（三）职工原在军队服役，因战、因公负伤致残，已取得革命伤残军人证，到用人单位后旧伤复发的。

职工有前款第（一）项、第（二）项情形的，按照本条例的有关规定享受工伤保险待遇；职工有前款第（三）项情形的，按照本条例的有关规定享受除一次性伤残补助金以外的工伤保险待遇。

《工伤保险条例》第十五条规定，职工符合本条例第十四条、第十五条的规定，但是有下列情形之一的，不得认定为工伤或者视同工伤：

（一）故意犯罪的；

（二）醉酒或者吸毒的；

（三）自残或者自杀的。

221. 提出工伤认定申请应提交哪些材料

根据《工伤保险条例》第十八条规定，提出工伤认定申请应当提交下列材料：

（一）工伤认定申请表；

（二）与用人单位存在劳动关系（包括事实劳动关系）的证明材料；

（三）医疗诊断证明或者职业病诊断证明书（或者职业病诊断鉴定书）。

工伤认定申请表应当包括事故发生的时间、地点、原因以及职工伤害程度等基本情况。

工伤认定申请人提供材料不完整的,劳动保障行政部门应当一次性书面告知工伤认定申请人需要补正的全部材料。申请人按照书面告知要求补正材料后,劳动保障行政部门应当受理。

222. 工伤保险有哪些待遇

根据国务院《工伤保险条例》的规定,工伤保险待遇项目和标准如下:

(一)治(医)疗费。治疗工伤所需费用必须符合工伤保险诊疗项目目录、工伤保险药品目录、工伤保险住院服务标准。

(二)住院伙食补助费。职工住院治疗工伤的,由所在单位按照本单位因公出差伙食补助标准的70%发给住院伙食补助费。

(三)外地就医交通费、食宿费。经医疗机构出具证明,报经办机构同意,工伤职工到统筹地区以外就医的,所需交通、食宿费用由所在单位按照本单位职工因公出差标准报销。

(四)康复治疗费。工伤职工到签订服务协议的医疗机构进行康复性治疗的费用,符合工伤保险诊疗项目目录、工伤保险药品目录、工伤保险住院服务标准的本条第三款规定的,从工伤保险基金支付。

(五)辅助器具费。工伤职工因日常生活或者就业需要,经劳动能力鉴定委员会确认,可以安装假肢、矫形器、假眼、假牙和配置轮椅等辅助器具,所需费用按照国家规定的标准从工伤保险基金支付。

(六)停工留薪期工资。职工因工作遭受事故伤害或者患职业病需要暂停工作接受工伤医疗的,在停工留薪期内,原工资福利待遇不变,由所在单位按月支付。

(七)生活护理费。生活不能自理的工伤职工在停工留薪期需要护理的,由所在单位负责。工伤职工已经评定伤残等级并经劳动能力鉴定委员会确认需要生活护理的,从工伤保险基金按月支付生活护理费。

(八)一次性伤残补助金。标准为:一级伤残为 24 个月的本人工资,二级伤残为 22 个月的本人工资,三级伤残为 20 个月的本人工资,四级伤残为 18 个月的本人工资;五级伤残为 16 个月的本人工资,六级伤残为 14 个月的本人工资,七级伤残为 12 个月的本人工资,八级伤残为 10 个月的本人工资;九级伤残为 8 个月的本人工资,十级伤残为 6 个月的本人工资。

(九)伤残津贴。职工因工致残被鉴定为一级至四级伤残的,从工伤保险基金按伤残等级支付一次性伤残补助金。职工因工致残被鉴定为五级、六级伤残的,保留与用人单位的劳动关系,由用人单位安排适当工作。难以安排工作的,由用人单位按月发给伤残津贴,标准为:五级伤残为本人工资的 70%,六级伤残为本人工资的 60%。

(十)一次性伤残就业补助金和一次性工伤医疗补助金。职工因工致残被鉴定为五级、六级伤残的,由用人单位支付一次性工伤医疗补助金和伤残就业补助金;职工因工致残被鉴定为七级至十级伤残的,劳动合同期满终止,或者职工本人提出解除劳动合同的,由用人单位支付一次性工伤医疗补助金和伤残就业补助金。具体标准由省、自治区、直辖市人民政府规定。

(十一)丧葬补助金。职工因工死亡丧葬补助金为 6 个月的统筹地区上年度职工月平均工资。

(十二)供养亲属抚恤金。职工因工死亡供养亲属抚恤金按照职工本人工资的一定比例发给由因工死亡职工生前提供主要生活来源、无劳动能力的亲属。

(十三)一次性工亡补助金。一次性工亡补助金标准为 48 个月至 60 个月的统筹地区上年度职工月平均工资。具体标准由统筹地区的人民政府根据当地经济、社会发展状况规定,报省、自治区、直辖市人民政府备案。

223. 工伤保险待遇申报流程有哪些

工伤保险待遇申请条件：

（1）已办理工伤保险参保手续并按规定缴纳工伤保险费的；

（2）已做出工伤认定决定（书）；

（3）是到已签订服务协议的医疗机构就医。

工伤保险待遇申请步骤：

第一步，提出工伤认定申请；

第二步，进行劳动能力鉴定申请；

第三步，申报工伤保险待遇。

224. 什么情况停止工伤保险待遇

享受工伤保险待遇有一定的条件，这些条件，如必须由社会保险行政部门认定为工伤，享受伤残待遇必须由鉴定机构进行伤残等级的鉴定，等等。如果条件不成就或者丧失后，那么职工的工伤保险待遇就可能终止或者丧失。《工伤保险条例》第四十二条和《社会保险法》第四十三条都规定了工伤保险待遇停止的情形，并且二者的规定是一致的。以下三种情形工伤保险待遇停止。

（1）丧失享受待遇条件的。工伤保险制度是以工伤职工为特定的保护对象的，目的在于使工伤职工因遭受意外伤害或者患职业病丧失或者部分丧失劳动能力时能够获得医疗救治和经济补助。在工伤保险待遇期间，如果工伤职工的情况发生了变化，不再具备享受工伤保险待遇的条件，如劳动能力得以完全恢复而无须工伤保险制度来提供保障时，就应当停止工伤保险待遇。此外，工亡职工的亲属，在某些情形下，也可能丧失享受有关待遇的条件，如享受供养亲属抚恤金的工亡职工的子女达到了一定的年龄或就业后，丧失享受抚恤待遇的条件；亲属死亡的，丧失享受遗属抚恤待遇的条件等。

（2）拒不接受劳动能力鉴定的。劳动能力的鉴定是确定工伤保险待遇的基础和前提条件。不同的伤残等级所享受的工伤保险待遇是不同的。伤残等级以及生活自理能力的确定必须通过劳动能力鉴定活动来确定。劳动能力鉴定结论是确定不同程度的补偿、合理调换工作岗位和恢复工作等的科学依据。如果工伤职工没有正当理由，拒不接受劳动能力鉴定，则会产生这样的结果：工伤保险待遇无法确定。这也同时反映了这些工伤职工并不愿意接受工伤保险制度提供的帮助。鉴于此，既然工伤职工拒不接受劳动能力鉴定，那么就不应再享受工伤保险待遇。

（3）拒绝治疗的。提供医疗救治，帮助工伤职工恢复劳动能力，是工伤保险制度的重要目的之一，因而职工遭受工伤事故或患职业病后，有享受工伤医疗待遇的权利，也有积极配合医疗救治的义务。如果无正当理由拒绝治疗，就有悖于《工伤保险条例》第一条"促进职业康复"的宗旨。规定拒绝治疗的工伤职工不得再继续享受工伤保险待遇，就是为了促使工伤职工积极接受治疗，尽可能地恢复劳动能力，以提高自己的生活质量，而不是一味地消极依靠社会救助。但是，如果确有事实和证据证明这种治疗有害于工伤职工，而不是促进职业康复的，不应排除工伤职工的工伤保险待遇。

六、生育保险

225. 什么是生育保险

生育保险是通过国家立法，在劳动者因生育子女而暂时中断劳动时，由国家和社会及时给予物质帮助的一项社会保险制度。

生育保险金是国家针对女性生育特点，通过国家强制手段征集生育基金，为怀孕和分娩的职业妇女及时提供经济帮助的一项社会保障制度。主要包括生育津贴、生育医疗待遇两项。

参保单位按本单位职工缴费基数之和的 0.8%（其他地区可能因地方政策而调整比例，如广州是 0.85%）缴纳生育保险费，职工个人不缴纳。

生育保险费与养老保险费一并征收,社会保险经办机构分账管理。企业无论有无女职工,均要按规定及时足额缴纳生育保险费,生育女职工可按规定享受生育保险待遇。

生育保险是为了维护女职工的基本权益,减少和解决女职工在孕产期以及流产期间因生理特点造成的特殊困难,使她们在生育和流产期间得到必要的经济收入和医疗照顾,保障她们及时恢复健康,回到工作岗位。其主要作用有以下几个方面:一是实行生育保险是对妇女生育价值的认可;二是实行生育保险是对女职工基本生活的保障;三是实行生育保险是提高人口素质的需要。

226. 生育保险与医疗保险有哪些区别

生育保险和医疗保险主要相同之处是,两者都是对暂时丧失劳动能力的职工提供保障,同时对享受者提供必要的医疗服务。生育保险的享受者在享受期内,如果出现特殊情况,就可能同时享受两种待遇,即医疗保险待遇和生育保险待遇。生育保险和医疗保险的主要区别是:

(1)生育保险对象特定。生育保险待遇的享受者一般为女职工,少部分地区包括男职工配偶,而医疗保险待遇享受的对象是全体职工。

(2)年龄特定。生育保险的享受时间是育龄女职工,还取决于妇女的年龄、结婚时间、生育顺序等。在我国实行计划生育国策,因此,女职工一生基本只享受一次生育保险待遇,极少享受两次以上。医疗保险没有年龄的限制,无论哪一个年龄段都可能发生,在享受次数上也没有限制。

(3)医疗服务内容特定。生育保险享受者的医疗服务,基本上以保健和监测为主。正常的分娩无须进行治疗,只要求定期对产妇进行身体检查,以及对产妇和胎儿的监护,以保证正常分娩。而医疗保险享受者的主要目的是进行治疗,以及必要的检查、药物、理疗和手术等方面的医疗手段的实现,以达到患者痊愈,早日走向工作岗位的目的。

(4)享受期限特定。关于生育假期的享受期限,国家有明确规定。如正常产产假为 90 天,并且严格规定产前假为 15 天。医疗保险对享受者的假期没有时间限制,一般以病愈为期限。

(5)个人不交费。生育保险的待遇保障标准一般高于医疗保险待遇。我国医疗保险实行统筹基金和个人账户相结合的原则,职工个人要缴纳保险费,建立个人账户。而生育保险职工个人不缴纳保险费。

227. 申报生育保险需符合哪些条件

(1)符合计划生育政策、婚姻法等法律法规;

(2)初次参加生育保险的人员从办理之月起连续不间断参保缴费满 12 个月后生育的。已参加生育保险人员连续缴费不间断满 12 个月(不含补缴)后生育的;

(3)在生育、流产施行前应持有计划生育部门批准的生育指标。

228. 生育保险的报销比例是多少

生育保险是国家通过社会保险立法,对生育职工给予经济、物质等方面帮助的一项社会政策。其宗旨在于通过向生育女职工提供生育津贴、产假以及医疗服务等方面的待遇,保障她们因生育而暂时丧失劳动能力时的基本经济收入和医疗保健,帮助生育女职工恢复劳动能力,重返工作岗位,从而体现国家和社会对妇女在这一特殊时期给予的支持和爱护。生育保险共包括四项内容:生育津贴;生育医疗费用;计划生育手术医疗费用;国家、本市规定的其他费用。

生育保险报销比例以所在地上年度职工月平均工资为基数,按照一定的比例一次性支付。其中具体比例为:

(1)顺产为 270%。

(2)难产为 320%。

(3)剖腹产为 420%。

由于各地的社会经济发展情况不一样,所以各地的报销比例可能有所差异,因此应该以当地社保中心公布的数据为准。

229. 生育保险待遇包括哪些项目

(1)生育津贴。女职工生育或符合计划生育流产,按规定享受产假。产假期间按规定的产假期和生育女职工本人上年底月平均缴费工资标准计发生育津贴。本人上年度月平均缴费工资低于本单位上年度职工月平均缴费工资的,按本单位上年度职工月平均缴费工资计发。

(2)生育医疗费。生育医疗费用包括怀孕至分娩期间的检查费、接生费、手术费、住院费和药品费。为了有效控制生育医疗费,各地可根据本地生育医疗费用支付情况,实行限额实报实销的办法。限额标准应根据医疗费用的增长情况一般两年调整一次。

(3)流产医疗费。流产医疗费主要指女职工符合计划生育流产所发生的医疗手术费、检查费和药品费。

(4)疾病医疗费。疾病医疗费是指因生育引起疾病的医疗费,包括产后出血、产后感染、产褥热等疾病的治疗费、手术费、药费、住院费等。

(5)适当增加的支付项目。主要是各地根据当地实际和生育保险基金结余情况增加的支付项目,如女职工因生育死亡的一次性丧葬、抚恤费;一次性生育医疗补助费;计划生育手术费等。

一次性生育丧葬、抚恤费。凡符合计划生育规定,并参加了生育保险的女职工,因分娩死亡的,可按有关政策规定的非因工及因病死亡的标准,由当地社会保险机构一次性发给丧葬、抚恤费。

一次性生育补助费。企业男职工其在农村或属城镇无固定收入的配偶,符合生育保险支付条件的,各地可根据情况,由社会保险机构予以一次性生育补助费。

计划生育手术费。职工因实行计划生育需要,实施放置(取出)宫内节育器、流产术、引产术、绝育及复通手术所发生的医疗费用。

230. 申报生育保险需要哪些材料

在现实生活中,很多面临生育的劳动者都想要申请生育保险,那么生育保险需要提供的材料具体包括:

(1)计划生育部门签发的计划生育证明(原件及复印件)。

(2)医疗部门出具的婴儿出生(死亡)证明(原件及复印件)。

(3)生育女职工、计划生育手术职工本人身份证(原件及复印件)。

(4)《企业职工生育医疗证申领表》。

(5)《企业职工计划生育手术医疗证申领表》。

(6)《企业职工生育医药费报销申请单》。

(7)《企业职工生育保险待遇核准结算表》。

(8)《企业职工生育保险外地就医申请表》。

(9)生育医疗费用票据、费用清单、门诊病历、出院小结等原始资料。

(10)收款收据。

231. 男职工能报销生育保险吗

具备以下条件的参保男职工,可申请享受一次性生育补贴:

(1)符合国家计划生育政策规定和法定生育条件;

(2)配偶生育或因病理原因流产时,用人单位参加生育保险并已为男职工正常连续缴纳生育保险费(不含补缴、欠缴和中断缴费)满10个月以上;

(3)配偶未列入生育保险范围,且生育第一胎。

符合上述条件的男职工,可申请享受的一次性生育补贴标准为:流产的200元;顺产的1200元;难产或多胞胎生育的2000元。

配偶生育或因病理原因流产后,男职工持本人及配偶的居民身份证、结婚证、计生部门出具的《生育状况证明》或《第一胎生育证》、新生儿《出生医学证明》、出院记录、费用明细清单(以上材料均需原件及复印件)和本人就医证卡、原始发票、配偶户籍所在地街道(镇)出具的无工作单位且无固定收入来源证明,到本人单位社保关系所在地的市、区社保经办机构办理一次性生育补贴申领手续。社保经办机构审核后,打印《男职工一次性生育补贴结付表》,男职工签字确认后领取补贴金额。

232. 未婚生育可以休产假吗

关于未婚生育是否可以休产假的问题。《中华人民共和国妇女权益保障法》第二十五条明确规定:任何单位均应根据妇女的特点,依法保护妇女在工作和劳动时的安全和健康,不得安排不适合妇女从事的工作和劳动。妇女在经期、孕期、产期、哺乳期受特殊保护。可见妇女生育期间的产假是法定的,不管其生育是否符合计划生育政策,员工提出休产假要求时企业都应当无条件地批准。国家规定90天产假,目的是为了能够保障产妇有足够的时间恢复身体健康,享受产假不以是否符合计划生育政策为前提条件,只要有生育的事实,就应当享受 90 天的合法产假。

七、住房公积金

233. 什么是住房公积金

住房公积金是单位及其在职职工缴存的长期住房储金,是住房分配货币化、社会化和法制化的主要形式。住房公积金制度是国家法律规定的重要的住房社会保障制度,具有强制性、互助性、保障性。单位和职工个人必须依法履行缴存住房公积金的义务。

住房公积金的性质:

(1)保障性。建立职工住房公积金制度,为职工较快、较好地为解决住房问题提供了保障。

(2)互助性。建立住房公积金制度能够有效地建立和形成有房职工帮助无房职工的机制和渠道,而住房公积金在资金方面为无房职工提供了帮助,体现了职工住房公积金的互助性。

(3)长期性。每一个城镇在职职工自参加工作之日起至退休或者终止劳动关系的这一段时间内,都必须缴纳个人住房公积金;职工所在单位也应按规定为职工补助缴存住房公积金。

234. 缴纳住房公积金有哪些好处

缴纳住房公积金的好处主要有以下几点:

(1)个人缴存后资金翻倍。个人按 5％～12％缴存,单位按同等比例补贴。因此,职工个人按规定缴存住房公积金后,资金翻一番。

(2)计付利息。当年缴存的住房公积金,按活期利率计付利息,上年结转的,按三个月整存整取利率计付利息。

(3)免税。根据国家有关规定,住房公积金免征个人所得税;企业为职工缴纳的住房公积金,可在税前扣除。

(4)归职工个人所有。住房公积金是单位及其在职职工依法缴存的政策性资金,归职工个人所有,中心专户储存,统一管理运作。

(5)可提取用于购买、建造自住住房。缴存住房公积金的职工,购买、建造自住住房时,可凭相关合法有效证件资料提取住房公积金。

(6)可作为养老金。职工退休后,凭退休证、身份证等证件资料,可一次性提取全部住房公积金本息余额。

(7)可申请贷款。凡正常缴存住房公积金一年以上的干部职工,购买、建造自住住房时,可申请个人住房公积金贷款。

235. 住房公积金怎么缴纳

下列单位及其在职职工(不含在以下单位工作的外籍员工)都需要缴纳:机关、事业单位;国有企业、城镇集体企业、外商投资企业、港澳台商投资企业、城镇私营企业及其他城镇企业或经济组织;民办非企业单位、社会团体;外国及港澳台商投资企业和其他经济组织常驻代表机构。城镇个体工商户、自由职业人员,可以申请缴存住房公积金(注:并不是每个社区城市的住房公积金管理中心都允许城镇个体工商户、自由职业人员缴纳住房公积金,具体情况请咨询当地住房公积金管理机构)。

职工和单位住房公积金的缴存比例均不得低于职工上一年度月平均工资的 5%;有条件的城市,可以适当提高缴存比例。具体缴存比例由住房公积金管理委员会拟定,经本级人民政府审核后,报省、自治区、直辖市人民政府批准。城镇个体工商户、自由职业人员住房公积金的月缴存基数原则上按照缴存入上一年度月平均纳税收入计算。

单位不办理住房公积金缴存登记或者不为本单位职工办理住房公积金账户设立手续的,由住房公积金管理中心责令限期办理;逾期不办理的,处 1 万元以上 5 万元以下的罚款。

单位逾期不缴或者少缴住房公积金的,由住房公积金管理中心责令限期缴存;逾期仍不缴存的,可以申请人民法院强制执行。

(1)住房公积金的征缴机构。根据《住房公积金管理条例》的规定,住房公积金的征缴机构为直辖市和省、自治区人民政府所在地的市以及其他设区的市(地、州、盟)所设立的住房公积金管理中心。

(2)住房公积金的缴纳登记。根据《住房公积金管理条例》的规定,单位应当到住房公积金管理中心办理住房公积金缴存登记,经住房公积金管理中心审核后,到受委托银行为本单位职工办理住房公积金账户设立手续。每个职工只能有一个住房公积金账户。

新设立的单位应当自设立之日起 30 日内到住房公积金管理中心办理住房公积金缴存登记,并自登记之日起 20 日内持住房公积金管理中心的审核文件,到受委托银行为本单位职工办理住房公积金账户设立手续。单位合并、分立、撤销、解散或者破产的,应当自发生上述情况之日起 30 日内由原单位或者清算组织到住房公积金管理中心办理变更登记或者注销登记,并自办妥变更登记或者注销登记之日起 20 日内持住房公积金管理中心的审核文件,到受委托银行为本单位职工办理住房公积金账户转移或者封存手续。

单位录用职工的,应当自录用之日起 30 日开始缴纳。

236. 如何计算住房公积金的缴存基数

住房公积金缴存基数为职工本人上年度月平均工资总额。月工资(实行年薪制的按月均分)未超过上限的,以实际工资额计算住房公积金月缴存基数;月工资超过上限的,以统计部门公布的职工月平均工资的 5 倍(即 2820 元×5=14100 元)为住房公积金月缴存基数。

职工月平均工资总额=职工本人年工资总额÷实际发放工资月数。工资总额按国家统计局关于职工工资总额组成部分的规定计算,具体由下列六个部分组成:计时工资、计件工资、奖金、津贴和补贴、加班加点工资、特殊情况下支付的工资。

237. 如何计算住房公积金的缴存比例

在缴存年度,由市财政核拨核补经费的市直机关事业单位,单位缴存比例为 7%,个人缴存比例为 7%~20%。除市财政核拨核补经费的市直机关事业单位外,其他单位及个人的住房公积金缴存比例最低各为 5%,最高各为 20%,个人缴存比例不得低于单位缴存比例,由单位和个人根据实际情况自行选择缴存。每个单位只能选择一个单位缴存比例,缴存比例确定后,在一个缴存年度内不得变更。

住房公积金是一种长期住房储金,由职工个人和单位按规定比例共同缴存。职工个人缴存的住房公积金和职工所在单位为职工缴存的住房公积金,都属于职工个人所有;住房公积金存款的利息收入免征利息税,职工缴存、提取住房公积金,免缴个人所得税;按月足额缴存住房公积金的职工在购买自住住房时,可申请住房公积金政策性低息贷款;职工可以在退休时一次性提取本人住房公积金账户内的本息余额,作为第二养老金,保障晚年生活。

238. 住房公积金提取的条件是什么

职工有下列情形之一的,可以提取职工住房公积金账户内的存储余额:

(1)购买、建造、翻建、大修自住住房的;

(2)离休、退休的;

(3)完全丧失劳动能力,并与单位终止劳动关系的;

(4)出境定居的;

(5)偿还购房贷款本息的;

(6)房租超出家庭工资收入的规定比例的;

(7)与单位终止劳动关系,且户口迁出本市的;

(8)非本市户籍职工与单位终止劳动关系,不在本市就业且离开本市的;

(9)职工享受城镇最低生活保障的;

(10)职工部分丧失劳动能力,并造成生活严重困难的;

(11)职工因本人及其配偶、父母、子女发生福建省劳动社保部门规定的特殊病症(参照公积金中心网站的"部门文件"栏目),造成家庭生活严重困难的。

依照前款第(1)、(3)、(4)项规定,提取职工住房公积金的,应当同时注销职工住房公积金账户。职工死亡或者被宣告死亡的,职工的继承人、受遗赠人可以提取职工住房公积金账户内的存储余额;无继承人也无受遗赠人的,职工住房公积金账户内的存储余额纳入住房公积金的增值收益。

职工提取住房公积金账户内的存储余额的,所在单位应当予以核实,并出具提取证明。

职工应当持提取证明向住房公积金管理中心申请提取住房公积金。住房公积金管理中心应当自受理申请之日起 3 日内做出准予提取或者不准提取的决定,并通知申请人;准予提取的,由受委托银行办理支付手续。

239. 单位如何办理住房公积金补缴手续

（1）单位填制住房公积金管理中心统一印制的《住房公积金补缴书》《住房公积金补缴清册》及与《住房公积金补缴书》金额一致的转账支票，到管理部办理补缴手续。

对于未在《住房公积金补缴清册》中列明补缴原因的，还应报补缴说明一份。

（2）管理中心接柜人员对《住房公积金补缴书》《住房公积金补缴清册》及转账支票进行审核，补缴确认后，接柜人员打印《住房公积金补缴书》一式两份，盖章后一份退单位经办人，一份留存。

（3）补缴原因需另附说明的，报补缴说明一份，加盖单位公章。

240. 办理公积金转移应提供哪些证明资料

（1）内部转移。指职工住房公积金账户转移发生在同一住房公积金管理中心办理缴存的单位之间的转移。应提供：新单位出具的住房公积金证明（内容包括职工姓名、身份证号、职工个人账号及单位账号和缴存银行）、原单位填制盖章的《住房公积金转移通知书》。

（2）外部转移。指职工调入的新单位在住房公积金管理中心以外的住房公积金管理机构缴存住房公积金，其职工住房公积金账户的转移。到中心审核应提供资料：新单位出具的经其住房公积金管理机构盖章确认的证明（内容包括职工姓名、身份证号、职工个人账号及单位账号和缴存银行）、原单位出具的"关于职工住房公积金转移（异地）"申请；到原缴存银行办理应提供的证明、资料有：经中心审核的异地转移申请、原单位填制盖章的《住房公积金转移通知书》等。

241. 公积金转出需要哪些流程

（1）内部转移：转出职工向原单位提供新单位住房公积金证明→原单位持填制完成的《住房公积金转移通知书》和转账支票直

接到缴存银行办理→银行办理职工住房公积金账户转出。

（2）外部转移：转出职工向原单位提供住房公积金证明→原单位持职工住房公积金转移申请并附异地中心出具的住房公积金证明到中心进行审核→中心审核通过，出具审核意见→原单位持填制完成的《住房公积金转移通知书》、中心审核意见书、银行电汇单到住房公积金缴存银行为职工办理转移手续→住房公积金缴存银行办理职工账户转出。

242. 什么是住房公积金贷款

住房公积金贷款是指由各地住房公积金管理中心运用职工以其所在单位所缴纳的住房公积金，委托商业银行向缴存住房公积金的在职职工和在职期间缴存住房公积金的离退休职工发放的房屋抵押贷款。住房公积金是指国家机关、国有企业、城镇集体企业、外商投资企业、城镇私营企业及其他城镇企业、事业单位及其在职职工缴存的长期住房储金。职工缴存的住房公积金和职工所在单位为职工缴存的住房公积金，是职工按照规定储存起来的专项用于住房消费支出的个人储金，属于职工个人所有。职工离退休时本息余额一次付偿，退还给职工本人。

243. 公积金贷款与商业贷款有什么区别

以下是公积金贷款与商业贷款的几点区别：

（1）贷款都可贷到房价的 70%；

（2）办理购房贷款时可以办理公积金贷款和商业贷款合并的组合贷款，也可以办理纯公积金贷款或纯商业贷款；

（3）商业贷款一般根据贷款人的收入、资产情况确定贷款额度，公积金贷款则根据缴纳公积金情况确定贷款额度，且有贷款上限。一般来说，商业贷款的额度比公积金的贷款额高。

（4）用公积金贷款必须按月交纳公积金，现在政策很宽松，只要借款申请人在申请贷款前六个月正常连续缴存住房公积金（包括时

间和金额)即可取得住房公积金贷款资格。商业贷款无交纳公积金的要求,只要贷款人符合相关贷款条件即可;

(5)商业贷款贷款需要办理房产评估和保险,纯公积金贷款只需办理担保;

(6)商业贷款可用于住宅房和非居住房屋,但公积金贷款只能用于个人购买住宅房;

(7)申请商业贷款夫妻双方可以分别申请,而申请公积金贷款时虽然可以以一人名义申请,但夫妻之间的公积金是捆绑的,即一方申请了公积金贷款,即使贷款时没有使用配偶的公积金,而另一方也不能再使用自己的公积金重新贷款或提取;

(8)通过办理商业贷款的方式购买房屋可以多次使用,即可以在未还清原商业贷款的情况下再次办理购房商业贷款;而公积金贷款在未还清公积金贷款本息前,不能再次办理个人公积金贷款;

(9)申请公积金贷款须满足此条件:男主贷人年龄和贷款年限之和小于等于65,女主贷人年龄和贷款年限之和小于等于60;而申请商业贷款主贷人年龄和贷款年限之和小于等于70,女主贷人年龄和贷款年限之和小于等于70;

(10)凡是办理过购房贷款手续,不论是商业贷款还是公积金贷款都可以申请办理公积金冲还贷手续,以冲本金或冲本息的方式,用自己的公积金账户里的储存余额来冲抵贷款,其中冲本金是指用自己的公积金余额冲抵贷款的本金额,能马上降低借款额度,从而减少贷款利息的支出;冲本息是用公积金余额冲抵贷款人每月的还款额,包括本金和利息,冲本金一般为一年一次,冲本息可以逐月冲还,即还款人公积金账户内的余额可以按月抵冲每月的还款额,包括本金和利息。

(11)公积金贷款利率低,商业贷款利率高。比如现行公积金贷款年利率为3.25%,而商业贷款年利率为4.9%。

244. 住房公积金贷款的种类有哪些

(1)个人住房公积金贷款。是住房公积金管理中心用住房公积金,委托商业银行向购买、建造、翻修、大修自住住房、集资合作建房的住房公积金存款人发放的优惠贷款。

(2)个人住房公积金组合贷款。是指当住房公积金贷款额度不足以支付购房款时,借款人在申请住房公积金贷款同时又向受托银行商业性个人住房贷款,两部分贷款一起构成组合贷款。组合贷款中住房公积金贷款由管理中心审批,商业性贷款由受托银行审批。

房地产开发商与管理中心和受托银行签订《商品房按揭贷款合作协议》,由房地产开发商为借款人提供阶段性保证担保,并按贷款总额的一定比率缴存保证金,待产权证办妥完成抵押登记后,结束保证担保责任,转为所购住房抵押担保。借款人向管理中心提出贷款申请,获得批准后由受托银行与借款人签订借款合同,办理用款手续。

(3)个人住房公积金置换组合贷款。是先由银行用银行资金对借款人(缴存住房公积金的职工)发放商业性住房贷款后,再由受托银行代理借款人向管理中心申请公积金贷款。借款人的公积金贷款额度控制在其公积金基本贷款额度内且不超过商业住房贷款金额的70%,其公积金基本贷款期限比商业住房贷款期限短一年以上。

245. 住房公积金贷款最高额度是多少

公积金贷款的最高额度,各地区之间有所不同,要以当地政府的规定为准。以北京市为例:借款人申请购买政策性住房或套型建筑面积在90平方米(含)以下的首套自住房,公积金贷款最高额度为120万元,购买套型建筑面积在90平方米以上非政策性住房或第二套住房的,贷款最高额度仍为80万元。

第七章 劳动争议仲裁

一、劳动争议仲裁概述

246. 劳动争议仲裁有哪些特点

仲裁是指居中裁决,是通过第三方对争议事项进行仲裁和决定来处理纠纷的一种方式。仲裁包括两种形式,即仲裁调解和仲裁裁决。劳动纠纷的仲裁,是指劳动争议仲裁机构依据劳动争议当事人的请求,对劳动争议的事实与责任依法做出公正判断和裁决,对当事人具有约束力并强制执行的一种劳动纠纷处理方式。其特点是:

(1)主体的特定性。劳动争议仲裁是基于劳动法律关系发生的,其主体只能是劳动者和用人单位。其中其他劳动争议仲裁的一方称为申诉人,被提起劳动争议仲裁的一方称为被诉人。无论劳动者还是用人单位都可以提起劳动争议仲裁。

(2)无须事先约定。我国仲裁法规定,只有双方当事人在仲裁协议合同中订立的仲裁条款和其他书面形式在纠纷发生前或者纠纷发生后达成的请求仲裁的协议,才可以向选定的仲裁委员会提起仲裁。而劳动争议仲裁与其他仲裁不同,当事人提起仲裁之前不必与对方达成仲裁协议,当事人向劳动争议仲裁委员会申请仲裁也不必提交仲裁协议。

(3)仲裁前置程序。我国劳动法确立了劳动争议案件处理的一般原则,即人民法院受理劳动争议案件,必须是劳动争议仲裁委员会进行仲裁作为前置程序。未经劳动争议仲裁委员会处理的案件，人民法院不予受理。对于劳动争议仲裁委员会做出不予受理的通知、决定或者裁决的，视为劳动争议仲裁机构已对劳动争议进行了处理，当事人对该不予受理的通知不服的，可以向人民法院起诉，人民法院应当受理。

(4)仲裁的非终局性。我国仲裁法规定仲裁实行一裁终局，当事人对裁决结果不服，也没有上诉的机会。但是对劳动争议仲裁，当事人对裁决不服的，自收到裁决书之日起 15 日内，可以向人民法院起诉，期满不起诉的，裁决书即发生法律效力。当事人逾期不履行的，另一方当事人可以申请人民法院强制执行。同时，劳动争议仲裁又是非终局性的，当事人不服仲裁，在收到裁决书之日起 15 日内向人民法院起诉的，仲裁裁决书即不发生法律效力。

按照最高人民法院的解释，劳动争议当事人对仲裁决定不服向人民法院起诉的，人民法院应以争议的双方当事人为诉讼当事人，不应把劳动争议仲裁委员会列为被告或第三人，在判决书、裁定书、调解书中也不应含有撤销或者维持仲裁决定的内容。

247. 劳动争议仲裁有哪些原则

根据《中华人民共和国劳动争议调解仲裁法》(以下简称《劳动争议仲裁法》)的规定，我国劳动争议仲裁应当遵循以下主要原则：

(1)着重调解原则。着重调解就是处理劳动争议时应当先行调解。即在处理劳动争议时应尽可能采用调解的方式解决矛盾，调解为处理劳动争议的第一道程序。即使是进入仲裁程序时，也要先行调解，力求通过调解解决劳动争议。这样在查明事实、分清责任的基础上，双方当事人自愿达成协议，既有利于安定团结，也有利于企业生产。

(2)依法处理原则。处理劳动争议，应当在查清事实的基础上依法处理。这一原则要求仲裁必须重证据，注重调查研究，在查明事实真相的基础上，依据有关劳动法律、法规和政策进行处理。坚持以事实为根据,就是要求处理劳动争议案件首先应深入调查研究,充分收集证据,查明案件的客观事实,在此基础上据以辨明是非,分清责任,正确处理案件。以法律为根据,就是处理案件的活动都必须依据法律、法规的规定既要符合程序法的要求,也要依据实体法的具体规定。

(3)公正处理原则。劳动争议仲裁当事人在适用法律上一律平等。整个仲裁过程要做到公平公正。除法律有特别规定的外,仲裁公开进行。劳动争议仲裁机构不能偏袒任何一方;当事人也不得有超越法律的特权,企业不能因为自己具有较强的经济实力,而不遵守仲裁程序,职工也不能无理取闹,提出非分的要求。

(4)及时处理原则。仲裁庭受理劳动争议,应当自组成仲裁庭之日起 45 日内结案,案情复杂需要延期的,报经仲裁委员会批准,可以适当延期,但是延长的期限不得超过 15 日。当事人对仲裁裁决不服的,自收到裁决之日起 15 日内,可以向人民法院起诉。期满不起诉的,裁决书即发生法律效力。

劳动争议常常关系到生产能否正常进行和对职工的生活会有直接的影响,因此劳动争议的处理不能拖延时间,必须抓紧处理,及时解决。企业劳动争议调解委员会对案件调解不成,应在规定的处理时效内及时结案,不要使当事人丧失仲裁的权利;仲裁委员会若先行调解不成,应及时裁决,不应超过处理时效。人民法院也应在调解不成时及时判决。

248. 仲裁当事人有哪些权利

根据规定,无论是用人单位还是劳动者一方,在劳动争议处理过程中都享有以下权利:

(1)有权要求劳动争议处理机构以事实为根据,以法律为准绳,公正、及时地处理劳动争议案件;

(2)有权选择调解程序,有权拒绝调解而直接提请仲裁程序;

(3)申请调解而被拒绝时,有权要求企业调解委员会做出说明;

(4)在调解、仲裁和审判程序中,有权要求有关调解、仲裁和审判人员回避;

(5)有权委托 1～2 名律师或者其他人代理参加仲裁和审判活动;无民事行为能力人或者限制民事行为能力人或已死亡的当事人,其法定代理人可以行使其民事权利;

(6)有权在争议处理过程中是否自行进行和解;

(7)当仲裁委员会不受理仲裁申请时,有权要求其做出说明;

(8)在仲裁程序中,有权根据自己的意愿决定是否调解,达成调解协议的,调解书送达之前仍然有权反悔,而要求裁决。调解应在双方当事人自愿的基础上进行,不得强迫其达成或接受调解协议;

(9)有权申请人民法院强制执行已发生法律效力的调解书或裁决书;

(10)当事人由其提供证据,要求调查、勘验和鉴定的权利。当事人在仲裁开庭前和开庭审理阶段,有权向仲裁委员会或仲裁庭提供证据,请求勘验、鉴定和调查取证;

(11)当事人对未生效的仲裁裁决不服的,有权向人民法院起诉。

249. 仲裁当事人有哪些义务

根据规定,劳动争议当事人在劳动争议处理过程中应当自觉履行下列义务:

(1)在劳动争议处理过程中,当事人应当保持克制,不应有激化矛盾的行为;

(2)通过企业调解程序自愿达成协议后,应当自觉履行该协议;

(3)应当按法规规定的时效范围及时申请调解、仲裁或诉讼,不按时及时申请的,将导致自己丧失申请权和诉讼权;

(4)应当以书面形式申请仲裁,被诉方应当自收到申诉书副本之日起 10 日内提交答辩书和有关的证据;

(5)应当按时到庭参加仲裁审理。在仲裁活动中,要严格遵守法律规定的仲裁秩序,不得破坏、阻挠各项仲裁程序的开展,不得有对仲裁员和其他人员进行人身攻击、身体伤害等报复行为。

（6）仲裁程序中如自愿达成调解协议，在调解书送达之后，不应再反悔，而应当按调解协议执行；

（7）对发生法律效力的调解书和裁决书，应当依照规定的期限履行。

（8）按规定缴纳仲裁费和诉讼费用。

250. 哪些劳动争议适用仲裁解决

根据《劳动争议仲裁法》第二条规定，中华人民共和国境内的用人单位与劳动者发生的下列劳动争议，适用仲裁法解决：

（一）因确认劳动关系发生的争议；

（二）因订立、履行、变更、解除和终止劳动合同发生的争议；

（三）因除名、辞退和辞职、离职发生的争议；

（四）因工作时间、休息休假、社会保险、福利、培训以及劳动保护发生的争议；

（五）因劳动报酬、工伤医疗费、经济补偿或者赔偿金等发生的争议；

（六）法律、法规规定的其他劳动争议。

二、劳动争议仲裁参加人

251. 什么是劳动争议仲裁参加人

劳动争议仲裁参加人，是指为维护劳动争议当事人的合法权益而参加劳动争议仲裁活动，依法享有仲裁权利，承担仲裁义务的人或单位，包括劳动争议仲裁当事人、共同当事人、仲裁中的第三人及仲裁代理人等。

劳动争议仲裁参加人具有以下特征：

（1）劳动争议仲裁参加人具有劳动争议的主体特征。劳动争议当事人、共同当事人、仲裁中的第三人是基于维护劳动争议当事人的合法权益;法定代表人和仲裁代理人是基于法律规定或被代理人委托维护他们所代表的单位或被代理人的个人合法权益。劳动争议仲裁的结果对劳动争议仲裁参加人存在着直接或间接的利害关系。

(2)劳动争议仲裁参加人在劳动争议仲裁活动中处于当事人或与当事人同等的地位。当事人、共同当事人和仲裁中的第三人,基于他们的权利义务关系,在仲裁活动中处于申诉人或被诉人的地位;仲裁代理人以被代理的劳动争议当事人的名义进行仲裁活动,代为享有和承担被代理人在劳动争议仲裁活动中的权利义务,其仲裁地位与被代理人一样。劳动争议仲裁参加人在劳动争议仲裁活动中的行为,可以引起仲裁程序的发生、变更或消灭。

252. 什么是劳动争议仲裁参与人

劳动争议仲裁参与人,是指参与劳动争议仲裁活动的人,但仲裁的结果并不一定有法律上的利害关系,如证人、鉴定人、勘验人、翻译人员等。

参加人与参与人的区别是:

(1)参加劳动争议仲裁的原因、目的不同。劳动争议仲裁参加人是为了维护自己或被代理人的合法权益;劳动争议仲裁参与人是基于法律赋予的义务,为他人的权益而协助劳动争议仲裁机构查明案情。

(2)劳动争议仲裁活动中的地位和作用不同。劳动争议仲裁参加人在整个劳动争议仲裁活动中占有主体地位,起着主要作用。他们在劳动争议仲裁活动中的行为可以引起仲裁程序的发生、变更或消灭。劳动争议仲裁参与人只是应劳动争议仲裁机构的要求,在劳动争议仲裁程序的某些阶段或某个阶段起作用。没有参与人,如证人、鉴定人的专业知识提供,有时会使劳动争议仲裁机构难以认定劳动争议事实,影响劳动争议仲裁活动的进行。

（3）享有的权利和承担的义务不同。劳动争议仲裁参加人享有法律、法规赋予的权利，如提出和坚持自己的主张、申请回避、请求调解等，同时也承担一定的在劳动争议过程中的义务，如尊重对方当事人和其他仲裁参加人的权利、履行发生法律效力的仲裁文书、缴纳劳动争议仲裁费等义务。劳动争议仲裁参与人就没有这些权利和义务。

（4）与劳动争议案件仲裁结果的关系不同。劳动争议仲裁参加人与仲裁结果有着直接或间接的利害关系，作为劳动争议仲裁参加人中的申诉人、被诉人、共同当事人和仲裁第三人，直接享有劳动争议仲裁裁决的实体劳动权利，承担劳动争议仲裁裁决的义务。作为劳动争议的仲裁代理人，则因为被代理人的劳动争议当事人享有和承担劳动争议仲裁裁决的权利和义务，而与仲裁裁决结果存在间接的利害关系。而劳动争议仲裁参与人则和仲裁结果没有利害关系，也不受劳动争议仲裁裁决结果的约束。

253. 什么是劳动争议仲裁当事人

劳动争议仲裁当事人，是指因自己的劳动权益受到侵犯，以自己的名义向劳动争议仲裁机构提起仲裁，要求劳动争议仲裁机构进行仲裁的个人或者单位。劳动争议仲裁当事人包括申诉人和被诉人。申诉人是指以自己的名义，为保护自己的合法权益，向劳动争议仲裁委员会申请，提起仲裁请求的人。被诉人是指提起仲裁程序，经劳动争议仲裁委员会通知其应诉的人。被诉人可能侵害了申诉人的合法权益，也可能没有侵害，需要等仲裁机构调查后确认。

如果不是以自己的名义参加劳动争议仲裁活动，而是以他人的名义参加劳动争议仲裁活动的，则是委托代理人。虽然以自己的名义参加劳动争议仲裁活动，但不受劳动争议仲裁裁决结果约束的人，是证人、鉴定人、翻译人员等。他们都不是劳动争议仲裁活动的当事人。

（1）劳动争议仲裁当事人是特定的。即一方是用人单位，另一方是该单位职工。劳动争议双方当事人既不可能是两个法人,也不可能是两个自然人,而是用人单位和职工。用人单位可以是法人,也可以是其他组织。

(2)劳动争议仲裁当事人必须以自己的名义参加劳动争议仲裁活动。以自己的名义,对职工来说是以其个人的名义,对企业单位来说,是以本单位的名义,而不是以本单位法定代表人的名义。

(3)劳动争议仲裁当事人必须为维护自己的利益并受劳动争议仲裁机构裁决约束。劳动争议仲裁当事人参加仲裁,是因为其认为自己的劳动权利已被侵害,或者为了确认自己的合法劳动权益而发生争议。

(4)劳动争议仲裁当事人具有参加劳动争议仲裁活动的权利能力和行为能力。劳动争议仲裁活动的权利能力,是指劳动争议仲裁当事人享有劳动争议仲裁法律规定的权利和承担劳动争议仲裁法律规定的义务,能以自己的名义申诉或应诉的法律资格。劳动争议仲裁活动的行为能力,是指以自己的行为行使劳动争议仲裁法规赋予的权利和履行劳动争议仲裁法规规定的义务的能力,也就是以自己的行为亲自参加劳动争议仲裁活动,维护自己的合法权益的能力。一般来讲,企事业单位、国家机关、人民团体等组织以法人身份作为劳动争议仲裁当事人,其在仲裁活动中的权利能力和行为能力是一致的,二者同时开始,也同时消灭。但职工作为劳动争议仲裁当事人,其在仲裁活动中的权利能力和行为能力有时同时具备,有时只有权利能力而无行为能力。如遭受工伤伤害的劳动者,如果其无法表达自己的真实意愿,就只有劳动权利能力而无劳动行为能力。而未成年工则属于限制行为能力人。对劳动争议仲裁活动中有权利能力而无行为能力的劳动者,可以委托其法定代理人代为参与仲裁活动。

254. 什么是劳动争议仲裁第三人

劳动争议仲裁第三人,是指与劳动争议仲裁结果有利害关系的人,包括用人单位和劳动者。根据规定,与劳动争议案件的处理结果有利害关系的第三人,可以申请参加仲裁活动或者由仲裁委员会通知其参加仲裁活动。其法律特征为:

(1)参加劳动争议仲裁活动的时间,必须是他人之间的仲裁活动已经开始,而劳动争议仲裁庭尚未做出终局裁决之前;

(2)参加劳动争议仲裁活动的依据,必须是本案的处理结果与其有着法律上的利害关系,即法定的权利、义务关系;

(3)参加劳动争议仲裁活动的目的,必须是为了维护自己的合法权益,并且是以自己的名义参加仲裁活动的。

255. 什么是劳动争议仲裁代理人

劳动争议仲裁代理人,是指代理当事人一方,在被代理人授权的范围内或法律规定的范围内,享有仲裁活动中被代理人的权利,承担仲裁活动中被代理人的义务的人。代理人制度是为了维护被代理人的合法权益,使得劳动争议仲裁活动的顺利进行。劳动争议仲裁代理制度,为具有权利能力而没有行为能力的当事人创造了参加劳动争议仲裁活动、维护自己的合法权益的条件,还有利于劳动争议仲裁机构及时、有效地处理劳动争议案件。

代理人参加劳动争议仲裁活动必须以被代理人的名义,而不是以自己的名义进行。他们行使代理权的目的,是为了维护被代理人的合法权益,而不是为了维护自己的权益。代理人在法律规定或被代理人授权的范围内进行的各种劳动争议仲裁活动及其产生的法律后果,由被代理人承担。

参加劳动争议仲裁活动的代理人有法定代理人、委托代理人和指定代理人等。

(1)法定代理人。法定代理人是指根据法律规定行使代理权的人.法律规定的代理权,主要是以亲权为基础,如父母、子女或配偶等,一般法定代理人包括有身份关系的亲属和有监护责任的监护人。

（2）委托代理人。委托代理人是基于当事人、共同当事人、法定代理人、法定代表人或劳动争议仲裁活动的第三人的委托，在授权范围内行使代理权的人。根据有关法律规定，当事人、共同当事人、法定代理人、法定代表人或仲裁活动中的第三人都可以委托1～2人代为参加劳动争议仲裁活动。

（3）指定代理人。指定代理人是指在特殊情况下，无仲裁行为能力人的劳动争议当事人参加仲裁活动，但没有法定代理人或法定代理人不能行使代理权或相互推诿时，经当事人申请或劳动争议仲裁委员会依照职权，为其指定代理人。被指定代理参加劳动争议仲裁活动的人，为指定代理人或特别代理人。

三、劳动争议的仲裁机构

256. 什么是劳动争议仲裁委员会

劳动争议仲裁委员会，是依法成立、独立处理劳动争议案件的专门机构。根据《劳动争议仲裁法》规定，劳动争议仲裁委员会按照统筹规划、合理布局和适应实际需要的原则设立。省、自治区人民政府可以决定在市、县设立；直辖市人民政府可以决定在区、县设立。直辖市、设区的市也可以设立一个或者若干个劳动争议仲裁委员会。劳动争议仲裁委员会不按行政区划层层设立。

国务院劳动行政部门依照本法有关规定制定仲裁规则。省、自治区、直辖市人民政府劳动行政部门对本行政区域的劳动争议仲裁工作进行指导。

劳动争议仲裁委员会由劳动行政部门代表、工会代表和企业方面代表组成。劳动争议仲裁委员会组成人员应当是单数。

劳动争议仲裁委员会依法履行下列职责：

（一）聘任、解聘专职或者兼职仲裁员；

（二）受理劳动争议案件；

（三）讨论重大或者疑难的劳动争议案件；

（四）对仲裁活动进行监督。

劳动争议仲裁委员会下设办事机构,负责办理劳动争议仲裁委员会的日常工作。

257. 劳动争议仲裁员应符合哪些条件

根据《劳动争议仲裁法》规定,劳动争议仲裁员应当公道正派并符合下列条件之一：

（一）曾任审判员的；

（二）从事法律研究、教学工作并具有中级以上职称的；

（三）具有法律知识、从事人力资源管理或者工会等专业工作满五年的；

（四）律师执业满三年的。

258. 当事人可以要求仲裁员回避吗

可以,根据《劳动争议仲裁法》规定,仲裁员有下列情形之一,应当回避,当事人也有权以口头或者书面方式提出回避申请：

（一）是本案当事人或者当事人、代理人的近亲属的；

（二）与本案有利害关系的；

（三）与本案当事人、代理人有其他关系,可能影响公正裁决的；

（四）私自会见当事人、代理人,或者接受当事人、代理人的请客送礼的。

劳动争议仲裁委员会对回避申请应当及时做出决定,并以口头或者书面方式通知当事人。

仲裁员有以上第四项规定情形,或者有索贿受贿、徇私舞弊、枉法裁决行为的,应当依法承担法律责任。劳动争议仲裁委员会应当将其解聘。

四、劳动争议仲裁申请

259. 如何确定劳动争议仲裁的管辖

劳动争议仲裁的管辖是指各级劳动争议仲裁机构之间以及同级但不同地区的劳动争议仲裁机构之间受理劳动争议案件的分工和权限。劳动争议仲裁委员会组织规则和办案规则均规定,地方各级仲裁委员会处理劳动争议案件的管辖范围,由省、自治区、直辖市人民政府依据《劳动争议仲裁法》确定。

在我国,对管辖范围的划分是以"地域管辖为主,级别管辖为辅"的原则来进行划分的。劳动争议仲裁机构管辖的范围因受理案件的地点及性质不同,而具有不同的管辖范围。

地域管辖是指劳动争议仲裁机构的组织系统内确定同级仲裁机构之间管理仲裁案件的分工和权限。地域管辖包括一般地域管辖和特殊地域管辖。

(1)一般地域管辖,又称普通管辖,是劳动争议的一种最基本的管辖,是按案件发生地来划分的。根据《劳动争议仲裁法》第二十一条规定,劳动争议仲裁委员会负责管辖本行政区域内发生的劳动争议。

(2)特殊地域管辖,是指劳动争议案件依其特殊性来确定劳动争议仲裁机构对该劳动争议案件的管辖。《劳动争议仲裁法》进一步规定,劳动争议由合同履行地或者用人单位所在地的劳动争议仲裁委员会管辖。双方当事人分别向合同履行地和用人单位所在地劳动争议仲裁委员会申请仲裁的,由劳动会同履行地的仲裁委员会管辖。

260. 劳动争议仲裁时效是多长时间

《劳动争议仲裁法》第二十七条规定:"劳动争议申请仲裁的时

效期间为一年。仲裁时效期间从当事人知道或者应当知道其权利被侵害之日起计算。"

劳动争议仲裁时效经过了从六个月到六十天再到一年的演变过程,而仲裁时效的起算点,也经过了"从知道或者应当知道其权利被侵害之日"到"自劳动争议发生之日",再回到"从知道或者应当知道其权利被侵害之日"的演变过程。

261. 如何提交劳动争议仲裁申请

劳动争议案件的申请,是指发生劳动争议的一方当事人,认为自己的合法权益受到侵犯,因而向劳动争议仲裁委员会申请仲裁,请求依法予以保护的行为。申请是劳动争议仲裁委员会受理劳动争议案件的前提,也是劳动争议仲裁程序开始的条件。

当事人申请仲裁,应向劳动争议仲裁机构提交申请书。仲裁申请人应当书面向仲裁委员会提出仲裁申请,并按照被诉人数提交副本,劳动争议仲裁申请书应当写明如下事项:

(1)劳动者的姓名、年龄、性别、工作单位、地址、职务,用人单位的名称、地址、法定代表人的姓名、职务;

(2)申请仲裁的原因、请求仲裁事项及理由,应将争议的起因、过程、希望如何仲裁等问题全面、准确、简练地写清;

(3)应当详细地提供有关争议情况的各种证据和证人的姓名、住址,务必真实、准确;

(4)申请日期。

262. 仲裁机构如何审查和受理

仲裁委员会办事机构工作人员接到仲裁申请书后,应当对该仲裁申请书进行审查,审查事项包括:

(1)申请人是否与本案有直接利害关系;

(2)申请仲裁的争议是否属于劳动争议;

(3)申请仲裁的劳动争议是否属于仲裁委员会受理内容;

（4）该劳动争议是否属于本仲裁委员会管辖；

（5）申请书及有关材料是否齐备并符合要求；

（6）申请时间是否符合申请仲裁的时效规定。

对申诉材料不齐备或有关情况不明确的仲裁申请书，仲裁委员会办事机构应当指导申诉人予以补充。

仲裁委员会收到仲裁申请之日起5日内，认为符合受理条件的，应当受理，并通知申请人，认为不符合受理条件的，应当书面通知申请人不予受理，并说明理由。

263. 仲裁庭如何进行调解

仲裁庭先行调解，是指劳动争议仲裁机构在争议双方和其他仲裁参加人的同体参与下，由仲裁庭主持，在仲裁决议之前，促使双方当事人达成调解协议。经调解达成协议的，根据协议内容制作仲裁调解书，调解书由双方当事人签字、仲裁员署名、加盖仲裁委员会印章并送达当事人，调解书自送达之日起具有法律效力。调解未达成协议或者调解书送达当事人反悔，以及当事人拒绝接受调解书的，仲裁庭应当及时裁决。

仲裁庭调解的一般程序是：

（1）调解既可由仲裁员一人主持，也可以由仲裁庭主持，可根据需要灵活掌握。

（2）仲裁员在查明事实、分清是非的基础上，宣讲有关法律法规和政策规定，对当事人进行教育和疏导，以便使当事人自愿协商，互相谅解，为当事人自愿达成调解协议创造条件。与此同时，劳动争议仲裁员还可有针对性地提出本案的调解意见，以供当事人参考或选择。

（3）仲裁员可进一步征求双方当事人的意见，允许当事人就有关问题开展辩论。同时，仲裁委员会可邀请企业主管部门、工会组织以及当事人的亲友协助进行调解。

（4）职工一方在10人以上的集体劳动争议，仲裁庭可以促成职工代表与企业代表召开协商会议。

（5）双方当事人经过协商，自愿达成调解协议。仲裁庭应当根据调解协议的内容制作仲裁调解书，调解书经双方当事人签字、仲裁员署名、加盖仲裁委员会印章后送达当事人。

（6）调解未达成协议，或仲裁调解协议书送达前当事人反悔的，以及当事人拒绝接受仲裁调解书的，仲裁庭应当及时裁决。

264. 仲裁审理期限是多长时间

仲裁庭处理劳动争议，应从受理仲裁之日起 45 日内结案。案情复杂需要延期的，报仲裁委员会批准后可适当延长，但最长延期不得超过 15 日。

对于请示待批、伤残鉴定、当事人因故不能参加仲裁活动以及其他妨碍仲裁办案进行的客观情况，应视为仲裁时效中止，并需报仲裁委员会主任审查同意。仲裁申诉时效中止不应计入仲裁办案时效内。

五、仲裁裁决的执行

265. 申请强制执行有哪些方式

对生效的仲裁法律文书，当事人必须履行，这是通行的法制原则。如果当事人一方不履行的，对方当事人可以向人民法院申请强制执行。生效法律文书包括已经生效的民事判决书、裁定书、双方当事人已经签收的民事调解书，以及劳动争议仲裁委员会做出的仲裁裁决书和调解书。

根据《劳动争议仲裁法》规定，当事人对仲裁裁决不服的，自收到裁决书之日起 15 日内，可以向人民法院起诉；期满不起诉的，裁决书即发生法律效力。当事人对发生法律效力的仲裁调解书和裁决书，应当依照规定的期限履行。一方当事人逾期不履行的，另一方当事人可以申请人民法院强制执行。所以，仲裁裁决书的执行，主要有两种：

一是当事人按期履行。在裁决书中,一般都列明,要求当事人自裁决书做出之日起多少日内履行。当事人如果按照这个期限履行了裁决书规定的义务,裁决书即执行完毕。

二是人民法院强制执行。这是指人民法院的执行组织,根据一方当事人的申请,依照法律规定的程序,对生效的裁决书确定的内容,运用国家强制的力量,依法采取执行措施,强制负有义务的当事人履行已经生效的裁决书所规定的义务。

266. 仲裁调解书如何执行

根据《劳动争议仲裁法》规定,调解达成协议的,仲裁庭应当根据协议内容制作调解书,调解书自送达之日起具有法律效力。调解未达成协议或者调解书送达前当事人反悔的,仲裁庭应当及时裁决。同时规定,当事人对发生法律效力的调解书和裁决书,应当依照规定的期限履行。一方当事人逾期不履行的,另一方当事人可以申请人民法院强制执行。

仲裁调解书的法律效力主要体现在以下几个方面:

(1)终止仲裁程序。调解达成协议制作调解书,表明劳动争议仲裁委员会已从法律上解决了双方当事人的争议,仲裁程序没有必要再继续进行下去。

(2)确定权利义务关系。调解结束后,双方当事人的权利义务关系明确,应自觉履行,不得就争议的同一内容再次提出仲裁申请。

(3)不得就仲裁调解书的内容向人民法院起诉。

(4)具有强制执行的效力。仲裁调解书经双方当事人签收后,具有法律效力,签收的时间就是仲裁调解书生效的时间。发生法律效力的调解书,双方应自觉履行,一方当事人逾期不履行的,另一方当事人可以向有管辖权的人民法院申请强制执行。

267. 申请执行需要哪些条件

(1)必须有执行依据。劳动争议仲裁委员会制作的裁决书生效后,一方当事人不履行的,对方当事人可以向被申请人住所地或被执行的财产所在地的人民法院申请强制执行。受申请的人民法院按照《民事诉讼法》的有关规定办理。人民法院的执行裁定书送达双方当事人和劳动争议仲裁委员会。仲裁裁决被人民法院裁定不予执行的,除了仲裁委员会对争议事项无权裁决,当事人还可以依据双方达成的书面协议,重新向劳动争议仲裁委员会申请仲裁,也可以直接向人民法院起诉。

(2)必须由当事人的申请,并在法定期限内提出。如果权利人在申请执行的期限内没有申请执行,则丧失了申请执行的权利。根据《民事诉讼法》规定。仲裁申请执行的期限为两年,从法律文书规定的履行期间的最后一日起计算;法律文书规定分期履行的,从法律文书规定的每次履行期间的最后一日起计算。

如果在规定期限内,权利人因不可抗力或不是由于自己的过错,而无法申请执行的,应当在无法申请执行的原因消灭后,申请恢复被耽误的时间,经人民法院准许,权利人在恢复的期间内仍有行使申请执行的权利,但无正当理由而逾期申请执行的,人民法院不予受理。

(3)必须有执行内容。申请执行的对象应当具有可执行性,即人民法院强制执行的标的,或者是财产或者是行为。申请执行应当向有管辖权的人民法院提出。已生效的判决、裁定和民事调解书,由第一审人民法院执行;仲裁裁决书和调解书,由被执行人住所地或者被执行人的财产所在地人民法院执行。

(4)必须有强制执行的原因。强制执行必须是因为负有义务的一方当事人对已发生法律效力的判决、裁定或调解书等法律文书规定的义务故意拖延、逃避或者拒绝履行时,根据对方当事人的申请或人民法院依职权主动提起而进行。如果当事人已经主动履行了规定的义务,则不产生强制执行的问题,法律关系也因为履行完毕而消灭。如果义务人正在履行义务,其履行行为应当受到法律的保护,但对义务人剩余未履行的义务,可以申请强制执行。

268. 法院采取哪些执行措施

人民法院在执行过程中,一般要采取冻结被执行人的存款;划拨、扣留、提取被执行人的收入;查封、扣押、冻结、拍卖、变卖被执行人的财产等措施。但是,在人民法院采取了上述措施之后,被执行人仍然不能完全偿还其所欠债务的,对其债务可以部分免除,或者不免除,由申请执行人决定。

被执行人不能履行义务的原因主要有被执行人暂时没有财产可供执行,或者是被执行人转移、隐匿财产、抽逃资金,或者外出躲债、有意不还等多种原因。《民事诉讼法》第二百三十三条规定,人民法院对被执行人采取了各种强制执行措施后,被执行人仍然不能偿还其债务的,应当继续履行义务,只有在人民法院宣告企业法人破产还债的情况下可以除外。

债权人发现被执行人有其他财产的,可以随时请求人民法院执行。被执行人不能清偿债务的,但是对第三人享有到期债权的,人民法院可以依据申请执行人的申请,通知第三人向申请强制执行人履行债务。如果该第三人对债务没有异议的,但又在通知指定的期限内不予履行的,人民法院可以对其强制执行。

第八章 劳动争议诉讼

一、劳动争议诉讼程序概述

269. 什么是劳动争议诉讼

劳动争议诉讼，或称诉讼，是指人民法院对当事人不服劳动争议仲裁机构的裁决或决定而起诉的劳动争议案件，依照法定程序进行审理和判决，并对当事人具有强制执行力的一种劳动争议处理方式。根据《劳动争议仲裁法》的有关规定，当事人对仲裁不服，可以在接到仲裁裁决书之日起15日内向人民法院起诉。

诉讼程序是处理劳动争议的最后一道程序，它是指司法机关及案件当事人按一定步骤为解决纠纷所进行的活动，包括案件的受理、调查、审理、判决和执行等若干具体步骤。在我国，劳动争议由普通法院受理，尚未设立专门的劳动法院和法庭。随着劳动争议的增多，建立专门的劳动司法机构将日显必要。

270. 劳动争议仲裁和劳动争议诉讼有什么区别

（1）性质不同。劳动争议仲裁具有行政和司法双重特征。行政特征，是指仲裁机构是劳动争议仲裁委员会，而劳动争议仲裁委员会是由劳动行政部门的代表、同级工会代表和方面的代表组成，即机构组成具有"三方性"，同时在方针、政策、规章等方面接受劳动行政部门的领导；司法特征是指劳动争议仲裁具有一定的裁制权，仲裁机构所作出的裁决书在当事人未于法定期间内起诉的情况下即产生法律强制执行力。劳动争议纠纷则是完全的司法性质,具有最终的司法裁判权。

(2)依据不同。劳动争议仲裁的法律依据主要是《中华人民共和国》和《企业劳动争议处理条例》;劳动争议诉讼的法律依据主要是《民事诉讼法》。

(3)程序不同。劳动争议仲裁只有一审,仲裁裁决做出并送达后,仲裁程序即终结,如当事人对裁决不服,不能向上一级仲裁机构再行申请,而只能向人民法院起诉进入诉讼程序;劳动争议诉讼则有二审,诉讼一审结束后,如对一审的判决不服,当事人可向上一级法院上诉,二审法院应对一审法院判决所认定的事实和适用的法律进行全面审查。

271. 劳动争议诉讼有哪些起诉条件

劳动争议案件的起诉条件为:

(1)起诉人必须是当事人。当事人因故不能起诉的,可以委托代理人代行起诉;其他人则无权提起诉讼;

(2)必须经过劳动争议仲裁机构裁决后,当事人不服该仲裁裁决的。当事人一方或双方不能就劳动争议直接向人民法院提起诉讼,只能在先向仲裁机构申请仲裁不服后,才有权起诉;如果当事人就劳动争议问题在仲裁机构的主持下,达成了调解协议且协议已经生效,则当事人无权再向人民法院起诉;

(3)必须有明确的被告。劳动纠纷当事人不服仲裁裁决向人民法院起诉,必须明确对方当事人是谁,是谁具体侵犯了自己的合法权益。但需要明确的是,仲裁委员会和劳动行政部门不得作为劳动争议案件的被告或第三人。

(4)必须有具体的诉讼请求,包括:

请求人民法院认定原告的请求权,责令对方履行义务,给付工资、劳动保险费等;

请求人民法院确认原告与被告之间存在或不存在某种实体上的法律关系,如确认劳动合同有效或无效,确认职工与企业存在劳动关系,企业不得开除、除名、辞退;

请求人民法院改变或消灭当事人之间原有的劳动法律关系,如改变劳动合同的内容,解除劳动合同或劳动关系等。

(5)必须有事实依据。提出的诉讼请求,要有诉讼根据,包括劳动纠纷案件的事实,即劳动纠纷是如何发生的,纠纷的内容如何等,还包括劳动纠纷的证据材料等。

(6)必须在法律规定的时效期限内提起诉讼。当事人对仲裁裁决不服的,应当自收到仲裁裁决之日起 15 日内向人民法院起诉,超过期限起诉的,一般不予受理。如由于不可抗力等原因造成逾期,则应向人民法院提供有关证据,予以说明,征得人民法院的认可。

272. 什么是劳动争议诉讼时效

我国法院规定民事案件的当事人向人民法院请求民事权利保护的诉讼时效为两年,但劳动争议案件的诉讼时效是 15 日,即案件当事人如对劳动争议仲裁委员会的仲裁裁决书或不予受理决定书、通知书不服,应当在收到该仲裁文书之日起 15 日内向人民法院起诉,逾期提起诉讼的,人民法院一般不予受理。

规定按照日、月、年计算期间的,开始的当天不算入,从下一天开始计算。

期间的最后一天是星期日或者其他法定休假日的,以休假日的次日为期间的最后一天。期间的最后一天的截止时间为二十四时。有业务时间的,到停止业务活动的时间截止。

273. 劳动争议不仲裁能直接起诉吗

根据《劳动法》第七十九条规定,劳动争议案件经劳动争议仲裁委员会仲裁是提起诉讼的必经程序。最高人民法院的司法解释又规定,劳动争议仲裁委员会逾期不做出仲裁裁决或者做出不予受理的决定,当事人不服向人民法院提起行政诉讼的,人民法院不予受理。这意味着仲裁部门一纸不予受理的通知书,即堵死了劳动者获得司法救济的最终渠道。

劳动争议调解仲裁法解决了这个制度设计上的弊端。劳动争议调解仲裁法规定,劳动争议仲裁委员会收到仲裁申请之日起5日内,认为符合受理条件的,应当受理,并通知申请人;认为不符合受理条件的,应当书面通知申请人不予受理,并说明理由。对劳动争议仲裁委员会不予受理或者逾期未做出决定的,申请人可以就该劳动争议事项向人民法院提起诉讼。

274. 法院会受理哪些劳动争议

一般情况下,以下劳动争议经仲裁后,当事人不服申请提起诉讼的,人民法院会受理。

(1)劳动者以用人单位未为其办理社会保险手续,且社会保险经办机构不能补办导致其无法享受社会保险待遇为由,要求用人单位赔偿损失而发生争议的,人民法院应予受理。

(2)因企业自主进行改制引发的争议,人民法院应予受理。

(3)劳动者依据劳动合同法规定,向人民法院提起诉讼,要求用人单位支付加付赔偿金的,人民法院应予受理。

(4)劳动者与未办理营业执照、营业执照被吊销或者营业期限届满仍继续经营的用人单位发生争议的,应当将用人单位或者其出资人列为当事人。

(5)未办理营业执照、营业执照被吊销或者营业期限届满仍继续经营的用人单位,以挂靠等方式借用他人营业执照经营的,应当将用人单位和营业执照出借方列为当事人。

(6)当事人不服劳动人事争议仲裁委员会作出的仲裁裁决,依法向人民法院提起诉讼,人民法院审查认为仲裁裁决遗漏了必须共同参加仲裁的当事人的,应当依法追加遗漏的人为诉讼当事人。被追加的当事人应当承担责任的,人民法院应当一并处理。

（7）用人单位与其招用的已经依法享受养老保险待遇或领取退休金的人员发生用工争议，向人民法院提起诉讼的，人民法院应当按劳务关系处理。

（8）企业停薪留职人员、未达到法定退休年龄的内退人员、下岗待岗人员以及企业经营性停产放长假人员，因与新的用人单位发生用工争议，依法向人民法院提起诉讼的，人民法院应当按劳动关系处理。

（9）劳动者主张加班费的，应当就加班事实的存在承担举证责任。但劳动者有证据证明用人单位掌握加班事实存在的证据，用人单位不提供的，由用人单位承担不利后果。

（10）劳动者与用人单位就解除或者终止劳动合同办理相关手续、支付工资报酬、加班费、经济补偿或者赔偿金等达成的协议，不违反法律、行政法规的强制性规定，且不存在欺诈、胁迫或者乘人之危情形的，应当认定有效。

275. 法院不受理哪些劳动争议案件

劳动争议诉讼是劳动争议当事人依法维护自身合法权益的最后程序，但法院受理劳动争议案件也是有内容和程序上的要求的，以下这些情况的劳动争议案件法院不受理。

（1）违反劳动争议仲裁前置规定。当事人向人民法院提起的劳动争议未经劳动争议仲裁这一必经的、强制性的劳动争议处理程序，人民法院不予受理。

（2）当事人向人民法院提起劳动争议诉讼，超过了15天的诉讼时效的规定。当事人不服劳动争议仲裁委员会的仲裁，应当在自收到仲裁裁决之日起15日内向人民法院提起诉讼。因当事人在规定的15日之内未提出起诉讼；超过15日诉讼时效的规定；仲裁裁定已生效；对诉讼请求人的诉讼请求，人民法院不予支持，因而也不予受理。

（3）诉讼请求人提起的劳动争议诉讼，不属于该受诉法院管辖。

劳动争议诉讼案件的管辖，应当由发生劳动争议的县、市辖区的人民法院管辖，当事人的劳动争议诉讼请求超越了受诉法院的管辖范围，受诉的人民法院不予受理。

（4）当事人的诉讼请求不符合提起诉讼的条件。

二、劳动争议案件管辖

276. 法院管辖分为哪几种

（1）级别管辖。级别管辖是指上下级人民法院受理第一审劳动争议案件的分工和权限。在一般情况下，当事人不服仲裁裁决应向仲裁委员会所在地的人民法院提起诉讼，但若有涉外因素或根据案件的性质、繁简程度、影响的范围，对案件难度大、影响范围广的案件也可以由中级人民法院或高级人民法院作为第一审法院进行审理。

（2）地域管辖。地域管辖是指不同地区的同级人民法院之间受理第一审劳动争议案件的分工和权限。民事诉讼法规定的地域管辖有一般地域管辖、特殊地域管辖、专属管辖和协议管辖。

一般地域管辖，即普通地域管辖，指按照当事人所在地与其所在地法院的隶属关系确定的管辖，一般地域管辖实行"原告就被告"的原则。特殊地域管辖，指以诉讼标的的特定法律关系或标的物所在地为标准来确定的管辖，是一般地域管辖的例外情况。专属管辖，指法律规定某些案件必须有特定的人民法院管辖，其他法院无权管辖。协议管辖，指双方当事人依照法定条件，在纠纷发生之前或之后，通过书面方式自主合意约定管辖法院，协议管辖只适用于第一审合同纠纷提起的诉讼，其他案件则不能适用。

（3）移送管辖和指定管辖。移送管辖，指人民法院将已受理的案件移送给其他人民法院审理，民事诉讼法规定人民法院发现受理的案件不属于自己管辖时，应当移送有管辖权的人民法院。指定管辖,是指上级人民法院裁定将某一案件指定交由下级人民法院管辖。有管辖权的人民法院,由于特殊原因不能行使管辖权的,由上级人民法院指定管辖。人民法院对管辖权发生争议,由争议双方协商解决,协商不成的,报它们的共同上级人民法院指定管辖。

人民法院受理案件后,当事人对管辖权有异议的,应当在提交答辩状期间提出。人民法院对当事人提出的异议,应当审查。异议成立的,裁定将案件移送有管辖权的人民法院,异议不成立的,裁定驳回。

此外,还有管辖权转移问题,即上级人民法院有权审判下级人民法院管辖的第一审民事案件,也可以把自己管辖的第一审民事案件移交下级人民法院审理。下级人民法院对其管辖的第一审民事案件,认为需要由上级人民法院审判的,可以报请上级人民法院决定。

277. 劳动争议诉讼由哪个法院受理

依据《最高人民法院关于审理劳动争议案件适用法律若干问题的解释》第八条规定:"劳动争议案件由用人单位所在地或者劳动合同履行地的基层人民法院管辖。劳动合同履行地不明确的,由用人单位所在地的基层人民法院管辖。"即劳动合同履行地和用人单位所在地的法院对劳动争议都有管辖权。

在法律上,劳动争议仲裁的管辖地可以与劳动争议诉讼的管辖地不一致。但是,还需要满足两个条件。

(1)劳动争议仲裁委员会的裁决书没有明确指定起诉法院。一般来说,仲裁裁决书在这方面的裁决有两种可能,一种是"不服裁决的,任何一方都有权向有管辖权的人民法院提起起诉",另一种是"不服裁决的,向某某法院提起起诉"。如果裁决书已经指定了明确的管辖法院,那么劳动者和用人单位就只能到指定的法院起诉;如果裁决书没有明确指定管辖权的法院,那么任何一方都可以向劳动合同履行地或用人单位所在地的法院起诉。

（2）劳动者没有对仲裁裁决提起起诉，若劳动者在合同履行地起诉，用人单位在单位所在地起诉的话，那么就应当由合同履行地的法院管辖这起劳动争议诉讼。

278. 劳动争议的管辖权如何确定

劳动争议由劳动合同履行地和用人单位所在地的劳动争议委员会管辖。劳动争议仲裁委员会是国家授权处理劳动争议的机构，每一个仲裁委员会都有一定的管辖范围，即负责管辖本区域内发生的劳动争议。

通常用人单位所在地和劳动合同履行地是重合的，因此劳动合同履行地也是用人单位所在地。现如今用人单位所在地和劳动合同履行地不是一处，而双方当事人分别向劳动合同履行地和用人单位所在地的劳动争议仲裁委员会申请仲裁的，由劳动合同履行地的劳动争议委员会管辖，这体现了便民原则。因为用人单位和劳动者相比，往往更具有诉讼的经济实力，如果由劳动合同履行地的劳动争议委员会管辖，就免去了劳动者奔波两地而付出的时间精力及金钱的成本。

关于法院管辖权异议的劳动争议，劳动争议的处理采用仲裁前置的处理程序，对仲裁结果不满意的，一方可以依法到法院起诉。依据《劳动争议仲裁法》第二十一条规定："劳动争议仲裁委员会负责管辖本区域内发生的劳动争议。劳动争议由劳动合同履行地或者用人单位所在地的劳动争议仲裁委员会管辖。双方当事人分别向劳动合同履行地和用人单位所在地的劳动争议仲裁委员会申请仲裁的，由劳动合同履行地的劳动争议仲裁委员会管辖。"此条规定了劳动争议仲裁的劳动合同履行地优先管辖原则。

劳动争议双方的当事人对仲裁不服的，任何一方都可以向法院提起诉讼。这种诉讼会有三种情形，一是员工起诉，二是企业起诉，三是双方都起诉。若员工起诉，那么员工一般是在劳动合同履行地起诉，这样就不会出现仲裁管辖地与法院管辖地不一致的情形；若企业起诉,那么就有可能出现起诉地与仲裁地不一致的情形;若双方都起诉,那么从便于劳动者的角度出发,应当由劳动合同履行地的法院管辖。

三、劳动争议案件审理程序

279. 什么是法院一审程序

(1)起诉和受理。当事人提交起诉状后,人民法院将在7日内决定是否受理。不符合受理条件的,应在7日内做出不受理的裁定,原告不服裁定的,可以向上一级人民法院提起上诉。

(2)审理前的准备。审理之前人民法院将进行向被告发送起诉状副本、组成合议、开展调查或委托调查、通知当事人参加诉讼等事宜。并做好下列准备工作:在法定期限内,分别向当事人送达受理案件通知书、应诉通知书和起诉书、答辩状副本;通知必须共同进行诉讼的当事人参加诉讼;告知当事人有关的诉讼权利和义务、合议庭组成人员;审查有关的诉讼材料;了解双方当事人争议的焦点和应当适用的有关法律以及有关专业知识;调查收集应当由人民法院调查收集的证据;需要由人民法院勘验或者委托鉴定的,进行勘验或者委托有关部门鉴定;案情比较复杂、证据材料较大的案件,可以组织当事人交换证据;其他必要的准备工作。

(3)开庭审理。一是开庭准备。在开庭3日前通知当事人和其他诉讼参与人。公开审理的,应当公告当事人姓名、案由及开庭时间、地点等。审理开始时,先由审判长核对当事人,宣布审判人员、书记员名单,告知当事人有关的诉讼权利和义务,询问当事人是否申请回避。二是法庭调查。按下列顺序进行:由原告口头陈述事实或宣判起诉状,讲明具体诉讼请求和理由;由被告口头陈述事实或者宣读答辩状,对原告诉讼请求提出异议或者反诉的,讲明具体请求和理由;第三人陈述或答辩,有独立请求的,讲明具体请求和理由;无独立请求权的第三人针对原、被告的陈述提出承认或否认的答辩意见;原告或被告对第三人的陈述进行答辩;审判长或者独任审判员归纳本案争议的焦点或者法庭调查重点,并征求当事人意见;原告提出证据,被告进行质证;被告提出证据,原告进行质证;原、被告对第三人出示的证据进行质证;第三人对原、被告出示的证据进行质证;审判人员出示人民法院调查收集的证据,原告、被告和第三人进行质证。经审判长许可,当事人可以向证人发问,当事人可以互相发问。

(4)法庭辩论。进入法庭辩论后,先由原告及其诉讼代理人发言,然后由被告及其诉讼代理人答辩,再由各方互相辩论。辩论之后由审判长按照原告、被告、第三人的先后顺序征询各方最后意见。

(5)评议宣判。这是开庭审理的最后阶段,法庭辩论终结后,审判长宣布休庭,合议庭成员进行评议,评议应当秘密进行,实行少数服从多数的原则。合议庭评议结束后做出判决或裁定。判决可以当庭宣判,也可以定期宣判。不论审判是否公开,宣告判决均应公开进行,当庭宣判的,应在10日内发送判决书,定期宣判的,宣判后应立即发给判决书。

人民法院审理适用普通程序的民事案件,应当在立案之日起6个月内审结,有特殊情况需要延长的,由本院院长批准,可以延长6个月,还需要延长的,报请上级人民法院批准。

(6)诉讼中止和终结。诉讼中止,指在民事诉讼进行中,由于出现了某种特殊情况,是诉讼程序暂时停止,民事诉讼法规定的诉讼中止的情况有:一方当事人死亡,需要等待继承人参加诉讼的;一方当事人丧失诉讼行为能力,尚未确定法定代理人的;一方当事人因不可抗拒的事由,不能参加诉讼的;本案必须以另一案的审理结果为依据,而另一案尚未审结的;作为一方当事人的法人或其他组织终止,尚未确定权利义务承受人的。

诉讼终结,指在民事诉讼中,由于一方当事人死亡而出现特殊情况,是诉讼程序不能进行或没有必要继续进行,从而结束诉讼程序。民事诉讼法规定的诉讼终结的情况有：原告死亡，没有继承人，或继承人放弃诉讼权利；被告死亡，没有遗产也没有应当承担义务的人；离婚案件一方当事人死亡；追索赡养费、抚育费、抚养费以及解除收养关系的案件，一方当事人死亡的。

（7）依法做出判决和裁定。判决前能够调解的，还可以进行调解，调解不成的，应当及时判决。判决是人民法院行使国家审判权对具体案件做出的决定。判决书中应当写明案由、诉讼请求、争议的事实和理由；判决书中认定的事实、理由和适用的法律依据；判决结果和诉讼费用的负担；上诉期限和上诉的法院。

裁定是人民法院在审理案件和执行判决过程中，对程序上的问题做出的决定，如不予受理、管辖权异议、驳回起诉、财产保全和先予执行、准许撤诉与否、中止或终结诉讼等。

280. 什么是法院二审程序

当事人不服一审判决的，须在一审判决书送达之日起15日内向上一级法院提起上诉，依法提起二审程序。上诉状写明当事人的姓名、法人名称及其法定代表人姓名、原审人民法院的名称、案件编号和案由，上诉的请求和理由等。上诉状应当通过原审人民法院提出，并按照对方当事人或者代表人的人数提出副本。二审法院应对上诉请求的有关事实和适用法律进行审查，并应组成合议庭进行开庭审理。合议庭认为不需要开庭审理的，也可径行判决。二审法院审理上诉案件，可以进行调解，二审法院做出的判决是终审判决。法律规定的民事二审期限为3个月。

281. 什么是法院审判监督程序

审判监督程序是当法院对已经发生法律效力的判决和裁定发现确有错误而需要再审时所进行的程序。当事人可以申请再审，但必须在判决发生法律效力后六个月内提出。

提起审判监督程序有三个途径：

(1)当事人申请再审。当事人对已发生法律效力的判决认为确有错误的,在两年以内,既可以向原审人民法院申请再审,也可以向上一级人民法院申请再审。

(2)人民法院依职权提起再审。各级人民法院院长对本院的生效判决发现确有错误,有权提交审判委员会决定是否再审;上级人民法院对下级人民法院的生效判决有权提审或指令下级人民法院再审。

(3)人民检察院依法抗诉而提起再审。最高人民检察院对各级人民法院,上级人民检察院对下级人民法院的生效判决,发现确有错误,有权按照审判监督程序提出抗诉,对人民检察院提出抗诉的案件,人民法院必须再审。

对按照审判监督程序决定再审的案件,应裁定中止原裁判的执行;原来是第一审的,仍按照第一审程序再审,所作判决当事人仍可以上诉;原来是第二审的或上级人民法院提审的按照第二审程序审判,所做的判决是终审判决。

282. 什么是法院执行程序

执行程序是指法院依法对生效的法律文书,通过强制措施迫使当事人履行法律文书规定义务的诉讼活动。一般情况下,有关法律文书可以由当事人自觉履行,但是如果当事人不执行,则可以通过法院执行程序而予以强制执行。强制执行程序包括:

(1)向银行查询被执行人的存款情况,有权冻结、划拨被执行人的存款;

(2)扣留、提取被执行人应当履行义务部分的收入;

(3)查封、扣押、冻结、拍卖、变卖被执行人应当履行义务部分的财产;

(4)法院有权发出搜查令,对被执行人及其住所或者财产隐匿地进行搜查;

(5)强制迁出房屋或者强制退出土地。

向法院申请强制执行,应当提交申请执行书和有关法律文件。申请执行法院判决时,应当请求第一审人民法院执行。申请执行仲裁裁决书或仲裁调解书时,应请求被执行人住所地或者被执行的财产所在地法院执行。申请执行的期限,双方或一方是公民的为一年,双方是法人或其他组织的为六个月,从法律文书规定的履行期间的最后一日起计算。因为劳动争议案件的当事人一方是用人单位,一方是劳动者个人,因而申请执行的期限为一年。

执行工作由人民法院执行员进行。执行员接到申请执行书后应向被执行人员发出执行通知,责令其在指定的期间履行,逾期不履行的,强制执行。最高人民法院曾规定,在执行中,对于企业拒绝给职工安排工作并且不发工资或者不给福利待遇的,人民法院可以按《民事诉讼法》第一百七十九条规定,通知银行或者信用社扣划应付的工资和应享受的福利待遇,必要时可责令企业赔偿该职工的实际损失。

283. 劳动争议案件审理期限是如何规定的

审理期限是指从立案的次日起至裁判宣告、调解书送达之日止的期限,是劳动争议仲裁委员会和人民法院审理案件必须遵守的期限。审理期限制度的设立有利于提高司法效率,防止案件久拖不决、久审不判。劳动争议案件的审限包括两类:劳动争议仲裁阶段的期限和劳动争议诉讼阶段的期限,其中劳动争议诉讼阶段的审限又包括劳动争议一审和二审的审限。

根据《劳动争议调解仲裁法》第四十三条之规定,仲裁庭裁决劳动争议案件,应当自劳动争议仲裁委员会受理仲裁申请之日起四十五日内结束。案情复杂需要延期的,经劳动争议仲裁委员会主任批准,可以延期并书面通知当事人,但是延长期限不得超过十五日。逾期未做出仲裁裁决的,当事人可以就该劳动争议事项向人民法院提起诉讼。也就是说,劳动争议仲裁的一半审限是四十五日,而案情复杂的,经过延长最长不能超过六十日。

劳动争议诉讼一审阶段的审限根据适用的审判程序的不同而有所不同,分为普通程序的审限和简易程序的审限。首先,普通程序的审限,根据《民事诉讼法》第一百三十五条之规定,人民法院适用普通程序审理的案件,应当在立案之日起六个月内审结。有特殊情况需要延长的,由本院院长批准,可以延长六个月;还需要延长的,报请上级人民法院批准。其次,简易程序的审限,根据《民事诉讼法》第一百四十六条之规定,人民法院适用简易程序审理案件,应当在立案之日起三个月内审结。

劳动争议二审阶段的审限根据是判决的上诉还是裁定的上诉而有所不同,首先,对判决的上诉案件的审限,根据《民事诉讼法》第一百五十九条第一款之规定,人民法院审理对判决的上诉案件,应当在第二审立案之日起三个月内审结。有特殊情况需要延长的,由本院院长批准。其次,根据《民事诉讼法》第一百五十九条第二款之规定,对裁定的上诉案件的审限,人民法院审理对裁定的上诉案件,应当在第二审立案之日起三十日内做出终审裁定。

四、劳动争议诉讼举证

284. 劳动争议诉讼证据有哪些

劳动争议诉讼证据按法律上的分类,有以下七种:

(1)书证。凡是能够证明案件真实情况的一部分或全部的文字、符号、图画等,称为书证。劳动争议仲裁活动中常用的书证有劳动合同处理决定等文件、文书、单据、票证等。

(2)物证。凡是用物品的外形、特征、质量等证明待证事实的一部分或全部的,称为物证。如当事人违反操作规程损坏设备,或违章指挥造成事故,都是证明案件真实情况的证据。

(3)视听资料。是指用录像、录音或其他方法记录下来的可以证明案件事实及经过的资料。

（4）证人证言。证人证言是指证人就其所了解的与本案情有关的事实、情节，向仲裁机关所做的口头或书面陈述。

（5）当事人陈述。当事人陈述是指劳动争议申诉人、被诉人向劳动争议仲裁机关所做的关于案件真实情况的叙述。包括申诉书、答辩书等。

（6）鉴定结论。鉴定结论是指劳动争议仲裁机关委托、聘请或指定具有专门知识和设备的机构及其工作人员，对案件的有关问题进行专门性检验、分析和科学判断所作出的结论。

（7）勘验笔录。办案人员为了查明案情，对与案件有关的现场或者物品进行勘察检验，或者指定有关人员拍照、测量，称为勘验。对勘验情况与结果，以文字、照片、图表和录像等形式所做的记录，称为勘验笔录。勘验笔录应由勘验人、当事人和被邀请人签名或者盖章。

285．劳动争议诉讼谁来举证

在一般民事案件中，举证责任是由提出主张的一方当事人负担，即"谁主张，谁举证"。当事人不能提供证据支持其诉讼请求的，应当承担不能举证的后果，这种后果主要表现为劳动争议仲裁委员会或法院将不支持其诉讼请求。

但是，由于劳动争议是比较特殊的民事案件，不完全适用"谁主张，谁举证"的原则，因为在许多情况下劳动者是难以得到充分证据的。因此，在有些情况下，法律规定用人单位承担举证责任，换句话说，在这些情况下，虽然是劳动者提出主张，但举证责任却在用人单位。如果用人单位不能举证推翻劳动者的主张，则由用人单位承担不利的法律后果。这就是所谓的"举证责任倒置"。

可见，"谁主张，谁举证"并非普遍适用，在很多情况下，劳动争议仲裁委员会也会根据特殊的法律规定，依据"举证责任倒置"的相关规定来分配当事人的举证责任。

286. 哪些情形适用举证责任倒置

《最高人民法院关于审理劳动争议案件适用法律若干问题的解释》第十三条规定："因用人单位做出的开除、除名、辞退、解除劳动合同、减少劳动报酬、计算劳动者工作年限等决定而发生的劳动争议，用人单位负举证责任。"在 2002 年 4 月 1 日开始实施的《最高人民法院关于民事诉讼证据的若干规定》第六条中也做出了相同规定。

《关于确立劳动关系有关事项的通知》规定："工资支付凭证、社保记录、招工招聘登记表、报名表、考勤记录由用人单位负举证责任。"这是因为，此类证据材料是相关法律法规、劳动政策强制用人单位必须具备的，通常情况下劳动者是不可能得到的。如果双方纠纷涉及这些材料，就可以要求用人单位承担举证责任。对此，用人单位必须提供，如果拒绝提供，仲裁机构或人民法院则可以推定劳动者的主张成立。

"举证责任倒置"充分体现了劳动法对劳动者权益进行倾斜保护的基本理念，防止由于企业与员工之间在信息来源和经济实力等方面相差悬殊而产生的不公平。

287. 劳动争议诉讼案件劳动者如何举证

在实践中，很多劳动者都认为，劳动争议辞退案中举证责任是倒置的，应该由用人单位来举证。还有一些劳动者认为公司辞退我，大家都知道的，有那么多人证明，公司不会否认，这是一个很荒谬的观念。在职的员工一般不会出来作证，离职员工的证明效力又不高，所以到时候公司否认的话对劳动者是很不利的。最高人民法院的司法解释，只是确认了用人单位在特定情形之下的举证责任，如用人单位做出的开除、除名、辞退、解除劳动合同、减少劳动报酬、计算劳动者工作年限等决定而发生的劳动争议，用人单位负举证责任。劳动者提出仲裁，劳动者首先就要尽到自己的举证责任，然后才能轮得到用人单位举证。一般来说，劳动者应该首先举证如下几点：

（一）劳动者与单位之间存在劳动关系。劳动者首先应该证明劳动者与单位之间存在劳动关系，在用人单位不与劳动者签订劳动合同的情况下，劳动者要想证明存在劳动关系可以采用下面几个证据：

（1）社会保险记录。社会保险缴费记录是证明存在劳动关系的一个强有力的证据。

（2）工资发放记录。如盖章的工资条，工资卡的银行记录。

（3）胸卡、门禁卡。

（4）房贷收入，缴税证明。可以买房、买车贷款为由让公司开具收入证明。

（5）考勤卡。最好是原件，且有公司的公章之类的。

（6）代表公司签署的商业合同，文件以及授权书等；最好有原件。

（二）劳动者确实被辞退。有一些用人单位在辞退劳动者时，手续简单，口头通知，邮件通知，或者贴出辞退公告，不向劳动者出具书面通知。遇到上述情形，只要用人单位否认，劳动者手中没有证据能够证明辞退事实的发生，败诉几乎成为定局。

在用人单位明确拒绝向劳动者出具书面辞退证明的情形之下，劳动者如何获取有力的证据，保护自己的利益呢？笔者结合多年的经历，提出几种可以借鉴的方法：

（1）录音。在和用人单位交涉离职过程中，进行录音，以证明辞退事实的发生及单位拒不出具辞退证明的事实。我们办理的许多案子，就利用这种证据达到了胜诉的目的。

（2）先办理交接，在交接文件中将被单位辞退的事实注明。

（3）要求单位安排工作，继续上班，在遭到强制拒绝时，可以要求有关政府部门来解决争端，以留下相关证据。

（4）发敦促函要求用人单位继续履行合同，安排工作，发放工资并缴纳社保等。

（5）在用人单位做出辞退决定后,立刻采取向劳动部门举报或者仲裁行动,以行动来证明公司主张的自动离职的主张。

（三）工资收入。劳动者辞退案一般要求经济补偿或者赔偿,工资收入是自己要求经济补偿的基数依据,劳动者应该举证证明自己的收入,一般可以采用劳动合同、工资卡、工资条、工资证明等。

（四）工作年限。计算经济补偿或者赔偿的另一个计算依据就是工作年限,劳动者应该首先证明自己的工作年限。一般可以采用劳动合同、工资卡、工资条、社会保险缴纳历史等。

当劳动者手旦缺乏相关的证据,而用人单位不做真实陈述的时候,劳动者应该具备一定的质证常识和庭审技巧,迫使对方拿出对自己有利的证据,这一点非常重要。

288. 用人单位如何举证

用人单位与职工建立劳动关系后,双方之间产生纠纷是难以避免的事情。当劳动纠纷发生时,用人单位负有哪些举证责任呢?

依据我国法律,用人单位应当负举证责任的证据主要有以下几类:

（1）用人单位招用劳动者时已如实告知劳动者需要了解的情况的相关证据;

（2）已告知被派遣劳动者的工作要求和劳动报酬;

（3）考勤记录、工作量记录;

（4）劳务派遣单位将劳务派遣协议的内容告知被派遣劳动者的证明文件;

（5）按月支付劳动报酬、支付加班费、绩效奖金,提供与工作岗位相关的福利待遇的证明文件、经济补偿金或赔偿金支付证明文件、为劳动者缴纳五险一金的证明文件、代扣代缴证明文件;

（6）集体劳动合同草案提交职工代表大会或者全体职工讨论通过、报送劳动行政部门备案的证明文件;

（7）劳动者过错责任认定文件、劳动者考核文件、劳动者不能胜

任工作或不符合录用标准的证明等;

(8)劳动合同、企业规章制度和员工手册;用人单位将直接涉及劳动者切身利益的规章制度和重大事项决定公示或者告知劳动者的证据;

(9)解除劳动合同事先通知工会、听取工会意见的证据,裁员程序履行适当的文件;若用人单位以劳动者经考核不能胜任工作为由依法解除劳动合同还应当证明劳动者经过培训或者调整工作岗位,仍不能胜任工作且经平等协商讨论,已提前通知了劳动者并发放了补偿金。总而言之,用人单位要对劳动者无法接触、实际上由用人单位掌管的证据承担举证责任。认识这些,有利于劳动纠纷的和平解决。

289. 劳动者应注意收集哪些证据

劳动者通过劳动保障监察、劳动争议仲裁、行政复议、劳动争议诉讼等法律途径维护自身合法权益,或者申请工伤认定、职业病诊断与鉴定等,都需要提供证明自己主张或案件事实的证据。如果劳动者不能提供有关证据,就可能会影响自身权益。因此,劳动者在平时的工作中,应该注意保留有关证据。主要的证据包括:

(1)来源于有关社会机构的证据,如发生工伤或职业病后的医疗诊断证明或者职业病诊断证明书、职业病诊断鉴定书、向劳动保障行政部门寄出举报材料等的邮局回执。

(2)来源于劳动保障部门的证据,如劳动保障部门告知投诉受理结果或查处结果的通知书等。

(3)来源于用人单位的证据,如与用人单位签订的劳动合同或者与用人单位存在事实劳动关系的证明材料、工资单、用人单位签订劳动合同时收取押金等的收条、用人单位解除或终止劳动关系通知书、出勤记录等。

(4)来源于其他主体的证据,如职业中介机构的收费单据。

290. 如何保全劳动争议诉讼证据

劳动争议诉讼中证据的重要性是显而易见的,但往往是当人们认识到某个证据的重要性时,它却已经无法取得或不复存在了。这就要求我们不仅在日常的工作中要有鲜明的证据意识,注意随时收集整理相关的资料,而且需要了解一定的证据保全的知识与技巧。

证据保全是对证据加以固定和保护的制度。它是指当事人为使证据保持其固有的客观性和真实性,防止因种种原因使固有的证据灭失、损坏或以后发生难以取得而申请实施的保全。提出保全申请的证据,必须是对案情有较重要的证明作用的,保全的证据如果灭失或者以后难以取得的情况,会使案情无法得到证实,从而使当事人的主张不能得以实现。

证据保全一般可以分为诉讼前的证据保全和诉讼中的证据保全。诉讼前的证据保全,根据《公证暂行条例》的规定一般由公证机关进行,所以通常称之为证据保全公证。诉讼中的证据保全,根据《民事诉讼法》第七十四条的规定,由人民法院进行。

由公证机关出具的证据保全公证书的证据力一般优于其他一切证据,在诉讼活动中,被法院采信的概率极高,是一种十分稳妥可靠的证据保全手段。但由于其程序严格、手续繁杂且需承担一定的费用,因此,除非确实必要,一般不会被用人单位在劳动关系的日常管理工作中所采用。

其实,用人单位完全可以通过规范日常管理、完善相关制度等措施,对可能产生劳动争议的有关证据提前固化。

291. 加班工资的举证责任由谁承担

在劳动争议仲裁中加班工资这一项请求是劳动者主张比较多的。而往往仲裁结果与劳动主张的会有很大出入甚至得不到支持,而直接影响仲裁结果的就是对于加班工资的举证责任问题。

关于劳动争议中的举证责任问题,一般情况下适用《民事诉讼

223

法》"谁主张,谁举证"的基本原则。只有在特殊情况下才适用用人单位举证责任倒置的原则。特殊情况包括开除、除名、辞退、解除劳动合同、减少劳动报酬、计算劳动者工作年限等劳动者无法提供由用人单位掌握管理的证据,这个时候为了保护弱势一方法律规定由用人单位提供相关证据。但是这一规定并不是说劳动者在证明加班工资的过程中没有一点责任。

实践中,一般都是劳动者先对加班事实提供初步证据,然后由仲裁庭要求用人单位提供考勤来具体验证劳动者是否加班、加班时间以及加班费。根据目前代理的劳动争议案件,北京市各个区县支持的是劳动者离职前两年的加班工资。原因在于《工资支付暂行规定》第六条规定:"用人单位必须书面记录支付劳动者工资的数额、时间、领取者的姓名以及签字,并保存两年以上备查。"也就是说,用人单位只是对加班记录有保存两年的义务。因此对于此之前是否加班的证据不负举证责任。当然,如果劳动者对于两年之前的加班事实能提供充分的证据加以证明仲裁还是支持的,只是这个时候不适用特殊的举证原则,而仍然是"谁主张,谁举证"的基本举证原则。

关于加班工资的举证责任问题涉及的法律文件如下:

(1)《最高人民法院关于民事诉讼证据的若干规定》第六条规定:"在劳动争议纠纷案件中,因用人单位做出开除、除名、辞退、解除劳动合同、减少劳动报酬、计算劳动者工作年限等决定而发生劳动争议的,由用人单位负举证责任。"

(2)《最高人民法院关于审理劳动争议案件适用法律若干问题的解释(一)》第十三条规定:"因用人单位做出的开除、除名、辞退、解除劳动合同、减少劳动报酬、计算劳动者工作年限等决定而发生的劳动争议,用人单位负举证责任。"

(3)《劳动争议仲裁法》第三十九条第二款规定:"劳动者无法提供由用人单位掌握管理的与仲裁请求有关的证据,仲裁庭可以要求用人单位在指定期限内提供。用人单位在指定期限内不提供的,应当承担不利后果。"

附 录

一、案例选编

上海赢富电子商务有限公司与上海贤德劳务派遣有限公司服务合同纠纷案①

原告:上海赢富电子商务有限公司(以下简称赢富公司)

被告:上海贤德劳务派遣有限公司(以下简称贤德公司)

原告赢富公司诉称,2013 年 5 月 6 日,原、被告之间签订了《劳务派遣服务协议》,约定由被告贤德公司向原告劳务派遣员工,并提供相应的缴纳社保、发放工资服务;原告每月将员工的社保、工资等各项费用打入被告贤德公司账号后,被告贤德公司应及时、足额地将工资发到员工账上,并为员工缴纳社会保险费用,若被告贤德公司延误履行协议约定的服务,则应承担由此产生的各项费用;等等。

协议签署后,原告每月按时将各项费用支付给被告贤德公司,但被告贤德公司却克扣了 2013 年 5 月、6 月、7 月派遣员工的社会保险金,合计 43 120 元(人民币,下同)未予以缴纳。2013 年 8 月 12 日,被告贤

---

① 上海市徐汇区人民法院(2013)徐民二(商)初字第 2113 号民事判决书。文字略有改动。

德公司向原告出具书面确认函,确认收到社会保险金 43 120 元但未缴纳;同时承诺于 2013 年 9 月 20 日之前完成补缴及依法缴纳 2013 年 8 月、9 月的社保费用,否则将于 2013 年 9 月 30 日之前予以退回。后因被告贤德公司既未按约缴纳 2013 年 5 月至 7 月的派遣员工社会保险金,也未退回约定的 43 120 元,导致原告派遣的员工多次投诉。为安抚员工情绪,原告只得为部分员工额外补缴了社会保险金 14 080 元。现原告赢富公司诉至法院请求判令:1. 被告贤德公司履行《劳务派遣服务协议》约定的义务,为派遣的员工缴纳 2013 年 5 月、6 月、7 月社会保险金 43 120 元;2. 被告贤德公司返还补缴的社会保险费用 14 080 元;3. 解除原、被告之间于 2013 年 5 月 6 日签订的《劳务派遣服务协议》。庭审中,原告赢富公司将第 1 项诉请变更为判令被告贤德公司返还代缴款 43 120 元,同时撤回第 2 项诉请。

被告贤德公司未到庭答辩。

经审理查明,2013 年 5 月 6 日,原告赢富公司与被告贤德公司签订了《劳务派遣服务协议》一份。协议主要约定,甲方为原告赢富公司、乙方为被告贤德公司;服务内容:一、用工服务乙方为甲方提供劳务派遣,被派遣员工与乙方签订劳动合同,派遣员工的工作地点、岗位、方式等工作状况由甲方根据业务需要安排,乙方为派遣员工办理以下手续:1. 为派遣员工办理合法用工手续;2. 根据实际需要为派遣员工办理合法退工手续;二、退工服务乙方为离职的派遣员工办理合法退工手续:1. 为符合条件的派遣员工办理失业救济金申领手续;2. 为符合转移社保的派遣员工办理相关社保的转移;三、社保缴纳乙方将按甲方提供的派遣员工缴费基数依据当地法律、法规规定,每月一次计算并缴纳派遣员工的各类社会保险费用及其他费用,根据甲方提供的缴纳基数的变更情况办理社会保险金的调整手续;四、发放工资乙方将每月一次按照甲方提供的工资及奖金明细数据代为发放工资至派遣员工个人银行卡上,乙方将为代发工资的派遣员工统一代扣代缴个人所得税;五、员工管理当派遣员工发生工伤、医疗事故、劳动纠纷等时,乙方应主导或协助甲方处理;……乙方的权利与责任,…… 3. 根据国家和上海市规定,按月为符合参加城保(镇保)的员工办理养老、医疗、失业、工伤、生育保险以及住房公积金的申报、结算、缴纳及新增、变更、转移、封存、终止等手续,为外劳力从业人员办理综合保险;4.乙方必须及时地并足额地按照付款明细上甲方确认的社保基数及金额为派遣人员缴纳相关社保费用,乙方未按协议支付给派遣员工、缴纳社会保险、综合保险的,甲方不承担任何责任;5.若甲方按本协议规定及时缴纳全部费用,在规定期限内提供所有相关资料后,乙方不能或延误履行本协议所规定的人事代理服务,否则乙方应承担由此产生的各类费用;……协议生效,1.甲方委托乙方提供上述服务的期限是自2013年5月6日至最后一个派遣员工劳动合同终止;……4.如任何一方严重违反协议并不能及时纠正,或者存在其他重要变改导致协议无法履行的情况,另一方有权提前终止本协议;等等。合同签订后,原、被告均盖章确认,另被告贤德公司的授权代表刘某某也在诉争合同上签字确认。

合同签订后,原告赢富公司依约将派遣员工的工资、社会保险金通过银行转账至被告贤德公司的账户。

又查明,2013年6月8日、7月8日、8月7日,原告赢富公司再次转账支付了55 482.79元、66 781.52元、54 084.76元,用于支付派遣员工2013年6月至8月的工资及社会保险金。

2013年8月12日,被告贤德公司及授权代表刘某某出具了一份声明。内容为,"本公司和上海赢富电子商务有限公司于2013年4月签订劳务派遣协议,在联曹路288号二楼、三楼提供劳务派遣工服务,目前共计员工16人;因本公司社保账户问题,拖欠上海赢富电子商务有限公司五月、六月、七月公司及个人社保缴费共计43 120元;本公司声明收到上海赢富电子商务有限公司转账款项,承诺于2013年9月20日之前完成补缴并依法缴纳8月、9月社保费用;如果无法完成补缴,本公司承诺于2013年9月30日之前退还上海赢富电子商务有限公司43 120元,逾期则每日按百分之五支付逾期费用,未缴费期间发生的工伤本公司承担全责,上海赢富电子商务有限公司不承担连带责任"。但因被告贤德公司后未按约缴纳,原告赢富公司只得于2013年10月10日自行委托案外人上海佩琪信息技术有限公司补缴部分员工社会保险金

14 080元。后原告赢富公司多次向被告贤德公司催讨43 120元均无果,故引发诉讼。

案件审理中,本院曾组织双方进行调解,后因被告贤德公司的员工刘某某无法办理有效的委托手续,故无法达成调解。另被告贤德公司虽在调解时提出原告赢富公司应支付汽水费,因被告贤德公司未到庭参与庭审,也未出示相应的证据,原告赢富公司对此也不予认可。

本院认为,《劳务派遣服务协议》系双方之间的真实意思表示,依法有效,双方均应按约履行。根据查明的事实,被告贤德公司收取原告赢富公司代付的派遣员工社会保险金43 120元后未按约提供代缴服务,且做出承诺后又拒不履行的行为已符合协议约定的解除条件,故本院对原告赢富公司要求解除与被告贤德公司之间签订的《劳务派遣服务协议》,并返还43 120元的诉讼请求予以支持。庭审中,原告赢富公司撤回要求被告贤德公司支付补缴14 080元的诉请,属于对自身权利的处分,本院予以准许。被告贤德公司经本院合法传唤无正当理由拒不到庭,视为对其诉讼权利的放弃。

据此,依照《中华人民共和国合同法》第九十四条、第九十七条,《中华人民共和国民事诉讼法》第一百四十四条之规定,判决如下:

一、原告上海赢富电子商务有限公司与被告上海贤德劳务派遣有限公司于2013年5月6日签订的《劳务派遣服务协议》予以解除;

二、被告上海贤德劳务派遣有限公司于本判决生效之日起十日内返还原告上海赢富电子商务有限公司代缴款人民币43 120元。

青岛金宇恒业建筑劳务有限公司与郝某云
劳务(雇佣)合同纠纷案②

原告:青岛金宇恒业建筑劳务有限公司

被告:郝某云

　　原告青岛金宇恒业建筑劳务有限公司诉称,原告承包平度市东苑建筑工程有限公司承揽的金色年华小区二期 59♯、60♯楼施工,又将工程分包给了被告,承包劳务费结算总额为 475 612 元,被告从原告处支款共计 542 740 元,多支付劳务费 67 128 元。请求依法判令被告返还原告多支付的劳务费 67 128 元,本案诉讼费由被告承担。

　　被告郝某云辩称,被告是原告的职工,为原告在东苑建筑工程承揽的金色年华小区当施工头长,履行的是职务行为,结算的支条是为工人代发工资。因为被告于 2009 年 8 月 1 号与原告签订劳动合同,原告为被告缴纳社会统筹保险费,被告支取的款项不光用于本次工程的劳务工资,而且用于其他工程的劳务工资的发放,同时原告在其他工程结算中,一直没有给原告发放工资,即使有剩余也是被告的工资。所以,被告支取的款项不存在超支的问题,请求法院依法驳回原告的诉讼请求。

　　经审理查明,被告郝某云系原告青岛金宇恒业建筑劳务有限公司职工,双方于 2009 年 8 月 1 日签订书面劳动合同,合同约定,期限自 2009 年 8 月 1 日起至 2012 年 7 月 31 日止。2010 年 8 月,原告与平度东苑建筑工程有限公司签订《建设工程施工劳务分包合同》,负责金色年华二期 59♯、60♯楼的砌筑作业和模板作业,工程预计于 2011 年 6 月完工。合同书落款处有发包方平度市东苑建筑工程有限公司盖章、法定代表人刘玉东印章、委托代理人陈朋杰签字,承包方有青岛金宇恒业建筑劳务有限公司盖章、法定代表人倪洪智签字、委托代理人郝某云

----

②山东省平度市人民法院(2013)平民一初字第 2283 号民事判决书。文字略有改动。

签字。合同签订后,被告组织工人施工。自 2010 年 10 月 8 日至 2011 年 10 月 11 日期间,被告分 35 次从陈朋杰处支取劳务费 462 740 元。2011 年 8 月 1 日、9 日、16 日、30 日,被告分 4 次从倪洪智处支取劳务费 60 000 元。2011 年 2 月 8 日,被告支付给王学贵架子费 20 000 元。2012 年 5 月 18 日,原、被告对该工程进行了结算,结算总额为 475612 元,扣除王学贵支取的架子款 20 000 元、支倪洪智款 60 000 元、支陈朋杰项目款 462 740 元,被告实际支取劳务费 542 740 元,超支 67 128 元。双方书写了金色东城二期 59♯、60♯ 楼承包结算明细,被告在结算明细上签字认可。被告称以上款项都给工人发放工资了,原告欠我 2009 年、2011 年和 2012 年的工资,当时说用超支的款项抵顶。同时,被告提交了孙德乐、陈晓成、王建昌、王金泉等数十人的支款条一宗,证明给工人发放劳务费 51 万余元。因双方对超支款项发生争执,2013 年 5 月 24 日,原告诉来本院要求依法处理。

另查明,2011 年 12 月,原、被告之间的劳动关系解除。2012 年 5 月 18 日,原、被告达成书面协议载明,"郝某云同志撤销平度市劳动局仲裁委员会对青岛金宇恒业建筑劳务有限公司工伤赔偿的裁定,郝某云从 2009 年 10 月至 2011 年 12 月投保期间工资已全部付清,不再追究任何权利"。2013 年 1 月 13 日,郝某云作为原告向本院起诉,其在诉状中陈述,2012 年 5 月 18 日,被告将原告叫到被告处,将事先打印好的证明一份要求原告签字后,答应为原告结算,然而原告签字后,被告出尔反尔,未将工资结算给原告,要求原告支付一次性伤残就业补助金 32 760 元、工资 130 000 元(2009 年 10 月 1 日至 2011 年 11 月 30 日)、拖欠工资的经济补偿金 32 500 元、解除劳动合同经济补偿金 10 000 元,共计 195 260 元。2013 年 3 月 12 日,本院做出(2013)平民一初字第 774 号民事判决书,以双方达成的书面协议证明郝某云自 2009 年 10 月至 2011 年 12 月的工资已全部付清为由,判决青岛金宇恒业建筑劳务有限公司付给郝某云一次性伤残就业补助金 28 548 元,驳回郝某云的其他诉讼请求,该判决已生效。

庭审中,被告提交金色东城一期 5♯、6♯、11♯ 楼承包结算单一份,上面载有合计人工费 1 112 145 元,支取 1 054 960 元,余款清 57 185 元。

被告在结算单上签有"清郝某云"字样。证明两处工程是同一天结算的,工资结清了,结算款也结清了。原告质证认为,该证据的真实性无异议,这是对一期工程的结算,是我欠被告人工费 57 185 元,当时将钱付给了被告,所以注有"清"字,而被告欠我二期人工费 67128 元,因被告未付给我钱,所以上面没有备注。

以上事实,有原告提交的建设工程施工劳务分包合同一份、金色东城二期承包结算单一份、支款单一宗、(2013)平民一初字第 774 号民事判决书一份,被告提交的支款条一宗、金色东城一期承包结算单及原、被告当庭陈述在案佐证,并经庭审质证,足以认定。

本院认为,本案争议的焦点是:一、被告的行为是职工履行职务行为还是内部承包关系。二、超支的劳务费是否应当返还。

关于第一个焦点问题,本院认为,被告虽然在《建设工程施工劳务分包合同》上以委托代理人身份签字,但其在工程施工过程中带领工人施工,按时从发包方处支取劳务费,工程结束后又与原告进行了承包结算,并自行给施工工人发放劳务费。以上事实证明被告是独立进行施工,单独同原告结算,直接给工人发放工资,符合内部承包特征,故原、被告之间是内部承包关系。

关于第二个焦点问题,本院认为,被告施工结束后,2012 年 5 月 18 日,原、被告对金色东城一期、二期承包工程进行了结算,被告在两份结算明细中均签字确认,但辩称二期结算超支的款项抵顶了自己的工资,原告予以否认,被告在结算单上无有关"抵顶工资"或"结清"的备注,亦未有证据证明抵顶工资的事实存在。被告在(2013)平民一初字第 774 号劳动争议纠纷一案中有"未将工资结算给原告"陈述,与被告在本案中"超支的款项抵顶欠其 2009 年、2011 年和 2012 年的工资"辩解意见自相矛盾。故对被告以超支款项抵顶工资的辩解意见,缺乏事实依据,本院不予采信。综上,被告支取的劳务费超出了结算费用,应予返还。依照《中华人民共和国民法通则》第一百〇六条,第一百一十七条之规定,判决如下:

被告郝某云于判决生效后 10 日内返还给原告青岛金宇恒业建筑劳务有限公司超支的劳务费 67 128 元。

如果未按本判决指定的期间履行给付义务,应当依照《中华人民共和国民事诉讼法》第二百五十三条之规定,加倍支付迟延履行期间的债务利息。

韩某祥与淄博国际会展中心·有限公司劳动争议案③

上诉人(原审被告、原告):淄博国际会展中心有限公司
被上诉人(原审原告、被告):韩某祥

原审法院查明,韩某祥自 2009 年 11 月起在淄博国际会展中心有限公司物业部锅炉车间从事上煤工作,月工资为人民币 2 010.00 元,双方未签订书面劳动合同。2012 年 6 月 24 日,淄博国际会展中心有限公司将韩某祥辞退。后韩某祥向淄博市张店区劳动人事争议仲裁委员会提请仲裁,要求淄博国际会展中心有限公司支付其加班费 91 560.00 元、带薪年休假工资 3 660.00 元、违法解除劳动合同赔偿金 16 080.00 元,该仲裁委员会于 2012 年 11 月 2 日做出张劳人仲案字(2012)第 530－2号劳动争议裁决书,认定争议双方存在劳动关系,裁定淄博国际会展中心有限公司支付给韩某祥解除劳动合同赔偿金 12 060.00 元,驳回了韩某祥的其他诉讼请求。争议双方均对裁决结果不服,故形成诉讼。

原审法院认为,当事人对自己提出的主张,有责任提供证据。与争议事项有关的证据属于用人单位掌握管理的,用人单位应当提供;用人单位不提供的,应当承担不利后果。韩某祥提供的工作证可以证明其与淄博国际会展中心有限公司存在劳动关系,其因被淄博国际会展中心有限公司辞退导致双方劳动关系无法继续履行,淄博国际会展中心有限公司应当支付韩某祥解除劳动合同赔偿金,淄博国际会展中心有限公司主张其与韩某祥不存在劳动关系,也不存在违法解除劳动关系

---

③山东省淄博市中级人民法院(2013)淄民三终字第 404 号民事判决书。文字略有改动。

的情况,但未提供相立证据,该主张不予采纳。但韩某祥诉求加班费、带薪年休假工资无据,亦不予支持。据此,依照《中华人民共和国劳动合同法》第四十六条、第四十七条,第四十八条、第八十七条,《中华人民共和国民事诉讼法》第六十四条之规定,判决为:一、淄博国际会展中心有限公司于判决生效后十日内支付韩某祥解除劳动合同赔偿金人民币12 060.00 元(月工资 2 010.00 元×3 个月×2 倍);二、驳回韩某祥、淄博国际会展中心有限公司的其他诉讼请求。如果未按判决指定的期间履行给付金钱义务,应当依照《中华人民共和国民事诉讼法》第二百五十三条之规定,加倍支付迟延履行期间的债务利息。案件受理费 20元,由淄博国际会展中心有限公司负担。

原审判决后,淄博国际会展中心有限公司不服,向本院上诉称:被上诉人韩某祥在上诉人处从事的是季节性、临时性工作,且双方口头约定的也是劳务计酬,故双方之间是劳务关系而非劳动关系;即使存在劳动关系,也并非是上诉人辞退被上诉人,而是被上诉人不同意继续提供劳务,一审法院在被上诉人未提供任何上诉人辞退被上诉人证据的情况下,认定上诉人辞退被上诉人属于认定事实错误。请求二审法院查明事实,依法改判或发回重审。

被上诉人韩某祥答辩称:一审判决认定事实清楚,适用法律正确,上诉人的上诉没有事实和法律依据。请求二审法院查明事实,驳回上诉人上诉,维持原判。

二审查明的事实与原审查明的一致,予以确认。

以上事实,有原审卷宗和二审庭审笔录在卷佐证,足以认定。

本院认为,被上诉人韩某祥自 2009 年 11 月到上诉人淄博国际会展中心有限公司处工作,双方均认可被上诉人除了在上诉人处物业部锅炉车间从事上煤工作,平时也在上诉人处其他地方干零活,故被上诉人在上诉人处从事的并非季节性、临时性工作;加之被上诉人提供的工作证可证明被上诉人与上诉人之间存在劳动关系,被上诉人接受上诉人的管理。上诉人关于其与被上诉人之间是劳务关系而非劳动关系的上诉理由不成立,本院不予采纳。被上诉人因被上诉人辞退导致双方劳动关系无法继续履行,上诉人应当支付解除劳动合同赔偿金,上诉人主张其并未辞退被上诉人,不存在违法解除劳动关系的情形,但未提供证据证明,故本院对上诉人的该项上诉请求不予支持。综上,原审判决认定事实清楚,适用法律正确,程序合法,应予维持。依照《中华人民共和国民事诉讼法》第一百六十九条、第一百七十条第一款第(一)项、第一百七十五条之规定,判决如下:

驳回上诉,维持原判。

二审案件受理费 10 元,由上诉人淄博国际会展中心有限公司负担。

常某某与淄博宏源焦化有限公司
劳动合同纠纷案④

上诉人(原审被告):淄博宏源焦化有限公司

被上诉人(原审原告):常某某

原审法院查明:2003 年 5 月,常某某到淄博万杰高科化纤长丝部工作。2008 年 1 月 15 日,常某某从淄博万杰高科化纤长丝部调入淄博宏源焦化有限公司工作,具体从事煤检处统计员工作。2008 年 1 月,双方签订劳动合同一份,合同期限自 2008 年 3 月 1 日至 2013 年 2 月 28 日。2011 年 12 月 17 日,淄博宏源焦化有限公司因生产效益不好,通知常某某放假待岗。常某某放假待岗期间,淄博宏源焦化有限公司未支付其生活费。常某某在单位工作期间,单位通过银行卡按月支付工资。常某某主张其在单位工作期间,每月平均工资为 1 800.00 元,但未提供证据予以印证。诉讼中,常某某对淄博宏源焦化有限公司提供的工资发放表无异议,依据上述工资表计算,常某某放假待岗前十二个月的平均工资为 1 452.29 元。常某某 2011 年 10 月之前的工资,淄博宏源焦化有限公司已发放。2011 年 11 月,常某某的工资为 1 085.49 元,预付 500 元,

---

④山东省淄博市中级人民法院(2013)淄民三终字第 469 号民事判决书。文字略有改动。

剩余585.49元未发放;2011年12月,常某某上班16天,工资为463.36元,未发放。2012年8月27日,常某某向淄博宏源焦化有限公司提交了辞职报告,领取员工辞职审批表并到相关部门办理了交接手续。2013年1月31日,淄博宏源焦化有限公司以常某某旷工违纪为由与常某某解除了劳动合同,并出具了解除(终止)劳动合同证明书。同时查明,2013年6月5日,淄博市博山区劳动人事争议仲裁委员会对申请人常某某与被申请人淄博宏源焦化有限公司工资等纠纷一案做出了博劳人仲案字(2013)第53号仲裁裁决书,裁决被申请人支付申请人2011年11月工资为585.49元;2011年12月工资463.36元;2011年12月18日至2012年8月27日生活费7248.00元(1473.00元＋1100.00×70％×7.5个月),经济补偿金5500.00元(1100.00元×5)。

　　原审法院认为:劳动者的合法权益受法律保护。常某某系淄博宏源焦化有限公司职工,公司应当按照劳动合同约定支付常某某相应的工资福利待遇。常某某在单位工作至2011年12月16日,之后因单位生产效益问题放假待岗,淄博宏源焦化有限公司主张放假时通知员工在家休息三个月,之后回单位根据具体情况再定,并主张在放假期间多次打电话通知其回厂上班,但未提供有效证据予以证实,故对上述主张不予采信。常某某2011年11月工资585.49元(1085.49元－500.00元),2011年12月1日至16日的工资463.36元,淄博宏源焦化有限公司应当支付。常某某自2011年12月17日之后放假待岗,根据相关法律规定,非因劳动者原因造成企业停工、停产、歇业,企业未与劳动者解除劳动合同,停工、停产、歇业在一个工资支付周期内的,企业应当视同劳动者提供正常劳动并支付该工资支付周期的工资,超过一个工资支付周期的,企业没有安排劳动者工作,劳动者没有到其他单位工作的,应当按照不低于当地最低工资标准的70％支付劳动者基本生活费。常某某放假待岗前的月平均工资为1452.29元,淄博宏源焦化有限公司应当支付2011年12月17日至2012年1月16日一个月的工资1452.29元。依据相关法律规定,用人单位或者劳动者单方解除劳动合同采取的是通知解除的方式,劳动合同存续期间,任意一方将其解除劳动合同意愿通知对方即可解除双方劳动关系,而不必经过仲裁或诉讼程序。2012年8月27日,常某某以被告拖欠工资及未缴纳保险为由向被告递交了辞职报告,双方之间的劳动合同于2012年8月27日解除,常某某无权主张2012年8月27日至2013年1月31日的生活费。因此,淄博宏源焦化有限公司应支付常某某2012年1月17日至2012年8月27日共计7个月零11天的生活费5674.90元(按照2012年淄博市博山区最低工资1100.00元×70％×7.37个月)。由于淄博宏源焦化有限公司拖欠常某某工资,常某某提出辞职,淄博宏源焦化有限公司应当按照常某某的工作年限支付经济补偿。常某某虽然自2008年1月15日到单位工作,但其系从淄博万杰高科化纤长丝部调入,有员工调动通知书为证,依据法律规定,常某某在淄博万杰高科化纤长丝部的工作年限共计5年(自2003年5月计算至2007年12月)应当合并计算为在淄博宏源焦化有限公司工作年限,常某某共计工作10年,其经济补偿金应当按照10个月计算;由于常某某在解除劳动合同前没有相应的劳动报酬,依据相关法律规定,依据2012年淄博市博山区职工最低工资每月1100.00元计算其经济补偿金,因此,淄博宏源焦化有限公司应当支付常某某经济补偿金11000.00元(1100.00元×10个月)。综上,依照《中华人民共和国劳动合同法》第三条、第三十八条、第四十六条、第四十七条、《中华人民共和国劳动合同法实施条例》第二十七条、《最高人民法院关于审理劳动争议案件适用法律若干问题的解释(四)》第五条的规定,判决:一、淄博宏源焦化有限公司于本判决生效之日起十日内支付常某某工资2501.14元(585.49元+463.36元+1452.29元)、生活费5674.90元、经济补偿金11000.00元;二、驳回常某某的其他诉讼请求。如果未按本判决指定的期间履行给付金钱义务,应当依照《中华人民共和国民事诉讼法》第二百五十三条之规定,加倍支付迟延履行期间的债务利息。案件受理费5.00元,由淄博宏源焦化有限公司负担。

上诉人淄博宏源焦化有限公司不服原审判决,上诉称:1.被上诉人在我处工作不满5年,在原来单位工作的时间不应计算进经济补偿金计算年限。2.被上诉人是因无故旷工被解除劳动合同,因此我方不应支付经济补偿金。3.上诉人因无法维持正常生产而放假三个月,三个月之后被上诉人没有来上班,因此该放假期间的工资和生活费不应支付。综上,原审判决认定事实不清,适用法律不当,请求二审法院依法改判不支付被上诉人工资、生活费及经济补偿金。

被上诉人常某某辩称:原审判决认定事实清楚,适用法律正确,上诉人的上诉请求无事实和法律依据,被上诉人在 2003 年 5 月 13 日进入该单位工作,期间调动均属于单位内部调动,被上诉人在上诉人处工作十年;被上诉人提出辞职申请之前期间一直没有给我安排工作岗位,让被上诉人在家放假待岗,期间没有任何生活补贴。被上诉人不是旷工违纪被解除劳动合同,而是因为上诉人拖欠工资,不安排工作岗位,欠缴保险,不能按时支付被上诉人的劳动待遇;根据相关规定,上诉人应支付我工资及生活费,且已经按照公司规定办理完辞职手续及交接。因此,上诉人应该支付拖欠被上诉人的工资,放假期间的生活费及经济补偿金。综上,请求二审法院查明事实,驳回上诉,维持原判。

二审查明的事实与原审查明的一致,本院予以确认。

以上事实,有一审卷宗及二审庭审笔录在卷佐证,足以认定。

本院认为:根据《中华人民共和国劳动合同法实施条例》第十条的规定:"劳动者非因本人原因从原用人单位被安排到新用人单位工作的,劳动者在原用人单位的工作年限合并计算为新用人单位的工作年限。"本案中,从员工复职审批表及员工调动通知书等证据,能够证明常某某由万杰高科化纤长丝部调入上诉人处工作的事实,常某某工作调动情况符合上述法律规定合并计算工作年限的情形,原审判决计算经济补偿金年限并无不当。常某某在 2012 年 8 月 27 日就已向单位提交了辞职报告,并到相关部门办理了交接手续,2013 年 1 月 31 日,单位再以常某某旷工违纪为由与常某某解除劳动合同,显属不当。因此,上诉人以常某某旷工为由不支付经济补偿金的理由不当,本院不予支持。根据相关法律规定,非因劳动者原因造成企业停工、停产、歇业,企业未与劳动者解除劳动合同,停工、停产、歇业在一个工资支付周期内的,企业应当视同劳动者提供正常劳动并支付该工资支付周期的工资,超过一个工资支付周期的,企业没有安排劳动者工作,劳动者没有到其他单位工作的,应当按照不低于当地最低工资标准的 70% 支付劳动者基本生活费。且淄博宏源焦化有限公司未提供证据证明放假三个月后通知常某某上班，故原审判决对常某某在单位放假期间的工资及基本生活费予以支持，并无不当。综上，原审判决认定事实清楚，适用法律正确，依法予以维持。据此，依据《中华人民共和国民事诉讼法》第一百六十九条、第一百七十条第一款第（一）项、第一百七十五条之规定，判决如下：

驳回上诉，维持原判。

二审案件受理费10元，由上诉人淄博宏源焦化有限公司负担。

安某立与山东嘉诚物业管理有限公司
等劳动争议案⑤

原告：安某立

被告：山东嘉诚物业管理有限公司（以下简称嘉诚物业）

被告：山东嘉诚物业管理有限公司济南分公司（以下简称济南分公司）

第三人：济南金色长城物业管理有限公司（以下简称金色长城）

原告安某立诉称：原告于2007年7月28日到济南分公司担任保安一职。被告承诺每月支付原告工资1800元并与原告签订劳动合同为其缴纳社会保险，但被告一直以各种借口没有与原告签订劳动合同更没有为原告缴纳社会保险，并要求原告在工作时间每周休息日加班一天，却未向原告支付加班费。请求法院判令被告嘉诚物业、济南分公司支付原告2007年7月28日至2013年1月20日的加班费57 000元、解除劳动合同经济补偿金10 800元、未能领取失业金的损失赔偿4 380元、自2010年7月28日至2010年11月30日应缴纳的社会保险损失24 525元。

---

⑤山东省济南市市中区人民法院（2013）市民初字第1688号民事判决书。文字略有改动。

被告嘉诚物业、济南分公司共同辩称：答辩人与被答辩人之间不存在劳动关系，答辩人无义务承担被答辩人的诉讼请求。请求法院依法驳回原告的诉讼请求。

第三人金色长城述称：原告确系我单位员工，其他情况不清楚。

经审理查明：根据工商登记材料显示，金色长城成立于 2005 年 10 月 12 日，嘉诚物业成立于 2006 年 5 月 30 日，济南分公司成立于 2007 年 12 月 5 日。金色长城与嘉诚物业均系独立法人。金色长城与济南分公司均未与安某立签订书面劳动合同。安某立原在伟东新都四区负责保安工作。2009 年 11 月开始，安某立的社会保险费在金色长城名下缴纳。安某立正常工作至 2012 年 9 月。2013 年 4 月 2 日，安某立向济南市市中区劳动人事争议仲裁委员会提起申诉，要求嘉诚物业、济南分公司支付加班费、解除劳动合同经济补偿金等，该委经审理做出济市中劳人仲案(2013)73 号仲裁裁决书，裁决驳回安某立的仲裁请求。安某立不服该裁决，在法定期限内诉至本院。

审理过程中，嘉诚物业为证明安某立与其不存在劳动关系，向本院提交了其与济南伟东置业有限公司签订的白金瀚宫前期物业管理委托合同及伟东新都一区、二区前期物业管理委托合同及员工工资表。安某立对此不予认可，认为金色长城与嘉诚物业法人代表系同一人。经本院征求安某立意见，安某立表示在本案中不要求金色长城承担责任。

以上事实，有仲裁裁决书、工商登记材料、物业管理委托合同及当事人陈述等证据予以正实。

本院认为：最高人民法院《关于民事诉讼证据的若干规定》第二条规定，当事人对自己提出的诉讼请求所依据的事实或者反驳对方诉讼请求所依据的事实有责任提供证据加以证明。没有证据或者证据不足以证明当事人的事实主张的，由负有举证责任的当事人承担不利后果。安某立主张其与嘉诚物业、济南分公司之间存在劳动关系，在嘉诚物业、济南分公司不予认可双方存在劳动关系的情况下，安某立对此负有举证责任。因安某立未能提供证据证明其与嘉诚物业、济南分公司存在劳动关系，故安某立的该主张，证据不足，本院不予支持。因安某立与嘉诚物业、济南分公司之间不存在劳动关系，其要求嘉诚物业、济南分公司支付加班费、解除劳动合同经济补偿金、未能领取失业金的损失赔偿及应缴纳的社会保险损失的请求于法无据,本院不予支持。依照《中华人民共和国民事诉讼法》第六十四条第一款、最高人民法院《关于民事诉讼证据的若干规定》第二条之规定,判决如下:

驳回原告安某立的诉讼请求。

案件受理费 10 元,由原告安某立负担。

济南盛达冶金科技有限公司与于某某劳动合同纠纷案⑥

上诉人(原审被告):济南盛达冶金科技有限公司(以下简称济南盛达公司)

被上诉人(原审原告):于某某

原审法院认定:于某某于 2007 年 8 月到济南盛达公司从事电焊工作,有于某某提交的 2007 年 8 月的工资条予以证明。于某某与济南盛达公司于 2010 年 3 月 1 日签订劳动合同,期限自 2010 年 3 月 1 日起至 2010 年 12 月 31 日止,劳动合同到期后,双方续订劳动合同,期限自 2011 年 1 月 1 日起至 2015 年 12 月 31 日止。济南盛达公司为于某某缴纳了 2010 年 3 月至 2012 年 10 月的社会保险费,于某某离开济南盛达公司前 12 个月平均工资为 2 416.6 元。济南盛达公司规章制度第六条奖惩制度及其他第 2.1 项规定,员工有下列情形者,应予以"开除或辞退"处分:在工作场所聚赌或打架斗殴者。规章制度还规定:不团结职工罚款 30 元,骂人挑拨是非者罚款 50 元,打架者罚款 100 元,情节严重者移交公安部门。于某某对规章制度无异议。2012 年 10 月 25 日,于某某在工作期间与济南盛达公司的另一名员工尹某某发生争执。

---

⑥山东省济南市中级人民法院(2013)济民一终字第 844 号民事判决书。文字略有改动。

2012 年 10 月 26 日，济南盛达公司出具"关于于某某、尹某某打架处理意见"，以于某某、尹某某违反公司规章制度，造成极坏影响对二人做出劝退处理。济南盛达公司未提交于某某与尹某某动手打架及给公司造成了严重后果的其他证据。于某某抗辩未收到过处理决定，且否认动手打架，认为与尹某某吵架的行为不构成打架斗殴，不应被辞退。

2012 年 11 月 15 日，于某某向济南市历城区劳动人事争议仲裁委员会申诉，要求补缴 2007 年 9 月至 2010 年 3 月的养老保险、医疗保险、失业保险；支付经济补偿金 13 291.3 元；支付经济损失费 8 760 元；支付 2007 年 9 月至 2010 年 1 月的工资。历城区劳动人事争议仲裁委经审理，做出济历城劳人仲裁字(2012)第 229 号裁决书，裁决如下：一、驳回申请人(于某某)要求补缴社会保险及支付经济损失的请求；二、对申请人的其他申请请求不予支持。于某某不服仲裁裁决，诉至原审法院。

原审法院认为：2007 年 8 月至 2012 年 10 月 26 日，于某某与济南盛达公司之间存在劳动合同关系，双方应按《劳动合同法》等有关法律法规履行各自的权利义务。济南盛达公司主张 2010 年 3 月与于某某建立劳动关系，证据不足，原审法院不予采信。2012 年 10 月 25 日，于某某与济南盛达公司职工尹某某在工作期间因故发生争执，争执中未造成人员受伤，济南盛达公司亦未报公安部门进行处理。济南盛达公司制定的规章制度中，第六章"奖惩制度及其他"第二条"违纪处分"中规定："2.1 员工有下列情形之一者，'在工作场所聚赌或打架斗殴者'，应予以'开除或辞退'处分；2.4 不按时打扫场地卫生，罚款 5 元；不团结职工者罚款 30 元，骂人挑拨是非者罚款 50 元，打架者罚款 100 元，情节严重者移送公安部门"。该规章制度中 2.1 条规定打架斗殴与聚赌的处理结果是一样的，而聚赌显然属严重违法行为，应由公安部门予以处理。济南盛达公司还在规章制度 2.4 条中规定打架者罚款 100 元，情节严重者移交公安部门。可见济南盛达公司规章制度对打架行为分两种情形处理：打架情节较轻、后果不严重的罚款处理，打架斗殴情节严重报公安机关处理，并可依规定解除合同，于某某承认在工作中与同事发生争执，但济南盛达公司未提供证据证明打架双方有人员受伤或造成了其他严重后果。因此，原审法院认为济南盛达公司对于某某予以"辞退"的处分过重,此种解除劳动合同的行为,应视为济南盛达公司提出的解除双方劳动合同的行为,济南盛达公司依法应支付于某某解除劳动合同经济补偿金 13 291.3 元(2416.6 元×5.5 个月)。据此,原审法院依照《中华人民共和国劳动合同法》第四十六条第(二)项、第四十七条第一款,《中华人民共和国民事诉讼法》第六十四条之规定,判决:被告济南盛达冶金科技有限公司于判决生效之日起 10 日内支付原告于某某解除劳动合同经济补偿金 13 291.3 元。如果未按判决指定的期间履行给付金钱义务,应当依照《中华人民共和国民事诉讼法》第二百五十三条之规定,加倍支付迟延履行期间的债务利息。案件受理费10 元,由被告济南盛达冶金科技有限公司负担。

上诉人济南盛达公司不服原审判决上诉称:一、原审法院认定事实错误。于某某是 2010 年 3 月进入公司,而非其所主张的 2007 年。原审法院仅凭于某某提交的一张工资条即认可于某某的主张不当。于某某提交的工资条上没有济南盛达公司的盖章,也没有任何主管人员的签字,如果于某某保存着刚入公司第一个月的工资条,那么也应该保存着其他的工资条。由此可见,于某某提供的工资条不是济南盛达公司出具的。二、于某某已承认在工作中与同事打架,虽济南盛达公司无法证明打架双方人员受伤或造成其他结果的证据,但是济南盛达公司制定的规章制度中,第六章"奖惩制度及其他"第二条"违纪处分"中规定:2.1 员工有下列情形之一者,在工作场所聚赌或打架斗殴者,应处以'开除或辞退'处分;2.4 不按时打扫场地卫生,罚款 5 元;不团结职工者,罚款 30 元;骂人挑拨是非者,罚款 50 元;打架者,罚款 100 元,情节严重的移送公安部门。规章制度中只明确情节严重者移送公安机关,但没有说只有情节严重才给予开除或辞退的处分,故济南盛达公司有权根据规章制度给予于某某开除处分。且济南盛达公司规章制度中对于打架斗殴者给予开除或辞退的规定与罚款 100 元并不冲突。虽然济南盛达公司规章制度略显严格,但也是为了更好地管理公司。根据《劳动合同法》第三十九条规定,严重违反用人单位规章制度的,用人单位可以解除劳动合同。劳动部门关于执行劳动发法的意见第三十九条规定,用人单位根据《劳动法》第二十五条解除劳动合同的,可以不支付劳动者经济补偿金。故济南盛达公司依照本公司的规章制度辞退于某某是合法合理的。原审法院判决支付于某某解除劳动合同经济补偿金违反法律规定。三、根据我国民事证据规则的规定,"谁主张,谁举证"。既然于某某主张是 2007 年进入济南盛达公司工作,就应当向法庭提供证据予以证明。在仲裁和原审中于某某并未提供切实有效的证据,仅凭一张无来源的工资条,原审法院就认定于某某的主张,实属错误。退一步讲,即使于某某主张的 2007 年进入济南盛达公司的事实属实,那么到 2010 年 3 月双方签订劳动合同时,于某某已经知道自己的权利受到侵犯,其申请仲裁的时效应从 2010 年 3 月起算,至于某某申请仲裁时,已经超过了仲裁时效。综上所述,原审法院认定事实不清,适用法律错误。请求二审法院在查明事实的基础上撤销原审判决,并依法改判。

被上诉人于某某答辩称:济南盛达公司最初工资的发放形式是现金发放,后来是银行代发。于某某在原审中除提交的工资条外还提交了一个录音光盘,能够证明于某某是 2007 年到济南盛达公司工作的。2012 年 10 月 25 日左右,于某某在接线时需要拉下电闸,就停了尹某某的电,尹某某即与于某某发生了争吵,但是被同事们拉开了,双方并没有动手。争执发生后,济南盛达公司的顾总让于某某先回去等两个月,等这个事平息一下再回来上班。但济南盛达公司却对于某某做出辞退的处理决定,该辞退决定并没有通知于某某。原审判决认定事实清楚,适用法律正确,应予维持。

经审理本院认定,原审认定事实属实,本院予以确认。

本院认为:于某某主张其于 2007 年 8 月到济南盛达公司工作,并提交工资条等相关证据予以证明。济南盛达公司主张于某某系于 2010 年 3 月到其公司工作,但未提供充分有效的证据予以证实。原审法院结合本案的相关证据,认定于某某系 2007 年 8 月到济南盛达公司工作并无不当。故对于济南盛达公司上诉称于某某系 2010 年 3 月到其公司工作的主张,本院不予采信。2007 年 8 月至 2012 年 10 月 26 日,双方存在劳动合同关系,在此期间于某某与济南盛达公司职工尹某某在工作中发生争执,济南盛达公司根据其制定的规章制度对于某某做出予以"辞退"的处理意见,并以此主张不应支付于某某解除劳动合同经济补偿金。本院认为,济南盛达公司未提供证据证明双方争执行为已达到了其制定的规章制度中应予以"辞退"的条件,亦未提供证据证明其将该处理意见已送达于某某。济南盛达公司以此为由解除与于某某劳动合同的行为,系其单方提出解除劳动合同的行为,故济南盛达公司应支付于某某解除劳动合同经济补偿金。自 2012 年 10 月 26 日济南盛达公司做出"辞退"于某某的处理意见即解除与于某某的劳动关系,至 2012 年 11 月 15 日于某某提起劳动争议仲裁,并未超过一年的仲裁时效,故对于济南盛达公司上诉称本案已超过仲裁时效的主张,本院不予支持。综上,原审判决认定事实清楚,适用法律正确,应予维持。依照《中华人民共和国民事诉讼法》第一百七十条第一款第(一)项之规定,判决如下:

驳回上诉,维持原判。

二审案件受理费 10 元,由上诉人济南盛达冶金科技有限公司负担。

侯某某与中国人寿保险股份有限公司
山东省分公司劳动合同纠纷案⑦

原告:侯某某

被告:中国人寿保险股份有限公司山东省分公司(以下简称人寿省公司)

原告侯某某诉称,侯某某 1999 年从部队转业并通过省人事厅统一考试进入人寿省公司,双方于 1999 年 9 月 1 日签订无固定期限劳动合同,建立劳动合同关系。由于双方签订的劳动合同合法有效,根据《中华人民共和国劳动合同法》第二十九条规定,用人单位与劳动者应当按

---

⑦济南市历下区人民法院(2013)历民初字第 6 号民事判决书。文字略有改动。

照劳动合同的约定,全面履行各自的义务。侯某某工作至今,但人寿省公司有诸多违反法律规定的情形和做法,为此,侯某某多次到人寿省公司主张权利,人寿省公司以各种理由推脱,为维护自身合法权益,侯某某向济南市劳动争议仲裁委员会申请仲裁,该委以侯某某诉讼主体不适格不予受理。根据《最高人民法院关于审理劳动争议案件适用法律若干问题的解释(二)》第十六条、《山东省高级人民法院关于审理劳动争议案件若干问题的意见》第十七条之规定,用人单位与劳动者签订的劳动合同有效,优先适用合同约定。山东省高级人民法院鲁高发(1998)149 号《关于审理劳动争议案件若干问题的意见》第十七条规定:用人单位与劳动者订立劳动合同的,以合同双方为诉讼当事人。侯某某认为以人寿省公司为被申请人提起的仲裁申请,主体适格,特诉至贵院,请求依法判令:人寿省公司支付拖欠侯某某 2011 年 7 月 1 日至2012 年 12 月 31 日的工资损失 155 862 元(每月工资 8 659 元)及 25% 的赔偿金38 965.5元。

原告侯某某为证明其主张,向本院提交了以下证据:

证据 1. 济南中级人民法院做出的(2009)济民一终字第 190 号判决书,证明侯某某与人寿省公司签订了劳动合同,人寿省公司有义务按照合同约定履行义务;

证据 2. 劳动合同书,证明原、被告之间存在劳动关系;

证据 3. 人寿省公司分支机构薪酬管理办法,证明侯某某要求人寿省公司按照劳动合同约定的业务管理岗位支付拖欠的工资;

证据 4. 营业部的工资,证明侯某某自 2008 年以后与济南市分公司不存在任何关系;

证据 5. 2010 年 6 月 8 日人寿省公司答辩状,证明人寿省公司在答辩中认可省公司与济南市分公司有独立的财务、费用、独立的人事权,是两个独立的用工主体;

证据 6. 济劳人仲定字(2012)109 号仲裁决定书,证明本案经过仲裁程序。

被告人寿省公司辩称,侯某某不是人寿省公司工作人员,无权要求人寿省公司支付工资,请求法院依法驳回侯某某的诉讼请求。

被告人寿省公司为证明其主张,向本院提交以下证据:

证据 1. 济南中级人民法院做出的(2009)济民一终字第 190 号判决书;

证据 2.(2011)历民初字第 218 号民事判决书。

以上证据 1、2 证明人寿省公司不是实际用工主体,与侯某某不存在劳动关系。

经对原、被告提交的证据进行质证和审核认定,结合当事人的陈述,本院综合确认事实如下:

原告侯某某于 1999 年 8 月从部队转业到被告人寿省公司工作,双方签订了自 1999 年 9 月 1 日起的无固定期限劳动合同。2002 年,侯某某被调整到中国人寿保险股份有限公司济南市分公司共青团路营销服务部工作(以下简称人寿共青团路营销部),其工资转由中国人寿保险股份有限公司济南市分公司(以下简称人寿市公司)发放,但双方一直未解除劳动合同。2012 年 12 月 17 日侯某某向济南市劳动人事争议仲裁委员会申请仲裁,请求人寿省公司支付拖欠的 2011 年 7 月 1 日至 2012 年 12 月 31 日工资及赔偿金共计 194 827.5 元,济南市劳动人事争议仲裁委员会做出了济劳人仲定字(2012)109 号仲裁决定书,对侯某某的仲裁申请不予受理,原告侯某某不服,在法定期限内诉至本院。

另查明,已生效的(2013)济民一终字第 634 号民事判决书载明:"……根据原告的本次诉讼请求,即要求用人单位发放过节费及体检费,该两项请求均系劳动者与用人单位在实际用工过程中发生的争议,故原告应以实际用工单位即中国人寿保险股份有限公司济南市分公司作为本次诉讼的主体,原告侯某某虽与中国人寿保险有限公司省分公司签订过劳动合同,但因人保省分公司不是实际用工单位,且原告之诉求并非因签订或解除劳动合同而起,故原告将人保省分公司列为被告系起诉主体不适合……"

本院认为,鉴于生效的(2013)济民一终字第 634 号民事判决书民事判决书载明"……劳动者与用人单位在实际用工过程中发生的争议,故原告应以实际用工单位即中国人寿保险股份有限公司济南市分公司作为本次诉讼的主体……"故侯某某仅主张人寿省公司支付其 2011 年

7月1日至2012年12月31日的工资损失155 862元及赔偿金38 965.5元不当,本院不予支持。据此,依照《中华人民共和国民事诉讼法》第六十四条、第一百一十九条及国家有关民事政策之规定,判决如下:

驳回原告侯某某要求被告中国人寿保险股份有限公司山东省分公司支付拖欠的2011年7月1日至2012年12月31日的工资损失155 862元及25%的赔偿金38 965.5元的诉讼请求。

案件受理费人民币10元,由原告侯某某负担。

吉林省三龙对外经贸有限公司与孙·某某劳务合同纠纷案⑧

申请再审人(一审被告、二审上诉人):吉林省三龙对外经贸有限公司(以下简称三龙公司)

被申请人(一审原告、二审被上诉人):孙某某

原审审理查明,2007年8月9日,三龙公司和孙某某签订《履约合同》,合同约定三龙公司派遣孙某某到新加坡从事搬运工的工作,在国外的工资为新加坡币900元,合同期限两年,三龙公司负责办理签证及赴国外工作全部手续,孙某某支付三龙公司代理费39 500元。合同签订后,孙某某如约交付三龙公司代理费39 500元,于2007年8月9日赴新加坡。2007年11月2日签证到期,孙某某被遣返回国,约定两年的劳务合同三龙公司只办理了三个月签证。

孙某其诉称,2007年8月9日,三龙公司和孙某某签订《履约合同》,合同约定三龙公司派遣孙某某到新加坡从事搬运工的工作,在国外的工资为新加坡币900元,合同期限两年,三龙公司负责办理签证及赴国外工作全部手续,孙某某支付三龙公司代理费39 500元。合同签

---

⑧吉林省高级人民法院(2011)吉民提字第110号民事判决书。文字略有改动。

订后,孙某某如约交付三龙公司代理费 39 500 元,孙某某于 2007 年 8 月 9 日赴新加坡,孙某某在新加坡如约履行自己的义务。2007 年 11 月 2 日签证到期,孙某某被遣返回国,约定两年劳务合同三龙公司只办理了三个月签证,三龙公司应承担违约责任,退还代理费 39 500 元,并赔偿误工损失,承担案件受理费。

三龙公司辩称,三龙公司具有外派劳务资格,孙某某已拿到新加坡劳工部办理的为期两年的《工作准证》,孙某某回国是因其不认真学习,缺乏团队意识,违反《雇佣合同》及《履约保证书》中的条款,我公司没有违约,不应返还中介费,故请求驳回孙某某的诉讼请求。

长春市南关区人民法院一审审理认为,三龙公司和孙某某签订的《履约合同》合法有效,孙某某交付了全部代理费 39 500 元,三龙公司将其送到新加坡后,因三龙公司没有直接证据证明为孙某某办理了两年的签证,并且新加坡兴兴和记渔业公司以孙某某工作态度存在问题,缺乏团队精神将孙某某遣返回国。三龙公司没有按双方签订的《履约合同》约定为孙某某办理两年签证,且没有保证孙某某获得工作,以简单理由即被新加坡兴兴和记渔业公司遣返回国,三龙公司没有有效处理好孙某某和新加坡兴兴和记渔业公司的矛盾,三龙公司的行为构成违约,应当返还出国代理费 39 500 元及利息。至于孙某某要求三龙公司支付违约给其造成的误工损失 9 000 元,因无证据证实,不予支持。双方约定仲裁机构不能仲裁,属约定不明确,故此仲裁协议无效。故长春市南关区人民法院做出(2008)南民初字第 1185 号民事判决:1、吉林省三龙对外经贸有限公司返还孙某某出国代理费 39 500 元及利息(从 2007 年 8 月 9 日起至判决生效时止,按中国人民银行同期贷款利率计算)。2、驳回孙某某的其他诉讼请求。

三龙公司不服,向长春市中级人民法院提起上诉称,1、因孙某某的雇主在新加坡人力部为其办理了两年的《工作准证》,孙某某与雇主也签订了两年的《雇聘合同》。因此,原判认定三龙公司没有直接证据证明为孙某某办理了两年的签证,这一认定是错误的。2、原判认定三龙公司没有保证孙某某获得工作,被雇主遣返回国的认定是错误的。孙某某的解聘是因工作期间达不到雇主要求,孙某某在遣返函上已签字确认。其遣返回国与三龙公司无关。3、因三龙公司与孙某某签订了《雇聘合约》工作中产生纠纷，应由三龙公司与雇主协商解决。而孙某某被遣返回国的原因和经过三龙公司并不知情。孙某某回国三个月后三龙公司才知道。且 2008 年 3 月三龙公司派员去新加坡调查孙某某被送回国的情况时，得知孙某某在三个月的工作中签署了《警告信》和《遣返信》。孙某某辩称，原审认定事实清楚，应驳回上诉，维持原判。

长春市中级人民法院二审审理认为，关于三龙公司提出，孙某某的雇主在新加坡人力部为其办理了两年的《工作准证》，孙某某与雇主签订了两年的《雇聘合同》。因此，原判认定三龙公司没有直接证据证明为孙某某办理了两年的签证，这一认定是错误的等项上诉主张。因签证是一个国家的主权机关在本国或外国公民所持的护照或其他旅行证件上的签注、盖印，以表示允许其出入本国国境或者经过国境的手续，也可以说是颁发给他们的一项签注式的证明。而签证的有效期一般包含两方面的内容，一是签证本身的使用期限，即必须在规定的时间期限内入境或过境；二是许可持证人入境后停留的时间。就本案三龙公司所指的工作免签证协议的国家可以免办签证的情况，而公民因私出国前往其他国家都必须办理签证，才能被允许入境。双方当事人约定合同期限两年，由三龙公司负责办理孙某某赴国外工作所需的国内外全部手续，而三龙公司只为孙某某办理了三个月的签证，对孙某某的遣返回国，三龙公司应承担违约责任。故长春市中级人民法院做出（2009）长民二终字第 458 号民事判决：驳回上诉，维持原判。

三龙公司不服，向本院申请再审称，1、三龙公司已经为孙某某办理完全部在新加坡工作的手续。而原一、二审法院认为三龙公司未为孙某某办理两年签证，只是片面地将《工作准证》理解为孙某某在新加坡取得的工作证件，而不具有合法居留签证作用是不对的。事实上《工作准证》不仅明确告知了孙某某可以在新加坡兴兴和记渔业公司合法工作两年，还注明了此证是孙某某在新加坡居留与多次出入境的合法签证。2、孙某某并非因得不到新加坡两年的工作签证而被遣返回国，而是因达不到雇主的要求，给予警告无效后被雇主辞退而被遣返。孙某某辩称，其到新加坡工作三个月就被遣返，出国时对外语并无要求，但新加坡雇主却以此为由辞退孙某某,三龙公司承诺孙某某在新加坡工作两年,但未给孙某某办理长期的合法手续,只办理了三个月的手续,因此原审判决正确。

本院复查期间,三龙公司向法院提供了几份新证据,即《警告信》、《遣返函》和《个人声明》。孙某某质证认为,《警告信》是其签署的,《遣返函》记不清了,《个人声明》没有签过,并表示没有钱鉴定。

本院再审审理认为,(一)三龙公司和孙某某签订的《履约合同》合法有效,孙某某如约交付 39 500 元的代理费,三龙公司只为孙某某办理了三个月的签证,并且没有及时协调好孙某某同新加坡方面的矛盾,导致孙某某被遣返回国。三龙公司应承担 50% 的违约责任,即三龙公司返还孙某某出国代理费 39 500 元的 50% 即 19 750 元。(二)孙某某对于《警告信》的真实性予以认可。对于《遣返函》、《个人声明》的真实性孙某某虽不认可,但其表示没有能力申请鉴定。根据《警告信》中的不良表现事件明确记载,达不到雇主的要求,但其还不认真学习,决定给予一次警告,公司以观后效。《遣返函》中明确记载,遣返的原因就是达不到雇主的要求,给予警告无效被雇主辞退。综合以上证据可以证实,孙某某被遣返回国其自身存在一定的过错,应自行承担 50% 的责任。

综上,原审认定事实不清,适用法律错误,应予以改判。依照《中华人民共和国民事诉讼法》第一百八十六条第一款、第一百五十三条第一款第(三)项、《最高人民法院关于适用〈中华人民共和国民事诉讼法〉审判监督程序若干问题的解释》第三十一条的规定,判决如下:

一、撤销长春市中级人民法院(2009)长民二终字第 458 号民事判决、长春市南关区人民法院(2008)南民初字第 1185 号民事判决;

二、吉林省三龙对外经贸有限公司返还孙某某出国代理费 19 750 元及利息(从 2007 年 8 月 9 日起至判决生效时止,按中国人民银行同期贷款利率计算)。

本案一、二审案件受理费 1576 元,由吉林省三龙对外经贸有限公司负担 788 元,孙某某负担 788 元。

杭州舍得服饰有限公司与余某某、程某某
等劳动争议案⑨

原告:杭州舍得服饰有限公司

被告:余某某

被告:程某某

被告:汪某甲

被告:汪某乙

原告诉称:2011 年 4 月 27 日,汪文开驾驶电动自行车行驶在下班回家途中,在杭州市杭海路德胜东路口与一辆重型自卸货车发生碰撞,造成位于后座的妻子余彩丽当场死亡的交通事故。2011 年 10 月 24 日,经杭州市西湖区劳动争议仲裁委员会裁决,余彩丽与原告存在劳动关系。2012 年 11 月 23 日,杭州市西湖区人力资源和社会保障局依法认定余彩丽为工伤。被告余某某、程某某系余彩丽的父母,被告汪某甲、汪某乙系余彩丽的子女。2013 年 3 月 18 日,四被告向杭州市西湖区劳动争议仲裁委员会申请仲裁,要求原告赔偿四被告丧葬补助费、一次性工亡补助金、亲属抚恤金等费用,并经杭州市西湖区劳动争议仲裁委员会裁决,原告须向四被告支付前述费用共计 852 944.98 元。原告认为,余彩丽工亡系由交通事故引起,该事故主要责任方已就丧葬费、被抚养人生活费等费用进行支付,且原告现由于经营不善,早已资不抵债,无力承担巨额赔偿款。故原告请求判令:一、原告不予支付四被告丧葬补助费、一次性工亡补助金,不予支付被告汪某甲、汪某乙亲属抚恤金,共计 852 944.98 元;二、本案诉讼费用由四被告承担。

---

⑨杭州市西湖区人民法院(2013)杭西民初字第 1146 号民事判决书。文字略有改动。

四被告共同辩称:仲裁裁决符合事实和法律规定,裁决数额得当,原告应按该裁决支付。原告所提出的不予赔偿的理由并不成立,四被告在劳动争议仲裁中主张的丧葬补助金、亲属抚恤金、一次性工亡补助金等均属工伤法律规定应予支付的项目,原告自身的经济状况不影响原告承担支付责任。

原告就其主张向本院提供以下证据材料:

1. 仲裁裁决书1份(复印件),用于证明西湖区劳动争议仲裁委员会就本案劳动争议已做出裁决的事实。

2.EMS全球邮政特快专递单及送达查询结果1份(原件),用于证明涉案仲裁裁决书送达情况。

四被告就其主张向本院提供以下证据材料:

1. 工伤认定决定书、仲裁裁决书、民事判决书各1份(原件),用于证明余彩丽的死亡应予认定为工伤,且余彩丽与原告存在劳动关系。

2. 调查笔录1份(原件),用于证明余彩丽工资状况。

3. 家庭情况登记表1份(复印件),用于证明余彩丽的亲属情况。

上述证据经质证,各方对对方的证据均无异议,本院均予以确认。

本院根据各方当事人的陈述以及本院确认的有效证据,认定下列事实:

被告余某某、程某某系余彩丽的父母,被告汪某甲、汪某乙系余彩丽的子女。2011年4月27日晚,汪文开驾驶电动自行车行驶在下班回家途中,在杭州市杭海路德胜东路口与一辆重型自卸货车发生碰撞,汪文开与位于后座的妻子余彩丽均当场死亡。2012年11月23日,杭州市西湖区人力资源和社会保障局依法认定余彩丽为工伤。另查明,余彩丽生前系原告单位员工,月工资为3 000元。

2013年3月19日,四被告向杭州市西湖区劳动争议仲裁委员会申请仲裁,请求裁决原告支付四被告丧葬补助费17 865.5元、一次性工伤补助金382 180元以及供养亲属抚恤金838 800元。该委于2013年5月6日做出西劳仲案字(2013)第157号仲裁裁决书,裁决:原告支付四被告丧葬补助费17 164.98元、一次性工亡补助金382 180元,支付被告汪某甲供养亲属抚恤金216 000元,支付被告汪某乙供养亲属抚恤金

237 600 元,上述款项合计 852 944.98 元,原告于裁决生效之日起七日内一次性付清,驳回四被告的其他申诉请求。原告不服该裁决,于 2013 年 5 月 22 日诉至本院,要求判如所请。

本院认为:根据《工伤保险条例》第三十九条的规定,职工因工死亡,其近亲属按照下列规定从工伤保险基金领取丧葬补助金、供养亲属抚恤金和一次性工亡补助金:(一)丧葬补助金为 6 个月的统筹地区上年度职工月平均工资;(二)供养亲属抚恤金按照职工本人工资的一定比例发给由因工死亡职工生前提供主要生活来源、无劳动能力的亲属。标准为:配偶每月 40%,其他亲属每人每月 30%,孤寡老人或者孤儿每人每月在上述标准的基础上增加 10%。核定的各供养亲属的抚恤金之和不应高于因工死亡职工生前的工资。供养亲属的具体范围由国务院社会保险行政部门规定;(三)一次性工亡补助金标准为上一年度全国城镇居民人均可支配收入的 20 倍。《工伤保险条例》第六十二条第二款规定,依照本条例规定应当参加工伤保险而未参加工伤保险的用人单位职工发生工伤的,由该用人单位按照本条例规定的工伤保险待遇项目和标准支付费用。本案中,原告作为余彩丽的用人单位未依法为汪文开参加工伤保险,应当按照《工伤保险条例》规定的工伤保险待遇项目和标准支付费用。2010 年杭州市职工年平均工资为 34 330 元,余彩丽丧葬补助金应为 17 165 元(34330 元÷12 个月×6 个月)。2010 年度全国城镇居民人均可支配收入为 19 109 元,余彩丽一次性工亡补助金应为 382 180 元(19109 元×20 年)。余彩丽死亡时,被告汪某甲、汪某乙均未满 18 周岁,原告应向该两被告支付供养亲属抚恤金。被告汪某甲、汪某乙两人父母双亡,属于孤儿,汪某甲抚恤金应为 216 000 元(3000 元/月×40%×180 个月),汪某乙抚恤金应为 237 600 元(3000 元/月×40%×198 个月)。综上,依照《工伤保险条例》第三十九条、第六十二条第二款之规定,判决如下:

一、杭州舍得服饰有限公司于本判决生效之日起七日内支付余某某、程某某、汪某甲、汪某乙丧葬补助金 17165 元、一次性工亡补助金 382 180 元,合计 399 345 元;

二、杭州舍得服饰有限公司于本判决生效之日起七日内支付汪某甲供养亲属抚恤金 216 000 元；

三、杭州舍得服饰有限公司于本判决生效之日起七日内支付汪某乙供养亲属抚恤金 237 600 元；

四、驳回余某某、程某某、汪某甲、汪某乙的其他请求。

林某鸟与浙江中亮电器有限公司追索劳动报酬纠纷案[⑩]

原告:林某鸟
被告:浙江中亮电器有限公司

原告诉称:2012 年 6 月 30 日,由于被告实施企业重组,被告的全资子公司浙江方宜电器有限公司(以下简称方宜公司)以股权转让的方式脱离被告独立经营。原告的劳动合同系与方宜公司签订,职务为临安中央空调部经理。根据《关于门店脱离中亮体系加入方宜人员的操作办法》与《中亮电器 2012 年度中央空调部考核方案》,被告应当支付原告奖金 30 万元。但被告至今拒不支付上述报酬。为维护原告合法权益,原告请求判令:一、被告支付原告劳动报酬30 万元;二、被告承担本案诉讼费用。

被告辩称:被告主体不适格。原告的劳动合同是与方宜公司签订的,因此原告无权要求被告直接支付劳动报酬。

原告就其主张向本院提供以下证据材料:

1. 仲裁裁决书 1 份,用于证明本案已经过仲裁程序。

2. 劳动合同 1 份,用于证明原告与方宜公司签订劳动合同。

3.《关于门店脱离中亮体系加入方宜人员的操作办法》1 份,用于证明被告承诺按考核结算 2012 年年终奖金(1—6 月)。

---

⑩杭州市西湖区人民法院(2013)杭西民初字第 891 号民事判决书。文字略有改动。

4. 临安旗舰店脱离中亮体系加入方宜人员名单(含中央空调部)1份,用于证明原告于 2012 年 6 月 30 日脱离中亮体系加入方宜公司。

5.《中亮电器 2012 年度中央空调考核方案》1 份,用于证明被告应当按照规定比例提取奖金并于年底兑现。

6. 2009 年至 2012 年临安中央空调未结算明细 1 份,用于证明原告的销售业绩。

7. 临安中央空调未结算明细表及已结算明细表 1 份,用于证明原告的销售业绩及被告应当支付的报酬金额。

8. 吴优良的说明 1 份,证明考核办法是由被告中央部制定的。

上述证据经质证,被告对证据 1 没有异议。对证据 2 的真实性无异议。对证据 3 的真实性无异议,原告脱离的是中亮体系,其劳动关系相对方仍然是方宜公司。对证据 4 没有异议,原告是方宜公司的员工。对证据 5、6 的真实性、合法性、关联性均有异议,即使是真实的,也应当由方宜公司支付原告奖金。对证据 7 的真实性无法确认,即使是真实的,也应当由方宜公司支付原告奖金。对证据 8 的真实性、合法性、关联性有异议,证人未出庭作证,即使真实,也应当由方宜公司支付,而不是由被告来支付。

被告就其主张向本院提供以下证据材料:

1.《公司高层管理者年奖考核结算办法》1 份,用于证明被告 2012 年净利润目标是四千九百多万元,如实际净利润低于净利润考核目标 50%,高管的年奖金额为零。

2.《浙江中亮电器有限公司股权转让协议》1 份,用于证明被告 2012 年 1 月至 4 月严重亏损。

3.《浙江中亮电器有限公司 2012 年度预算案核准书》1 份,用于证明被告确定的 2012 年度净利润目标是 49 737 881.6 元。

上述证据经质证,原告对证据 1 的真实性有异议,该文件系被告事后制作,原告在职期间从未公布过,该文件也没有对被告其他员工适用,2012 年被告其他高层职工均未以该份文件作为考核标准扣除奖金;该文件未经董事会决议、董事长签批,不符合公司章程和公司文件管理流程,显然系被告滥用公章自行制作,该文件的考核对象还包括董事长,违反了《公司法》及公司章程;对合法性有异议,未经法定程序公示;对证明对象有异议,即使存在该文件,原告作为董事长也不受该文件约束,被告或者中亮体系均不存在亏损,该文件没有适用的基础。对证据2的真实性无异议,证明对象有异议,不能证明被告全年亏损,结合2011年公司盈利1700万元及公司净资产9131万元等情况,被告不可能存在亏损。对证据3第一页的真实性没有异议,后页的预算表系被告自行制作,对其真实性有异议。

本院对原、被告提供的上述证据认证如下:原告提供的证据5、6、7与本案缺乏关联性,本院不予确认。证据8不符合证据形式要件,本院不予确认。原告提供的其他证据,本院予以确认。被告提供的证据1虽系原件,但被告并未提供证据证明该考核制度系依照公司规章制度依法制定,仅凭该证据不足以证明被告存在该考核制度,故本院对该证据不予确认。证据2,原告对其真实性没有异议,本院予以确认。证据3系原件,本院予以确认。

本院依职权调取了仲裁庭审笔录1份、《2012年1—6月份中亮电器半年奖汇总表》1份。经质证,双方对上述证据均无异议,本院予以确认。

本院根据当事人的陈述以及本院确认的有效证据,认定下列事实:

原告系方宜公司的员工,工资由方宜公司发放。方宜公司原系被告的子公司。2012年6月20日,被告与方宜公司共同出台《关于门店脱离中亮体系加入方宜人员的操作办法》,规定:"门店全体在册人员与中亮电器劳动关系截至2012年6月30日,社保缴纳与薪资结算同时截止;以上全体在册人员方宜电器承诺重签合同,为感谢以上门店人员在中亮的付出,特别对门店店长、副店长及特殊协议人员予以按考核结算2012年年终奖金(1—6月份)",等等。

2013年1月30日,原告向杭州市西湖区劳动争议仲裁委员会申请仲裁,请求:被告支付原告劳动报酬30万元。2013年4月1日,该委做出西劳仲案字(2013)第64号仲裁裁决书,裁决:驳回原告的申请请求。原告不服该裁决,于2013年4月16日诉至本院,要求判如所请。

本院认为:原告与方宜公司签订劳动合同,并由方宜公司发放日常工资,故原告的用人单位系方宜公司,原告的劳动报酬的支付义务人亦为方宜公司。《关于门店脱离中亮体系加入方宜人员的操作办法》中虽有"门店全体在册人员与中亮电器劳动关系截止为……"的内容,但此处的"中亮电器"应指中亮体系,即被告及其下属子公司(包括方宜公司),该操作办法并不能证明原告与被告之间存在劳动关系。该操作办法亦未明确约定应由被告向原告发放年终奖金。因此,原告向被告主张劳动报酬,缺乏依据,本院不予支持。综上,依照《中华人民共和国民事诉讼法》第六十四条第一款、《最高人民法院关于民事诉讼证据的若干规定》第二条之规定,判决如下:

驳回林某鸟的诉讼请求。

案件受理费 10 元,由林某鸟负担。

二、相关主要法律法规

中华人民共和国劳动法

（1994 年 7 月 5 日第八届全国人民代表大会常务委员会第八次会议通过，自 1995 年 1 月 1 日起施行）

第一章　总　则

第一条　为了保护劳动者的合法权益，调整劳动关系，建立和维护适应社会主义市场经济的劳动制度，促进经济发展和社会进步，根据宪法，制定本法。

第二条　在中华人民共和国境内的企业、个体经济组织（以下统称用人单位）和与之形成劳动关系的劳动者，适用本法。

国家机关、事业组织、社会团体和与之建立劳动合同关系的劳动者，依照本法执行。

第三条　劳动者享有平等就业和选择职业的权利、取得劳动报酬的权利、休息休假的权利、获得劳动安全卫生保护的权利、接受职业技能培训的权利、享受社会保险和福利的权利、提请劳动争议处理的权利以及法律规定的其他劳动权利。

劳动者应当完成劳动任务，提高职业技能，执行劳动安全卫生规程，遵守劳动纪律和职业道德。

第四条　用人单位应当依法建立和完善规章制度，保障劳动者享有劳动权利和履行劳动义务。

第五条　国家采取各种措施，促进劳动就业，发展职业教育，制定劳动标准，调节社会收入，完善社会保险，协调劳动关系，逐步提高劳动者的生活水平。

第六条　国家提倡劳动者参加社会义务劳动，开展劳动竞赛和合理化建议活动,鼓励和保护劳动者进行科学研究、技术革新和发明创造,表彰和奖励劳动模范和先进工作者。

第七条　劳动者有权依法参加和组织工会。

工会代表应维护劳动者的合法权益,依法独立自主地开展活动。

第八条　劳动者依照法律规定,通过职工大会、职工代表大会或者其他形式,参与民主管理或者就保护劳动者合法权益与用人单位进行平等协商。

第九条　国务院劳动行政部门主管全国劳动工作。

县级以上地方人民政府劳动行政部门主管本行政区域内的劳动工作。

第二章　促进就业

第十条　国家通过促进经济和社会发展,创造就业条件,扩大就业机会。

国家鼓励企业、事业组织、社会团体在法律、行政法规规定的范围内兴办产业或者拓展经营,增加就业。

国家支持劳动者自愿组织起来就业和从事个体经营实现就业。

第十一条　地方各级人民政府应当采取措施,发展多种类型的职业介绍机构,提供就业服务。

第十二条　劳动者就业,不因民族、种族、性别、宗教信仰不同而受歧视。

第十三条　妇女享有与男子平等的就业权利。在录用职工时,除国家规定的不适合妇女的工种或者岗位外,不得以性别为由拒绝录用妇女或者提高对妇女的录用标准。

第十四条　残疾人、少数民族人员、退出现役的军人的就业,法律、法规有特别规定的,从其规定。

第十五条　禁止用人单位招用未满 16 周岁的未成年人。

文艺、体育和特种工艺单位招用未满 16 周岁的未成年人,必须依照国家有关规定,覆行审批手续,并保障其接受义务教育的权利。

第三章　劳动合同和集体合同

第十六条　劳动合同是劳动者与用人单位确立劳动关系、明确双方权利和义务的协议。

建立劳动关系应当订立劳动合同。

第十七条　订立和变更劳动合同,应当遵循平等自愿、协商一致的原则,不得违反法律、行政法规的规定。

劳动合同依法订立即具有法律约束力,当事人必须履行劳动合同规定的义务。

第十八条　下列劳动合同无效:

(一)违反法律、行政法规的劳动合同;

(二)采取欺诈、威胁等手段订立的劳动合同。

无效的劳动合同,从订立的时候起,就没有法律约束力。确认劳动合同部分无效的,如果不影响其余部分的效力,其余部分仍然有效。

劳动合同的无效,由劳动争议仲裁委员会或者人民法院确认。

第十九条　劳动合同应当以书面形式订立,并具备以下条款:

(一)劳动合同期限;

(二)工作内容;

(三)劳动保护和劳动条件;

(四)劳动报酬;

(五)劳动纪律;

(六)劳动合同终止的条件;

(七)违反劳动合同的责任。

劳动合同除前款规定的必备条款外,当事人可以协商约定其他内容。

第二十条　劳动合同的期限分为有固定期限、无固定期限和以完成一定的工作为期限。

劳动者在同一用人单位连续工作满 10 年以上,当事人双方同意续延劳动合同的,如果劳动者提出订立无固定期限的劳动合同,应当订立无固定期限的劳动合同。

　　第二十一条　劳动合同可以约定试用期。试用期最长不得超过 6 个月。

　　第二十二条　劳动合同当事人可以在劳动合同中约定保守用人单位商业秘密的有关事项。

　　第二十三条　劳动合同期满或者当事人约定的劳动合同终止条件出现,劳动合同即行终止。

　　第二十四条　经劳动合同当事人协商一致,劳动合同可以解除。

　　第二十五条　劳动者有下列情形之一的,用人单位可以解除劳动合同:

　　(一)在试用期间被证明不符合录用条件的;

　　(二)严重违反劳动纪律或者用人单位规章制度的;

　　(三)严重失职,营私舞弊,对用人单位利益造成重大损害的;

　　(四)被依法追究刑事责任的。

　　第二十六条　有下列情形之一的,用人单位可以解除劳动合同,但是应当提前 30 日以书面形式通知劳动者本人:

　　(一)劳动者患病或者非因工负伤,医疗期满后,不能从事原工作也不能从事由用人单位另行安排的工作的;

　　(二)劳动者不能胜任工作,经过培训或者调整工作岗位,仍不能胜任工作的;

　　(三)劳动合同订立时所依据的客观情况发生重大变化,致使原劳动合同无法履行,经当事人协商不能就变更劳动合同达成协议的。

　　第二十七条　用人单位濒临破产进行法定整顿期间或者生产经营状况发生严重困难,确需裁减人员的,应当提前 30 日向工会或者全体职工说明情况,听取工会或者职工的意见,经向劳动行政部门报告后,可以裁减人员。

　　用人单位依据本条规定裁减人员,在 6 个月内录用人员的,应当优先录用被裁减的人员。

　　第二十八条　用人单位依据本法第二十四条、第二十六条、第二十七条的规定解除劳动合同的,应当依照国家有关规定给予经济补偿。

　　第二十九条　劳动者有下列情形之一的,用人单位不得依据本法

第二十六条、第二十七条的规定解除劳动合同：

（一）患职业病或者因工负伤并被确认丧失或者部分丧失劳动能力的；

（二）患病或者负伤，在规定的医疗期内的；

（三）女职工在孕期、产期、哺乳期内的；

（四）法律、行政法规规定的其他情形。

第三十条 用人单位解除劳动合同，工会认为不适当的，有权提出意见。如果用人单位违反法律、法规或者劳动合同，工会有权要求重新处理；劳动者申请仲裁或者提起诉讼的，工会应当依法给予支持和帮助。

第三十一条 劳动者解除劳动合同，应当提前 30 日以书面形式通知用人单位。

第三十二条 有下列情形之一的，劳动者可以随时通知用人单位解除劳动合同：

（一）在试用期内的；

（二）用人单位以暴力、威胁或者非法限制人身自由的手段强迫劳动的；

（三）用人单位未按照劳动合同约定支付劳动报酬或者提供劳动条件的。

第三十三条 企业职工一方与企业可以就劳动报酬、工作时间、休息休假、劳动安全卫生、保险福利等事项，签订集体劳动合同。集体劳动合同草案应当提交职工代表大会或者全体职工讨论通过。

集体劳动合同由工会代表职工与企业签订；没有建立工会的企业，由职工推举的代表与企业签订。

第三十四条 集体劳动合同签订后应当报送劳动行政部门；劳动行政部门自收到集体劳动合同文本之日起 15 日内未提出异议的，集体劳动合同即行生效。

第三十五条 依法签订的集体劳动合同对企业和企业全体职工具有约束力。职工个人与企业订立的劳动合同中劳动条件和劳动报酬等标准不得低于集体劳动合同的规定。

第四章　工作时间和休息休假

第三十六条　国家实行劳动者每日工作时间不超过 8 小时、平均每周工作时间不超过 44 小时的工时制度。

第三十七条　对实行计件工作的劳动者,用人单位应当根据本法第三十六条规定的工时制度合理确定其劳动定额和计件报酬标准。

第三十八条　用人单位应当保证劳动者每周至少休息 1 日。

第三十九条　企业因生产特点不能实行本法第三十六条、第三十八条规定的,经劳动行政部门批准,可以实行其他工作和休息办法。

第四十条　用人单位在下列节日期间应当依法安排劳动休假:

(一)元旦;

(二)春节;

(三)国际劳动节;

(四)国庆节;

(五)法律、法规规定的其他休假节日。

第四十一条　用人单位由于生产经营需要,经与工会和劳动者协商后可以延长工作时间,一般每日不得超过 1 小时;因特殊原因需要延长工作时间的,在保障劳动者身体健康的条件下延长工作时间每日不得超过 3 小时,但是每月不得超过 36 小时。

第四十二条　有下列情形之一的,延长工作时间不受本法第四十一条规定的限制:

(一)发生自然灾害、事故或者因其他原因,威胁劳动者生命健康和财产安全,需要紧急处理的;

(二)生产设备、交通运输线路、公共设施发生故障,影响生产和公众利益,必须及时抢修的;

(三)法律、行政法规规定的其他情形。

第四十三条　用人单位不得违反本法规定延长劳动者的工作时间。

第四十四条　有下列情形之一的,用人单位应当按照下列标准支付高于劳动者正常工作时间工资的工资报酬:

（一）安排劳动者延长工作时间的，支付不低于工资的百分之一百五十的工资报酬；

（二）休息日安排劳动者工作又不能安排补休的，支付不低于工资的百分之二百的工资报酬；

（三）法定休假日安排劳动者工作的，支付不低于工资的百分之三百的工资报酬。

第四十五条 国家实行带薪年休假制度。

劳动者连续工作 1 年以上的，享受带薪年休假。具体办法由国务院规定。

第五章 工 资

第四十六条 工资分配应当遵循按劳分配原则，实行同工同酬。

工资水平在经济发展的基础上逐步提高。国家对工资总量实行宏观调控。

第四十七条 用人单位根据本单位的生产经营特点和经济效益，依法自主确定本单位的工资分配方式和工资水平。

第四十八条 国家实行最低工资保障制度。最低工资的具体标准由省、自治区、直辖市人民政府规定，报国务院备案。

用人单位支付劳动者的工资不得低于当地最低工资标准。

第四十九条 确定和调整最低工资标准应当综合参考下列因素：

（一）劳动者本人及平均赡养人口的最低生活费用；

（二）社会平均工资水平；

（三）劳动生产率；

（四）就业状况；

（五）地区之间经济发展水平的差异。

第五十条 工资应当以货币形式按月支付给劳动者本人。不得克扣或者无故拖欠劳动者的工资。

第五十一条 劳动者在法定休假日和婚丧假期间以及依法参加社会活动期间，用人单位应当依法支付工资。

第六章　劳动安全卫生

第五十二条　用人单位必须建立、健全劳动安全卫生制度，严格执行国家劳动安全卫生规定和标准，对劳动者进行劳动安全卫生教育，防止劳动过程中的事故，减少职业危害。

第五十三条　劳动安全卫生设施必须符合国家规定的标准。

新建、改建、扩建工程的劳动安全卫生设施必须与主体工程同时设计、同时施工、同时投入生产和使用。

第五十四条　用人单位必须为劳动者提供符合国家规定的劳动安全卫生条件和必要的劳动防护用品，对从事有职业危害作业的劳动者应当定期进行健康检查。

第五十五条　从事特种作业的劳动者必须经过专门培训并取得特种作业资格。

第五十六条　劳动者在劳动过程中必须严格遵守安全操作规程。

劳动者对用人单位管理人员违章指挥、强令冒险作业，有权拒绝执行；对危害生命安全和身体健康的行为，有权提出批评、检举和控告。

第五十七条　国家建立伤亡事故和职业病统计报告和制度。县级以上各级人民政府劳动行政部门、有关部门和用人单位应当依法对劳动者在劳动过程中发生的伤亡事故和劳动者的职业病状况，进行统计、报告和处理。

第七章　女职工和未成年工特殊保护

第五十八条　国家对女职工和未成年工实行特殊劳动保护。

未成年工是指年满 16 周岁未满 18 周岁的劳动者。

第五十九条　禁止安排女职工从事矿山井下、国家规定的第四级体力劳动强度的劳动和其他禁忌从事的劳动。

第六十条　不得安排女职工在经期从事高处、低温、冷水作业 和国家规定的第三级体力劳动强度的劳动。

第六十一条　不得安排女职工在怀孕期间从事国家规定的第三级体力劳动强度的劳动和孕期禁忌从事的劳动。对怀孕 7 个月以上的女职工,不得安排其延长工作时间和夜班劳动。

第六十二条 女职工生育享受不少于 90 天的产假。

第六十三条 不得安排女职工在哺乳未满 1 周岁的婴儿期间从事国家规定的第三级体力劳动强度的劳动和哺乳期禁忌从事的其他劳动,不得安排其延长工作时间和夜班劳动。

第六十四条 不得安排未成年工从事矿山井下、有毒有害、国家规定的第四级体力劳动强度的劳动和其他禁忌从事的劳动。

第六十五条 用人单位应当对未成年工定期进行健康检查。

第八章 职业培训

第六十六条 国家通过各种途径,采取各种措施,发展职业培训事业,开发劳动者的职业技能,提高劳动者素质,增强劳动者的就业能力和工作能力。

第六十七条 各级人民政府应当把发展职业培训纳入社会经济发展的规划,鼓励和支持有条件的企业、事业组织、社会团体和个人进行各种形式的职业培训。

第六十八条 用人单位应当建立职业培训制度,按照国家规定提取和使用职业培训经费,根据本单位实际,有计划地对劳动者进行职业培训。

从事技术工种的劳动者,上岗前必须经过培训。

第六十九条 国家确定职业分类,对规定的职业制定职业技能标准,实行职业资格证书制度,由经过政府批准的考核鉴定机构负责对劳动者实施职业技能考核鉴定。

第九章 社会保险和福利

第七十条 国家发展社会保险事业,建立社会保险制度,设立社会保险基金,使劳动者在年老、患病、工伤、失业、生育等情况下获得帮助和补偿。

第七十一条 社会保险水平应当与社会经济发展水平和社会承受能力相适应。

第七十二条　社会保险基金按照保险类型确定资金来源,逐步实行社会统筹。用人单位和劳动者必须依法参加社会保险,缴纳社会保险费。

第七十三条　劳动者在下列情形下,依法享受社会保险待遇:

(一)退休;

(二)患病、负伤;

(三)因工伤残或者患职业病;

(四)失业;

(五)生育。

劳动者死亡后,其遗属依法享受遗属津贴。

劳动者享受社会保险待遇的条件和标准由法律、法规规定。

劳动者享受的社会保险金必须按时足额支付。

第七十四条　社会保险基金经办机构依照法律规定收支、管理和运营社会保险基金,并负有使社会保险基金保值增值的责任。

社会保险基金监督机构依照法律规定,对社会保险基金的收支、管理和运营实施监督。

社会保险基金经办机构和社会保险基金监督机构的设立和职能由法律规定。任何组织和个人不得挪用社会保险基金。

第七十五条　国家鼓励用人单位根据本单位实际情况为劳动者建立补充保险。

国家提倡劳动者个人进行储蓄性保险。

第七十六条　国家发展社会福利事业,兴建公共福利设施,为劳动者休息、休养和疗养提供条件。

用人单位应当创造条件,改善集体福利,提高劳动者的福利待遇。

第十章　劳动争议

第七十七条　用人单位与劳动者发生劳动争议,当事人可以依法申请调解、仲裁、提起诉讼,也可以协商解决。

调解原则适用于仲裁和诉讼程序。

第七十八条　解决劳动争议,应当根据合法、公正、及时处理的原则,依法维护劳动争议当事人的合法权益。

第七十九条 劳动争议发生后,当事人可以向本单位劳动争议调解委员会申请调解;调解不成,当事人一方要求仲裁的,可以向劳动争议仲裁委员会申请仲裁。当事人一方也可以直接向劳动争议仲裁委员会申请仲裁。对仲裁裁决不服的,可以向人民法院提起诉讼。

第八十条 在用人单位内,可以设立劳动争议调解委员会。劳动争议调解委员会由职工代表、用人单位代表和工会代表组成。劳动争议调解委员会主任由工会代表担任。

劳动争议经调解达成协议的,当事人应当履行。

第八十一条 劳动争议仲裁委员会由劳动行政部门代表、同级工会代表、用人单位方面的代表组成。劳动争议仲裁委员会主任由劳动行政部门代表担任。

第八十二条 提出仲裁要求的一方应当自劳动争议发生之日起60日内向劳动争议仲裁委员会提出书面申请。仲裁裁决一般应在收到仲裁申请的60日内作出。对仲裁裁决无异议的,当事人必须履行。

第八十三条 劳动争议当事人对仲裁裁决不服的,可以自收到仲裁裁决书之日起15日内向人民法院提起诉讼。一方当事人在法定期限内不起诉又不履行仲裁裁决的,另一方当事人可以申请人民法院强制执行。

第八十四条 因签订集体劳动合同发生争议,当事人协商解决不成的,当地人民政府劳动行政部门可以组织有关各方协调处理。

因履行集体劳动合同发生争议,当事人协商解决不成的,可以向劳动争议仲裁委员会申请仲裁;对仲裁裁决不服的,可以自收到仲裁裁决书之日起15日内向人民法院提起诉讼。

第十一章 监督检查

第八十五条 县级以上各级人民政府劳动行政部门依法对原用人单位遵守劳动法律、法规的情况进行监督检查,对违反劳动法律、法规的行为有权制止,并责令改正。

第八十六条 县级以上各级人民政府劳动行政部门监督检查人员

执行公务,有权进入用人单位了解执行劳动法律、法规的情况,查阅必要的资料,并对劳动场所进行检查。

　　县级以上各级人民政府劳动行政部门监督检查人员执行公务,必须出示证件,秉公执法并遵守有关规定。

　　第八十七条　县级以上各级人民政府有关部门在各自职责范围内,对用人单位遵守劳动法律、法规的情况进行监督。

　　第八十八条　各级工会依法维护劳动者的合法权益,对用人单位遵守劳动法律、法规的情况进行监督。

　　任何组织和个人对于违反劳动法律、法规的行为有权检举和控告。

第十二章　法律责任

　　第八十九条　用人单位制定的劳动规章制度违反法律、法规规定的,由劳动行政部门给予警告,责令改正;对劳动者造成损害的,应当承担赔偿责任。

　　第九十条　用人单位违反本法规定,延长劳动者工作时间的,由劳动行政部门给予警告,责令改正,并可以处以罚款。

　　第九十一条　用人单位有下列侵害劳动者合法权益情形之一的,由劳动行政部门责令支付劳动者的工资报酬、经济补偿,并可以责令支付赔偿金:

　　(一)克扣或者无故拖欠劳动者工资的;

　　(二)拒不支付劳动者延长工作时间工资报酬的;

　　(三)低于当地最低工资标准支付劳动者工资的;

　　(四)解除劳动合同后,未依照本法规定给予劳动者经济补偿的。

　　第九十二条　用人单位的劳动安全设施和劳动卫生条件不符合国家规定或者未向劳动者提供必要的劳动防护用品和劳动保护设施的,由劳动行政部门或者有关部门责令改正,可以处以罚款;情节严重的,提请县级以上人民政府决定责令停产整顿;对事故隐患不采取措施,致使发生重大事故,造成劳动者生命和财产损失的,对责任人员比照刑法第一百八十七条的规定追究刑事责任。

　　第九十三条　用人单位强令劳动者违章冒险作业,发生重大伤亡事故,造成严重后果的,对责任人员依法追究刑事责任。

　　第九十四条　用人单位非法招用未满 16 周岁的未成年人的,由劳动行政部门责令改正,处以罚款;情节严重的,由工商行政管理部门吊销营业执照。

　　第九十五条　用人单位违反本法对女职工和未成年工的保护规定,侵害其合法权益的,由劳动行政部门责令改正,处以罚款;对女职工或者未成年工造成损害的,应当承担赔偿责任。

　　第九十六条　用人单位有下列行为之一,由公安机关对责任人员处以 15 日以下拘留、罚款或者警告;构成犯罪的,对责任人员依法追究刑事责任:

　　(一)以暴力、威胁或者非法限制人身自由的手段强迫劳动的;

　　(二)侮辱、体罚、殴打、非法搜查和拘禁劳动者的。

　　第九十七条　由于用人单位的原因订立的无效合同,对劳动者造成损害的,应当承担赔偿责任。

　　第九十八条　用人单位违反本法规定的条件解除劳动合同或者故意拖延不订立劳动合同的,由劳动行政部门责令改正;对劳动者造成损害的,应当承担赔偿责任。

　　第九十九条　用人单位招用尚未解除劳动合同的劳动者,对用人单位造成经济损失的,该用人单位应当依法承担连带赔偿责任。

　　第一百条　用人单位无故不缴纳社会保险费的,由劳动行政部门责令其限期缴纳;逾期不缴的,可以加收滞纳金。

　　第一百零一条　用人单位无理阻挠劳动行政部门、有关部门及其工作人员行使监督检查权,打击报复举报人员的,由劳动行政部门或者有关部门处以罚款;构成犯罪的,对责任人员依法追究刑事责任。

　　第一百零二条　劳动者违反本法规定的条件解除劳动合同或者违反劳动合同中约定的保密事项,对用人单位造成经济损失的,应当依法承担赔偿责任。

　　第一百零三条　劳动行政部门或者有关部门的工作人员滥用职权、玩忽职守、徇私舞弊,构成犯罪的,依法追究刑事责任;不构成犯罪的,给予行政处分。

第一百零四条 国家工作人员和社会保险基金经办机构的工作人员挪用社会保险基金,构成犯罪的,依法追究刑事责任。

第一百零五条 违反本法规定侵害劳动者合法权益,其他法律、行政法规已规定处罚的,依照该法律、行政法规的规定处罚。

第十三章 附 则

第一百零六条 省、自治区、直辖市人民政府根据本法和本地区的实际情况,规定劳动合同制度的实施步骤,报国务院备案。

第一百零七条 本法自 1995 年 1 月 1 日起施行。

中华人民共和国劳动合同法

(第十届全国人民代表大会常务委员会第二十八次会议于 2007 年 6 月 29 日通过,根据第十一届全国人民代表大会常务委员会第三十次会议于 2012 年 12 月 28 日通过《全国人民代表大会常务委员会关于修改〈中华人民共和国劳动合同法〉的决定》修订,自 2013 年 7 月 1 日起施行)

目 录

第一章 总 则

第一条 为了完善劳动合同制度,明确劳动合同双方当事人的权利和义务,保护劳动者的合法权益,构建和发展和谐稳定的劳动关系,制定本法。

第二条 中华人民共和国境内的企业、个体经济组织、民办非企业单位等组织(以下称用人单位)与劳动者建立劳动关系,订立、履行、变更、解除或者终止劳动合同,适用本法。

国家机关、事业单位、社会团体和与其建立劳动关系的劳动者,订立、履行、变更、解除或者终止劳动合同,依照本法执行。

第三条 订立劳动合同,应当遵循合法、公平、平等自愿、协商一致、诚实信用的原则。

依法订立的劳动合同具有约束力,用人单位与劳动者应当履行劳动合同约定的义务。

第四条 用人单位应当依法建立和完善劳动规章制度,保障劳动者享有劳动权利、履行劳动义务。

用人单位在制定、修改或者决定有关劳动报酬、工作时间、休息休假、劳动安全卫生、保险福利、职工培训、劳动纪律以及劳动定额管理等直接涉及劳动者切身利益的规章制度或者重大事项时,应当经职工代表大会或者全体职工讨论,提出方案和意见,与工会或者职工代表平等协商确定。

在规章制度和重大事项决定实施过程中,工会或者职工认为不适当的,有权向用人单位提出,通过协商予以修改完善。

用人单位应当将直接涉及劳动者切身利益的规章制度和重大事项决定公示,或者告知劳动者。

第五条 县级以上人民政府劳动行政部门会同工会和企业方面代表,建立健全协调劳动关系三方机制,共同研究解决有关劳动关系的重大问题。

第六条 工会应当帮助、指导劳动者与用人单位依法订立和履行劳动合同,并与用人单位建立集体协商机制,维护劳动者的合法权益。

第二章　劳动合同的订立

第七条　用人单位自用工之日起即与劳动者建立劳动关系。用人单位应当建立职工名册备查。

第八条　用人单位招用劳动者时,应当如实告知劳动者工作内容、工作条件、工作地点、职业危害、安全生产状况、劳动报酬,以及劳动者要求了解的其他情况;用人单位有权了解劳动者与劳动合同直接相关的基本情况,劳动者应当如实说明。

第九条　用人单位招用劳动者,不得扣押劳动者的居民身份证和其他证件,不得要求劳动者提供担保或者以其他名义向劳动者收取财物。

第十条　建立劳动关系,应当订立书面劳动合同。

已建立劳动关系,未同时订立书面劳动合同的,应当自用工之日起一个月内订立书面劳动合同。

用人单位与劳动者在用工前订立劳动合同的,劳动关系自用工之日起建立。

第十一条　用人单位未在用工的同时订立书面劳动合同,与劳动者约定的劳动报酬不明确的,新招用的劳动者的劳动报酬按照集体合同规定的标准执行;没有集体合同或者集体合同未规定的,实行同工同酬。

第十二条　劳动合同分为固定期限劳动合同、无固定期限劳动合同和以完成一定工作任务为期限的劳动合同。

第十三条　固定期限劳动合同,是指用人单位与劳动者约定合同终止时间的劳动合同。

用人单位与劳动者协商一致,可以订立固定期限劳动合同。

第十四条　无固定期限劳动合同,是指用人单位与劳动者约定无确定终止时间的劳动合同。

用人单位与劳动者协商一致,可以订立无固定期限劳动合同。有下列情形之一,劳动者提出或者同意续订、订立劳动合同的,除劳动者提出订立固定期限劳动合同外,还应当订立无固定期限劳动合同:

（一）劳动者在该用人单位连续工作满十年的；

（二）用人单位初次实行劳动合同制度或者国有企业改制重新订立劳动合同时，劳动者在该用人单位连续工作满十年且距法定退休年龄不足十年的；

（三）连续订立二次固定期限劳动合同，且劳动者没有本法第三十九条和第四十条第一项、第二项规定的情形，续订劳动合同的。

用人单位自用工之日起满一年不与劳动者订立书面劳动合同的，视为用人单位与劳动者已订立无固定期限劳动合同。

第十五条 以完成一定工作任务为期限的劳动合同，是指用人单位与劳动者约定以某项工作的完成为合同期限的劳动合同。

用人单位与劳动者协商一致，可以订立以完成一定工作任务为期限的劳动合同。

第十六条 劳动合同由用人单位与劳动者协商一致，并经用人单位与劳动者在劳动合同文本上签字或者盖章生效。

劳动合同文本由用人单位和劳动者各执一份。

第十七条 劳动合同应当具备以下条款：

（一）用人单位的名称、住所和法定代表人或者主要负责人；

（二）劳动者的姓名、住址和居民身份证或者其他有效身份证件号码；

（三）劳动合同期限；

（四）工作内容和工作地点；

（五）工作时间和休息休假；

（六）劳动报酬；

（七）社会保险；

（八）劳动保护、劳动条件和职业危害防护；

（九）法律、法规规定应当纳入劳动合同的其他事项。

劳动合同除前款规定的必备条款外，用人单位与劳动者还可以约定试用期、培训、保守秘密、补充保险和福利待遇等其他事项。

第十八条 劳动合同对劳动报酬和劳动条件等标准约定不明确，引发争议的，用人单位与劳动者可以重新协商；协商不成的，适用集体合同规定;没有集体合同或者集体合同未规定劳动报酬的,实行同工同酬;没有集体合同或者集体合同未规定劳动条件等标准的,适用国家有关规定。

　　第十九条　劳动合同期限三个月以上不满一年的,试用期不得超过一个月;劳动合同期限一年以上不满三年的,试用期不得超过二个月;三年以上固定期限和无固定期限的劳动合同,试用期不得超过六个月。

　　同一用人单位与同一劳动者只能约定一次试用期。

　　以完成一定工作任务为期限的劳动合同或者劳动合同期限不满三个月的,不得约定试用期。

　　试用期包含在劳动合同期限内。劳动合同仅约定试用期的,试用期不成立,该期限为劳动合同期限。

　　第二十条　劳动者在试用期的工资不得低于本单位相同岗位最低档工资或者劳动合同约定工资的百分之八十,并不得低于用人单位所在地的最低工资标准。

　　第二十一条　在试用期中,除劳动者有本法第三十九条和第四十条第一项、第二项规定的情形外,用人单位不得解除劳动合同。用人单位在试用期解除劳动合同的,应当向劳动者说明理由。

　　第二十二条　用人单位为劳动者提供专项培训费用,对其进行专业技术培训的,可以与该劳动者订立协议,约定服务期。

　　劳动者违反服务期约定的,应当按照约定向用人单位支付违约金。违约金的数额不得超过用人单位提供的培训费用。用人单位要求劳动者支付的违约金不得超过服务期尚未履行部分所应分摊的培训费用。

　　用人单位与劳动者约定服务期的,不影响按照正常的工资调整机制提高劳动者在服务期期间的劳动报酬。

　　第二十三条　用人单位与劳动者可以在劳动合同中约定保守用人单位的商业秘密和与知识产权相关的保密事项。

　　对负有保密义务的劳动者,用人单位可以在劳动合同或者保密协议中与劳动者约定竞业限制条款,并约定在解除或者终止劳动合同后,在竞业限制期限内按月给予劳动者经济补偿。劳动者违反竞业限制约定的,应当按照约定向用人单位支付违约金。

第二十四条 竞业限制的人员限于用人单位的高级管理人员、高级技术人员和其他负有保密义务的人员。竞业限制的范围、地域、期限由用人单位与劳动者约定,竞业限制的约定不得违反法律、法规的规定。

在解除或者终止劳动合同后,前款规定的人员到与本单位生产或者经营同类产品、从事同类业务的有竞争关系的其他用人单位,或者自己开业生产或者经营同类产品、从事同类业务的竞业限制期限,不得超过二年。

第二十五条 除本法第二十二条和第二十三条规定的情形外,用人单位不得与劳动者约定由劳动者承担违约金。

第二十六条 下列劳动合同无效或者部分无效:

(一)以欺诈、胁迫的手段或者乘人之危,使对方在违背真实意思的情况下订立或者变更劳动合同的;

(二)用人单位免除自己的法定责任、排除劳动者权利的;

(三)违反法律、行政法规强制性规定的。

对劳动合同的无效或者部分无效有争议的,由劳动争议仲裁机构或者人民法院确认。

第二十七条 劳动合同部分无效,不影响其他部分效力的,其他部分仍然有效。

第二十八条 劳动合同被确认无效,劳动者已付出劳动的,用人单位应当向劳动者支付劳动报酬。劳动报酬的数额,参照本单位相同或者相近岗位劳动者的劳动报酬确定。

第三章　劳动合同的履行和变更

第二十九条 用人单位与劳动者应当按照劳动合同的约定,全面履行各自的义务。

第三十条 用人单位应当按照劳动合同约定和国家规定,向劳动者及时足额支付劳动报酬。

用人单位拖欠或者未足额支付劳动报酬的,劳动者可以依法向当地人民法院申请支付令,人民法院应当依法发出支付令。

第三十一条 用人单位应当严格执行劳动定额标准,不得强迫或者变相强迫劳动者加班。用人单位安排加班的,应当按照国家有关规定向劳动者支付加班费。

第三十二条 劳动者拒绝用人单位管理人员违章指挥、强令冒险作业的,不视为违反劳动合同。

劳动者对危害生命安全和身体健康的劳动条件,有权对用人单位提出批评、检举和控告。

第三十三条 用人单位变更名称、法定代表人、主要负责人或者投资人等事项,不影响劳动合同的履行。

第三十四条 用人单位发生合并或者分立等情况,原劳动合同继续有效,劳动合同由承继其权利和义务的用人单位继续履行。

第三十五条 用人单位与劳动者协商一致,可以变更劳动合同约定的内容。变更劳动合同,应当采用书面形式。

变更后的劳动合同文本由用人单位和劳动者各执一份。

第四章　劳动合同的解除和终止

第三十六条 用人单位与劳动者协商一致,可以解除劳动合同。

第三十七条 劳动者提前三十日以书面形式通知用人单位,可以解除劳动合同。劳动者在试用期内提前三日通知用人单位,可以解除劳动合同。

第三十八条 用人单位有下列情形之一的,劳动者可以解除劳动合同:

(一)未按照劳动合同约定提供劳动保护或者劳动条件的;

(二)未及时足额支付劳动报酬的;

(三)未依法为劳动者缴纳社会保险费的;

(四)用人单位的规章制度违反法律、法规的规定,损害劳动者权益的;

(五)因本法第二十六条第一款规定的情形致使劳动合同无效的;

(六)法律、行政法规规定劳动者可以解除劳动合同的其他情形。

　　用人单位以暴力、威胁或者非法限制人身自由的手段强迫劳动者劳动的,或者用人单位违章指挥、强令冒险作业危及劳动者人身安全的,劳动者可以立即解除劳动合同,不需事先告知用人单位。

　　第三十九条　劳动者有下列情形之一的,用人单位可以解除劳动合同:

　　(一)在试用期间被证明不符合录用条件的;

　　(二)严重违反用人单位的规章制度的;

　　(三)严重失职,营私舞弊,给用人单位造成重大损害的;

　　(四)劳动者同时与其他用人单位建立劳动关系,对完成本单位的工作任务造成严重影响,或者经用人单位提出,拒不改正的;

　　(五)因本法第二十六条第一款第一项规定的情形致使劳动合同无效的;

　　(六)被依法追究刑事责任的。

　　第四十条　有下列情形之一的,用人单位提前三十日以书面形式通知劳动者本人或者额外支付劳动者一个月工资后,可以解除劳动合同:

　　(一)劳动者患病或者非因工负伤,在规定的医疗期满后不能从事原工作,也不能从事由用人单位另行安排的工作的;

　　(二)劳动者不能胜任工作,经过培训或者调整工作岗位,仍不能胜任工作的;

　　(三)劳动合同订立时所依据的客观情况发生重大变化,致使劳动合同无法履行,经用人单位与劳动者协商,未能就变更劳动合同内容达成协议的。

　　第四十一条　有下列情形之一,需要裁减人员二十人以上或者裁减不足二十人但占企业职工总数百分之十以上的,用人单位提前三十日向工会或者全体职工说明情况,听取工会或者职工的意见后,裁减人员方案经向劳动行政部门报告,可以裁减人员:

　　(一)依照企业破产法规定进行重整的;

　　(二)生产经营发生严重困难的;

　　(三)企业转产、重大技术革新或者经营方式调整,经变更劳动合同

后,仍需裁减人员的;

(四)其他因劳动合同订立时所依据的客观经济情况发生重大变化,致使劳动合同无法履行的。

裁减人员时,应当优先留用下列人员:

(一)与本单位订立较长期限的固定期限劳动合同的;

(二)与本单位订立无固定期限劳动合同的;

(三)家庭无其他就业人员,有需要扶养的老人或者未成年人的。

用人单位依照本条第一款规定裁减人员,在六个月内重新招用人员的,应当通知被裁减的人员,并在同等条件下优先招用被裁减的人员。

第四十二条　劳动者有下列情形之一的,用人单位不得依照本法第四十条、第四十一条的规定解除劳动合同:

(一)从事接触职业病危害作业的劳动者未进行离岗前职业健康检查,或者疑似职业病病人在诊断或者医学观察期间的;

(二)在本单位患职业病或者因工负伤并被确认丧失或者部分丧失劳动能力的;

(三)患病或者非因工负伤,在规定的医疗期内的;

(四)女职工在孕期、产期、哺乳期的;

(五)在本单位连续工作满十五年,且距法定退休年龄不足五年的;

(六)法律、行政法规规定的其他情形。

第四十三条　用人单位单方解除劳动合同,应当事先将理由通知工会。用人单位违反法律、行政法规规定或者劳动合同约定的,工会有权要求用人单位纠正。用人单位应当研究工会的意见,并将处理结果书面通知工会。

第四十四条　有下列情形之一的,劳动合同终止:

(一)劳动合同期满的;

(二)劳动者开始依法享受基本养老保险待遇的;

(三)劳动者死亡,或者被人民法院宣告死亡或者宣告失踪的;

(四)用人单位被依法宣告破产的;

(五)用人单位被吊销营业执照、责令关闭、撤销或者用人单位决定提前解散的；

（六）法律、行政法规规定的其他情形。

第四十五条 劳动合同期满，有本法第四十二条规定情形之一的，劳动合同应当续延至相应的情形消失时终止。但是，本法第四十二条第二项规定丧失或者部分丧失劳动能力劳动者的劳动合同的终止，按照国家有关工伤保险的规定执行。

第四十六条 有下列情形之一的，用人单位应当向劳动者支付经济补偿：

（一）劳动者依照本法第三十八条规定解除劳动合同的；

（二）用人单位依照本法第三十六条规定向劳动者提出解除劳动合同并与劳动者协商一致解除劳动合同的；

（三）用人单位依照本法第四十条规定解除劳动合同的；

（四）用人单位依照本法第四十一条第一款规定解除劳动合同的；

（五）除用人单位维持或者提高劳动合同约定条件续订劳动合同，劳动者不同意续订的情形外，依照本法第四十四条第一项规定终止固定期限劳动合同的；

（六）依照本法第四十四条第四项、第五项规定终止劳动合同的；

（七）法律、行政法规规定的其他情形。

第四十七条 经济补偿按劳动者在本单位工作的年限，每满一年支付一个月工资的标准向劳动者支付。六个月以上不满一年的，按一年计算；不满六个月的，向劳动者支付半个月工资的经济补偿。

劳动者月工资高于用人单位所在直辖市、设区的市级人民政府公布的本地区上年度职工月平均工资三倍的，向其支付经济补偿的标准按职工月平均工资三倍的数额支付，向其支付经济补偿的年限最高不超过十二年。

本条所称月工资是指劳动者在劳动合同解除或者终止前十二个月的平均工资。

第四十八条 用人单位违反本法规定解除或者终止劳动合同，劳动者要求继续履行劳动合同的，用人单位应当继续履行；劳动者不要求继续履行劳动合同或者劳动合同已经不能继续履行的，用人单位应当依照本法第八十七条规定支付赔偿金。

　　第四十九条　国家采取措施,建立健全劳动者社会保险关系跨地区转移接续制度。

　　第五十条　用人单位应当在解除或者终止劳动合同时出具解除或者终止劳动合同的证明,并在十五日内为劳动者办理档案和社会保险关系转移手续。

　　劳动者应当按照双方约定,办理工作交接。用人单位依照本法有关规定应当向劳动者支付经济补偿的,在办结工作交接时支付。

　　用人单位对已经解除或者终止的劳动合同的文本,至少保存两年备查。

第五章　　特别规定

第一节　　集体合同

　　第五十一条　企业职工一方与用人单位通过平等协商,可以就劳动报酬、工作时间、休息休假、劳动安全卫生、保险福利等事项订立集体合同。集体合同草案应当提交职工代表大会或者全体职工讨论通过。

　　集体合同由工会代表企业职工一方与用人单位订立;尚未建立工会的用人单位,由上级工会指导劳动者推举的代表与用人单位订立。

　　第五十二条　企业职工一方与用人单位可以订立劳动安全卫生、女职工权益保护、工资调整机制等专项集体合同。

　　第五十三条　在县级以下区域内,建筑业、采矿业、餐饮服务业等行业可以由工会与企业方面代表订立行业性集体合同,或者订立区域性集体合同。

　　第五十四条　集体合同订立后,应当报送劳动行政部门;劳动行政部门自收到集体合同文本之日起十五日内未提出异议的,集体合同即行生效。

　　依法订立的集体合同对用人单位和劳动者具有约束力。行业性、区域性集体合同对当地本行业、本区域的用人单位和劳动者具有约束力。

第五十五条　集体合同中劳动报酬和劳动条件等标准不得低于当地人民政府规定的最低标准;用人单位与劳动者订立的劳动合同中劳动报酬和劳动条件等标准不得低于集体合同规定的标准。

第五十六条　用人单位违反集体合同,侵犯职工劳动权益的,工会可以依法要求用人单位承担责任;因履行集体合同发生争议,经协商解决不成的,工会可以依法申请仲裁、提起诉讼。

第二节　劳务派遣

第五十七条　经营劳务派遣业务应当具备下列条件:

(一)注册资本不得少于人民币二百万元;

(二)有与开展业务相适应的固定的经营场所和设施;

(三)有符合法律、行政法规规定的劳务派遣管理制度;

(四)法律、行政法规规定的其他条件。

经营劳务派遣业务,应当向劳动行政部门依法申请行政许可;经许可的,依法办理相应的公司登记。未经许可,任何单位和个人不得经营劳务派遣业务。

第五十八条　劳务派遣单位是本法所称用人单位,应当履行用人单位对劳动者的义务。劳务派遣单位与被派遣劳动者订立的劳动合同,除应当载明本法第十七条规定的事项外,还应当载明被派遣劳动者的用工单位以及派遣期限、工作岗位等情况。

劳务派遣单位应当与被派遣劳动者订立两年以上的固定期限劳动合同,按月支付劳动报酬;被派遣劳动者在无工作期间,劳务派遣单位应当按照所在地人民政府规定的最低工资标准,向其按月支付报酬。

第五十九条　劳务派遣单位派遣劳动者应当与接受以劳务派遣形式用工的单位(以下称用工单位)订立劳务派遣协议。劳务派遣协议应当约定派遣岗位和人员数量、派遣期限、劳动报酬和社会保险费的数额与支付方式以及违反协议的责任。

用工单位应当根据工作岗位的实际需要与劳务派遣单位确定派遣期限,不得将连续用工期限分割订立数个短期劳务派遣协议。

第六十条　劳务派遣单位应当将劳务派遣协议的内容告知被派遣

劳动者。

劳务派遣单位不得克扣用工单位按照劳务派遣协议支付给被派遣劳动者的劳动报酬。

劳务派遣单位和用工单位不得向被派遣劳动者收取费用。

第六十一条 劳务派遣单位跨地区派遣劳动者的,被派遣劳动者享有的劳动报酬和劳动条件,按照用工单位所在地的标准执行。

第六十二条 用工单位应当履行下列义务:

(一)执行国家劳动标准,提供相应的劳动条件和劳动保护;

(二)告知被派遣劳动者的工作要求和劳动报酬;

(三)支付加班费、绩效奖金,提供与工作岗位相关的福利待遇;

(四)对在岗被派遣劳动者进行工作岗位所必需的培训;

(五)连续用工的,实行正常的工资调整机制。

用工单位不得将被派遣劳动者再派遣到其他用人单位。

第六十三条 被派遣劳动者享有与用工单位的劳动者同工同酬的权利。用工单位应当按照同工同酬原则,对被派遣劳动者与本单位同类岗位的劳动者实行相同的劳动报酬分配办法。用工单位无同类岗位劳动者的,参照用工单位所在地相同或者相近岗位劳动者的劳动报酬确定。

劳务派遣单位与被派遣劳动者订立的劳动合同和与用工单位订立的劳务派遣协议,载明或者约定的向被派遣劳动者支付的劳动报酬应当符合前款规定。

第六十四条 被派遣劳动者有权在劳务派遣单位或者用工单位依法参加或者组织工会,维护自身的合法权益。

第六十五条 被派遣劳动者可以依照本法第三十六条、第三十八条的规定与劳务派遣单位解除劳动合同。

被派遣劳动者有本法第三十九条和第四十条第一项、第二项规定情形的,用工单位可以将劳动者退回劳务派遣单位,劳务派遣单位依照本法有关规定,可以与劳动者解除劳动合同。

第六十六条 劳动合同用工是我国的企业基本用工形式。劳务派遣用工是补充形式,只能在临时性、辅助性或者替代性的工作岗位上实施。

前款规定的临时性工作岗位是指存续时间不超过六个月的岗位；辅助性工作岗位是指为主营业务岗位提供服务的非主营业务岗位；替代性工作岗位是指用工单位的劳动者因脱产学习、休假等原因无法工作的一定期间内，可以由其他劳动者替代工作的岗位。

用工单位应当严格控制劳务派遣用工数量，不得超过其用工总量的一定比例，具体比例由国务院劳动行政部门规定。

第六十七条 用人单位不得设立劳务派遣单位向本单位或者所属单位派遣劳动者。

第三节 非全日制用工

第六十八条 非全日制用工，是指以小时计酬为主，劳动者在同一用人单位一般平均每日工作时间不超过四小时，每周工作时间累计不超过二十四小时的用工形式。

第六十九条 非全日制用工双方当事人可以订立口头协议。

从事非全日制用工的劳动者可以与一个或者一个以上用人单位订立劳动合同；但是，后订立的劳动合同不得影响先订立的劳动合同的履行。

第七十条 非全日制用工双方当事人不得约定试用期。

第七十一条 非全日制用工双方当事人任何一方都可以随时通知对方终止用工。终止用工，用人单位不向劳动者支付经济补偿。

第七十二条 非全日制用工小时计酬标准不得低于用人单位所在地人民政府规定的最低小时工资标准。

非全日制用工劳动报酬结算支付周期最长不得超过十五日。

第六章 监督检查

第七十三条 国务院劳动行政部门负责全国劳动合同制度实施的监督管理。

县级以上地方人民政府劳动行政部门负责本行政区域内劳动合同制度实施的监督管理。

县级以上各级人民政府劳动行政部门在劳动合同制度实施的监督管理工作中,应当听取工会、企业方面代表以及有关行业主管部门的意见。

第七十四条　县级以上地方人民政府劳动行政部门依法对下列实施劳动合同制度的情况进行监督检查:

(一)用人单位制定直接涉及劳动者切身利益的规章制度及其执行的情况;

(二)用人单位与劳动者订立和解除劳动合同的情况;

(三)劳务派遣单位和用工单位遵守劳务派遣有关规定的情况;

(四)用人单位遵守国家关于劳动者工作时间和休息休假规定的情况;

(五)用人单位支付劳动合同约定的劳动报酬和执行最低工资标准的情况;

(六)用人单位参加各项社会保险和缴纳社会保险费的情况;

(七)法律、法规规定的其他劳动监察事项。

第七十五条　县级以上地方人民政府劳动行政部门实施监督检查时,有权查阅与劳动合同、集体合同有关的材料,有权对劳动场所进行实地检查,用人单位和劳动者都应当如实提供有关情况和材料。

劳动行政部门的工作人员进行监督检查,应当出示证件,依法行使职权,文明执法。

第七十六条　县级以上人民政府建设、卫生、安全生产监督管理等有关主管部门在各自职责范围内,对用人单位执行劳动合同制度的情况进行监督管理。

第七十七条　劳动者合法权益受到侵害的,有权要求有关部门依法处理,或者依法申请仲裁、提起诉讼。

第七十八条　工会依法维护劳动者的合法权益,对用人单位履行劳动合同、集体合同的情况进行监督。用人单位违反劳动法律、法规和劳动合同、集体合同的,工会有权提出意见或者要求纠正;劳动者申请仲裁、提起诉讼的,工会依法给予支持和帮助。

第七十九条　任何组织或者个人对违反本法的行为都有权举报,

县级以上人民政府劳动行政部门应当及时核实、处理,并对举报有功人员给予奖励。

第七章　法律责任

第八十条　用人单位直接涉及劳动者切身利益的规章制度违反法律、法规规定的,由劳动行政部门责令改正,给予警告;给劳动者造成损害的,应当承担赔偿责任。

第八十一条　用人单位提供的劳动合同文本未载明本法规定的劳动合同必备条款或者用人单位未将劳动合同文本交付劳动者的,由劳动行政部门责令改正;给劳动者造成损害的,应当承担赔偿责任。

第八十二条　用人单位自用工之日起超过一个月不满一年未与劳动者订立书面劳动合同的,应当向劳动者每月支付两倍的工资。

用人单位违反本法规定不与劳动者订立无固定期限劳动合同的,自应当订立无固定期限劳动合同之日起向劳动者每月支付两倍的工资。

第八十三条　用人单位违反本法规定与劳动者约定试用期的,由劳动行政部门责令改正;违法约定的试用期已经履行的,由用人单位以劳动者试用期满月工资为标准,按已经履行的超过法定试用期的期间向劳动者支付赔偿金。

第八十四条　用人单位违反本法规定,扣押劳动者居民身份证等证件的,由劳动行政部门责令限期退还劳动者本人,并依照有关法律规定给予处罚。

用人单位违反本法规定,以担保或者其他名义向劳动者收取财物的,由劳动行政部门责令限期退还劳动者本人,并以每人五百元以上二千元以下的标准处以罚款;给劳动者造成损害的,应当承担赔偿责任。

劳动者依法解除或者终止劳动合同,用人单位扣押劳动者档案或者其他物品的,依照前款规定处罚。

第八十五条　用人单位有下列情形之一的,由劳动行政部门责令限期支付劳动报酬、加班费或者经济补偿;劳动报酬低于当地最低工资标准的,应当支付其差额部分;逾期不支付的,责令用人单位按应付金额百分之五十以上百分之一百以下的标准向劳动者加付赔偿金：

（一）未按照劳动合同的约定或者国家规定及时足额支付劳动者劳动报酬的；

（二）低于当地最低工资标准支付劳动者工资的；

（三）安排加班不支付加班费的；

（四）解除或者终止劳动合同,未依照本法规定向劳动者支付经济补偿的。

第八十六条　劳动合同依照本法第二十六条规定被确认无效,给对方造成损害的,有过错的一方应当承担赔偿责任。

第八十七条　用人单位违反本法规定解除或者终止劳动合同的,应当依照本法第四十七条规定的经济补偿标准的二倍向劳动者支付赔偿金。

第八十八条　用人单位有下列情形之一的,依法给予行政处罚;构成犯罪的,依法追究刑事责任;给劳动者造成损害的,应当承担赔偿责任：

（一）以暴力、威胁或者非法限制人身自由的手段强迫劳动的；

（二）违章指挥或者强令冒险作业危及劳动者人身安全的；

（三）侮辱、体罚、殴打、非法搜查或者拘禁劳动者的；

（四）劳动条件恶劣、环境污染严重,给劳动者身心健康造成严重损害的。

第八十九条　用人单位违反本法规定未向劳动者出具解除或者终止劳动合同的书面证明,由劳动行政部门责令改正;给劳动者造成损害的,应当承担赔偿责任。

第九十条　劳动者违反本法规定解除劳动合同,或者违反劳动合同中约定的保密义务或者竞业限制,给用人单位造成损失的,应当承担赔偿责任。

第九十一条　用人单位招用与其他用人单位尚未解除或者终止劳动合同的劳动者,给其他用人单位造成损失的,应当承担连带赔偿责任。

第九十二条　违反本法规定,未经许可,擅自经营劳务派遣业务的,由劳动行政部门责令停止违法行为,没收违法所得,并处违法所得一倍以上五倍以下的罚款;没有违法所得的,可以处五万元以下的罚款。

劳务派遣单位、用工单位违反本法有关劳务派遣规定的,由劳动行政部门责令限期改正;逾期不改正的,以每人五千元以上一万元以下的标准处以罚款,对劳务派遣单位,吊销其劳务派遣业务经营许可证。用工单位给被派遣劳动者造成损害的,劳务派遣单位与用工单位承担连带赔偿责任。

第九十三条 对不具备合法经营资格的用人单位的违法犯罪行为,依法追究法律责任;劳动者已经付出劳动的,该单位或者其出资人应当依照本法有关规定向劳动者支付劳动报酬、经济补偿、赔偿金;给劳动者造成损害的,应当承担赔偿责任。

第九十四条 个人承包经营违反本法规定招用劳动者,给劳动者造成损害的,发包的组织与个人承包经营者承担连带赔偿责任。

第九十五条 劳动行政部门和其他有关主管部门及其工作人员玩忽职守、不履行法定职责,或者违法行使职权,给劳动者或者用人单位造成损害的,应当承担赔偿责任;对直接负责的主管人员和其他直接责任人员,依法给予行政处分;构成犯罪的,依法追究刑事责任。

第八章 附 则

第九十六条 事业单位与实行聘用制的工作人员订立、履行、变更、解除或者终止劳动合同,法律、行政法规或者国务院另有规定的,依照其规定;未作规定的,依照本法有关规定执行。

第九十七条 本法施行前已依法订立且在本法施行之日存续的劳动合同,继续履行;本法第十四条第二款第三项规定连续订立固定期限劳动合同的次数,自本法施行后续订固定期限劳动合同时开始计算。

本法施行前已建立劳动关系,尚未订立书面劳动合同的,应当自本法施行之日起一个月内订立。

本法施行之日存续的劳动合同在本法施行后解除或者终止,依照本法第四十六条规定应当支付经济补偿的,经济补偿年限自本法施行之日起计算；本法施行前按照当时有关规定，用人单位应当向劳动者支付经济补偿的，按照当时有关规定执行。

第九十八条　本法自 2008 年 1 月 1 日起施行。

中华人民共和国社会保险法

（2010 年 10 月 28 日第十一届全国人民代表大会常务委员会第十七次会议通过，自 2011 年 7 月 1 日起施行。）

目　　录

第一章　总　则

第一条　为了规范社会保险关系，维护公民参加社会保险和享受社会保险待遇的合法权益，使公民共享发展成果，促进社会和谐稳定，根据宪法，制定本法。

第二条　国家建立基本养老保险、基本医疗保险、工伤保险、失业保险、生育保险等社会保险制度，保障公民在年老、疾病、工伤、失业、生育等情况下依法从国家和社会获得物质帮助的权利。

第三条　社会保险制度坚持广覆盖、保基本、多层次、可持续的方针,社会保险水平应当与经济社会发展水平相适应。

第四条　中华人民共和国境内的用人单位和个人依法缴纳社会保险费,有权查询缴费记录、个人权益记录,要求社会保险经办机构提供社会保险咨询等相关服务。

个人依法享受社会保险待遇,有权监督本单位为其缴费情况。

第五条　县级以上人民政府将社会保险事业纳入国民经济和社会发展规划。

国家多渠道筹集社会保险资金。县级以上人民政府对社会保险事业给予必要的经费支持。

国家通过税收优惠政策支持社会保险事业。

第六条　国家对社会保险基金实行严格监管。

国务院和省、自治区、直辖市人民政府建立健全社会保险基金监督管理制度,保障社会保险基金安全、有效运行。

县级以上人民政府采取措施,鼓励和支持社会各方面参与社会保险基金的监督。

第七条　国务院社会保险行政部门负责全国的社会保险管理工作,国务院其他有关部门在各自的职责范围内负责有关的社会保险工作。

县级以上地方人民政府社会保险行政部门负责本行政区域的社会保险管理工作,县级以上地方人民政府其他有关部门在各自的职责范围内负责有关的社会保险工作。

第八条　社会保险经办机构提供社会保险服务,负责社会保险登记、个人权益记录、社会保险待遇支付等工作。

第九条　工会依法维护职工的合法权益,有权参与社会保险重大事项的研究,参加社会保险监督委员会,对与职工社会保险权益有关的事项进行监督。

第二章　基本养老保险

第十条　职工应当参加基本养老保险,由用人单位和职工共同缴纳基本养老保险费。

无雇工的个体工商户、未在用人单位参加基本养老保险的非全日制从业人员以及其他灵活就业人员可以参加基本养老保险，由个人缴纳基本养老保险费。

公务员和参照公务员法管理的工作人员养老保险的办法由国务院规定。

第十一条　基本养老保险实行社会统筹与个人账户相结合。

基本养老保险基金由用人单位和个人缴费以及政府补贴等组成。

第十二条　用人单位应当按照国家规定的本单位职工工资总额的比例缴纳基本养老保险费，记入基本养老保险统筹基金。

职工应当按照国家规定的本人工资的比例缴纳基本养老保险费，记入个人账户。

无雇工的个体工商户、未在用人单位参加基本养老保险的非全日制从业人员以及其他灵活就业人员参加基本养老保险的，应当按照国家规定缴纳基本养老保险费，分别记入基本养老保险统筹基金和个人账户。

第十三条　国有企业、事业单位职工参加基本养老保险前，视同缴费年限期间应当缴纳的基本养老保险费由政府承担。

基本养老保险基金出现支付不足时，政府给予补贴。

第十四条　个人账户不得提前支取，记账利率不得低于银行定期存款利率，免征利息税。个人死亡的，个人账户余额可以继承。

第十五条　基本养老金由统筹养老金和个人账户养老金组成。

基本养老金根据个人累计缴费年限、缴费工资、当地职工平均工资、个人账户金额、城镇人口平均预期寿命等因素确定。

第十六条　参加基本养老保险的个人，达到法定退休年龄时累计缴费满十五年的，按月领取基本养老金。

参加基本养老保险的个人，达到法定退休年龄时累计缴费不足十五年的，可以缴费至满十五年，按月领取基本养老金；也可以转入新型农村社会养老保险或者城镇居民社会养老保险，按照国务院规定享受相应的养老保险待遇。

第十七条 参加基本养老保险的个人,因病或者非因工死亡的,其遗属可以领取丧葬补助金和抚恤金;在未达到法定退休年龄时因病或者非因工致残完全丧失劳动能力的,可以领取病残津贴。所需资金从基本养老保险基金中支付。

第十八条 国家建立基本养老金正常调整机制。根据职工平均工资增长、物价上涨情况,适时提高基本养老保险待遇水平。

第十九条 个人跨统筹地区就业的,其基本养老保险关系随本人转移,缴费年限累计计算。个人达到法定退休年龄时,基本养老金分段计算、统一支付。具体办法由国务院规定。

第二十条 国家建立和完善新型农村社会养老保险制度。

新型农村社会养老保险实行个人缴费、集体补助和政府补贴相结合。

第二十一条 新型农村社会养老保险待遇由基础养老金和个人账户养老金组成。

参加新型农村社会养老保险的农村居民,符合国家规定条件的,按月领取新型农村社会养老保险待遇。

第二十二条 国家建立和完善城镇居民社会养老保险制度。

省、自治区、直辖市人民政府根据实际情况,可以将城镇居民社会养老保险和新型农村社会养老保险合并实施。

第三章 基本医疗保险

第二十三条 职工应当参加职工基本医疗保险,由用人单位和职工按照国家规定共同缴纳基本医疗保险费。

无雇工的个体工商户、未在用人单位参加职工基本医疗保险的非全日制从业人员以及其他灵活就业人员可以参加职工基本医疗保险,由个人按照国家规定缴纳基本医疗保险费。

第二十四条 国家建立和完善新型农村合作医疗制度。

新型农村合作医疗的管理办法,由国务院规定。

第二十五条 国家建立和完善城镇居民基本医疗保险制度。

城镇居民基本医疗保险实行个人缴费和政府补贴相结合。

享受最低生活保障的人、丧失劳动能力的残疾人、低收入家庭六十周岁以上的老年人和未成年人等所需个人缴费部分,由政府给予补贴。

第二十六条 职工基本医疗保险、新型农村合作医疗和城镇居民基本医疗保险的待遇标准按照国家规定执行。

第二十七条 参加职工基本医疗保险的个人,达到法定退休年龄时累计缴费达到国家规定年限的,退休后不再缴纳基本医疗保险费,按照国家规定享受基本医疗保险待遇;未达到国家规定年限的,可以缴费至国家规定年限。

第二十八条 符合基本医疗保险药品目录、诊疗项目、医疗服务设施标准以及急诊、抢救的医疗费用,按照国家规定从基本医疗保险基金中支付。

第二十九条 参保人员医疗费用中应当由基本医疗保险基金支付的部分,由社会保险经办机构与医疗机构、药品经营单位直接结算。

社会保险行政部门和卫生行政部门应当建立异地就医医疗费用结算制度,方便参保人员享受基本医疗保险待遇。

第三十条 下列医疗费用不纳入基本医疗保险基金支付范围:

(一)应当从工伤保险基金中支付的;

(二)应当由第三人负担的;

(三)应当由公共卫生负担的;

(四)在境外就医的。

医疗费用依法应当由第三人负担,第三人不支付或者无法确定第三人的,由基本医疗保险基金先行支付。基本医疗保险基金先行支付后,有权向第三人追偿。

第三十一条 社会保险经办机构根据管理服务的需要,可以与医疗机构、药品经营单位签订服务协议,规范医疗服务行为。

医疗机构应当为参保人员提供合理、必要的医疗服务。

第三十二条 个人跨统筹地区就业的,其基本医疗保险关系随本人转移,缴费年限累计计算。

第四章　工伤保险

第三十三条　职工应当参加工伤保险，由用人单位缴纳工伤保险费，职工不缴纳工伤保险费。

第三十四条　国家根据不同行业的工伤风险程度确定行业的差别费率，并根据使用工伤保险基金、工伤发生率等情况在每个行业内确定费率档次。行业差别费率和行业内费率档次由国务院社会保险行政部门制定，报国务院批准后公布施行。

社会保险经办机构根据用人单位使用工伤保险基金、工伤发生率和所属行业费率档次等情况，确定用人单位缴费费率。

第三十五条　用人单位应当按照本单位职工工资总额，根据社会保险经办机构确定的费率缴纳工伤保险费。

第三十六条　职工因工作原因受到事故伤害或者患职业病，且经工伤认定的，享受工伤保险待遇；其中，经劳动能力鉴定丧失劳动能力的，享受伤残待遇。

工伤认定和劳动能力鉴定应当简捷、方便。

第三十七条　职工因下列情形之一导致本人在工作中伤亡的，不认定为工伤：

（一）故意犯罪；

（二）醉酒或者吸毒；

（三）自残或者自杀；

（四）法律、行政法规规定的其他情形。

第三十八条　因工伤发生的下列费用，按照国家规定从工伤保险基金中支付：

（一）治疗工伤的医疗费用和康复费用；

（二）住院伙食补助费；

（三）到统筹地区以外就医的交通食宿费；

（四）安装配置伤残辅助器具所需费用；

（五）生活不能自理的，经劳动能力鉴定委员会确认的生活护理费；

（六）一次性伤残补助金和一至四级伤残职工按月领取的伤残

津贴；

（七）终止或者解除劳动合同时，应当享受的一次性医疗补助金；

（八）因工死亡的，其遗属领取的丧葬补助金、供养亲属抚恤金和因工死亡补助金；

（九）劳动能力鉴定费。

第三十九条　因工伤发生的下列费用，按照国家规定由用人单位支付：

（一）治疗工伤期间的工资福利；

（二）五级、六级伤残职工按月领取的伤残津贴；

（三）终止或者解除劳动合同时，应当享受的一次性伤残就业补助金。

第四十条　工伤职工符合领取基本养老金条件的，停发伤残津贴，享受基本养老保险待遇。基本养老保险待遇低于伤残津贴的，从工伤保险基金中补足差额。

第四十一条　职工所在用人单位未依法缴纳工伤保险费，发生工伤事故的，由用人单位支付工伤保险待遇。用人单位不支付的，从工伤保险基金中先行支付。

从工伤保险基金中先行支付的工伤保险待遇应当由用人单位偿还。用人单位不偿还的，社会保险经办机构可以依照本法第六十三条的规定追偿。

第四十二条　由于第三人的原因造成工伤，第三人不支付工伤医疗费用或者无法确定第三人的，由工伤保险基金先行支付。工伤保险基金先行支付后，有权向第三人追偿。

第四十三条　工伤职工有下列情形之一的，停止享受工伤保险待遇：

（一）丧失享受待遇条件的；

（二）拒不接受劳动能力鉴定的；

（三）拒绝治疗的。

第五章　失业保险

第四十四条　职工应当参加失业保险,由用人单位和职工按照国家规定共同缴纳失业保险费。

第四十五条　失业人员符合下列条件的,从失业保险基金中领取失业保险金:

(一)失业前用人单位和本人已经缴纳失业保险费满一年的;

(二)非因本人意愿中断就业的;

(三)已经进行失业登记,并有求职要求的。

第四十六条　失业人员失业前用人单位和本人累计缴费满一年不足五年的,领取失业保险金的期限最长为十二个月;累计缴费满五年不足十年的,领取失业保险金的期限最长为十八个月;累计缴费十年以上的,领取失业保险金的期限最长为二十四个月。重新就业后,再次失业的,缴费时间重新计算,领取失业保险金的期限与前次失业应当领取而尚未领取的失业保险金的期限合并计算,最长不超过二十四个月。

第四十七条　失业保险金的标准,由省、自治区、直辖市人民政府确定,不得低于城市居民最低生活保障标准。

第四十八条　失业人员在领取失业保险金期间,参加职工基本医疗保险,享受基本医疗保险待遇。

失业人员应当缴纳的基本医疗保险费从失业保险基金中支付,个人不缴纳基本医疗保险费。

第四十九条　失业人员在领取失业保险金期间死亡的,参照当地对在职职工死亡的规定,向其遗属发给一次性丧葬补助金和抚恤金。所需资金从失业保险基金中支付。

个人死亡同时符合领取基本养老保险丧葬补助金、工伤保险丧葬补助金和失业保险丧葬补助金条件的,其遗属只能选择领取其中的一项。

第五十条　用人单位应当及时为失业人员出具终止或者解除劳动关系的证明,并将失业人员的名单自终止或者解除劳动关系之日起十五日内告知社会保险经办机构。

失业人员应当持本单位为其出具的终止或者解除劳动关系的证明,及时到指定的公共就业服务机构办理失业登记。

失业人员凭失业登记证明和个人身份证明,到社会保险经办机构办理领取失业保险金的手续。失业保险金领取期限自办理失业登记之日起计算。

第五十一条　失业人员在领取失业保险金期间有下列情形之一的,停止领取失业保险金,并同时停止享受其他失业保险待遇:

(一)重新就业的;

(二)应征服兵役的;

(三)移居境外的;

(四)享受基本养老保险待遇的;

(五)无正当理由,拒不接受当地人民政府指定部门或者机构介绍的适当工作或者提供的培训的。

第五十二条　职工跨统筹地区就业的,其失业保险关系随本人转移,缴费年限累计计算。

第六章　生育保险

第五十三条　职工应当参加生育保险,由用人单位按照国家规定缴纳生育保险费,职工不缴纳生育保险费。

第五十四条　用人单位已经缴纳生育保险费的,其职工享受生育保险待遇;职工未就业配偶按照国家规定享受生育医疗费用待遇。所需资金从生育保险基金中支付。

生育保险待遇包括生育医疗费用和生育津贴。

第五十五条　生育医疗费用包括下列各项:

(一)生育的医疗费用;

(二)计划生育的医疗费用;

(三)法律、法规规定的其他项目费用。

第五十六条　职工有下列情形之一的,可以按照国家规定享受生育津贴:

(一)女职工生育享受产假;

（二）享受计划生育手术休假；

（三）法律、法规规定的其他情形。

生育津贴按照职工所在用人单位上年度职工月平均工资计发。

第七章　社会保险费征缴

第五十七条　用人单位应当自成立之日起三十日内凭营业执照、登记证书或者单位印章，向当地社会保险经办机构申请办理社会保险登记。社会保险经办机构应当自收到申请之日起十五日内予以审核，发给社会保险登记证件。

用人单位的社会保险登记事项发生变更或者用人单位依法终止的，应当自变更或者终止之日起三十日内，到社会保险经办机构办理变更或者注销社会保险登记。

工商行政管理部门、民政部门和机构编制管理机关应当及时向社会保险经办机构通报用人单位的成立、终止情况，公安机关应当及时向社会保险经办机构通报个人的出生、死亡以及户口登记、迁移、注销等情况。

第五十八条　用人单位应当自用工之日起三十日内为其职工向社会保险经办机构申请办理社会保险登记。未办理社会保险登记的，由社会保险经办机构核定其应当缴纳的社会保险费。

自愿参加社会保险的无雇工的个体工商户、未在用人单位参加社会保险的非全日制从业人员以及其他灵活就业人员，应当向社会保险经办机构申请办理社会保险登记。

国家建立全国统一的个人社会保障号码。个人社会保障号码为公民身份号码。

第五十九条　县级以上人民政府加强社会保险费的征收工作。

社会保险费实行统一征收，实施步骤和具体办法由国务院规定。

第六十条　用人单位应当自行申报、按时足额缴纳社会保险费，非因不可抗力等法定事由不得缓缴、减免。职工应当缴纳的社会保险费由用人单位代扣代缴，用人单位应当按月将缴纳社会保险费的明细情况告知本人。

无雇工的个体工商户、未在用人单位参加社会保险的非全日制从业人员以及其他灵活就业人员,可以直接向社会保险费征收机构缴纳社会保险费。

第六十一条　社会保险费征收机构应当依法按时足额征收社会保险费,并将缴费情况定期告知用人单位和个人。

第六十二条　用人单位未按规定申报应当缴纳的社会保险费数额的,按照该单位上月缴费额的百分之一百一十确定应当缴纳数额;缴费单位补办申报手续后,由社会保险费征收机构按照规定结算。

第六十三条　用人单位未按时足额缴纳社会保险费的,由社会保险费征收机构责令其限期缴纳或者补足。

用人单位逾期仍未缴纳或者补足社会保险费的,社会保险费征收机构可以向银行和其他金融机构查询其存款账户;并可以申请县级以上有关行政部门作出划拨社会保险费的决定,书面通知其开户银行或者其他金融机构划拨社会保险费。用人单位账户余额少于应当缴纳的社会保险费的,社会保险费征收机构可以要求该用人单位提供担保,签订延期缴费协议。

用人单位未足额缴纳社会保险费且未提供担保的,社会保险费征收机构可以申请人民法院扣押、查封、拍卖其价值相当于应当缴纳社会保险费的财产,以拍卖所得抵缴社会保险费。

第八章　社会保险基金

第六十四条　社会保险基金包括基本养老保险基金、基本医疗保险基金、工伤保险基金、失业保险基金和生育保险基金。各项社会保险基金按照社会保险险种分别建账,分账核算,执行国家统一的会计制度。

社会保险基金专款专用,任何组织和个人不得侵占或者挪用。

基本养老保险基金逐步实行全国统筹,其他社会保险基金逐步实行省级统筹,具体时间、步骤由国务院规定。

第六十五条　社会保险基金通过预算实现收支平衡。

县级以上人民政府在社会保险基金出现支付不足时,给予补贴。

第六十六条　社会保险基金按照统筹层次设立预算。社会保险基金预算按照社会保险项目分别编制。

第六十七条　社会保险基金预算、决算草案的编制、审核和批准，依照法律和国务院规定执行。

第六十八条　社会保险基金存入财政专户，具体管理办法由国务院规定。

第六十九条　社会保险基金在保证安全的前提下，按照国务院规定投资运营实现保值增值。

社会保险基金不得违规投资运营，不得用于平衡其他政府预算，不得用于兴建、改建办公场所和支付人员经费、运行费用、管理费用，或者违反法律、行政法规规定挪作其他用途。

第七十条　社会保险经办机构应当定期向社会公布参加社会保险情况以及社会保险基金的收入、支出、结余和收益情况。

第七十一条　国家设立全国社会保障基金，由中央财政预算拨款以及国务院批准的其他方式筹集的资金构成，用于社会保障支出的补充、调剂。全国社会保障基金由全国社会保障基金管理运营机构负责管理运营，在保证安全的前提下实现保值增值。

全国社会保障基金应当定期向社会公布收支、管理和投资运营的情况。国务院财政部门、社会保险行政部门、审计机关对全国社会保障基金的收支、管理和投资运营情况实施监督。

第九章　社会保险经办

第七十二条　统筹地区设立社会保险经办机构。社会保险经办机构根据工作需要，经所在地的社会保险行政部门和机构编制管理机关批准，可以在本统筹地区设立分支机构和服务网点。

社会保险经办机构的人员经费和经办社会保险发生的基本运行费用、管理费用，由同级财政按照国家规定予以保障。

第七十三条　社会保险经办机构应当建立健全业务、财务、安全和风险管理制度。

社会保险经办机构应当按时足额支付社会保险待遇。

第七十四条　社会保险经办机构通过业务经办、统计、调查获取社会保险工作所需的数据,有关单位和个人应当及时、如实提供。

社会保险经办机构应当及时为用人单位建立档案,完整、准确地记录参加社会保险的人员、缴费等社会保险数据,妥善保管登记、申报的原始凭证和支付结算的会计凭证。

社会保险经办机构应当及时、完整、准确地记录参加社会保险的个人缴费和用人单位为其缴费,以及享受社会保险待遇等个人权益记录,定期将个人权益记录单免费寄送本人。

用人单位和个人可以免费向社会保险经办机构查询、核对其缴费和享受社会保险待遇记录,要求社会保险经办机构提供社会保险咨询等相关服务。

第七十五条　全国社会保险信息系统按照国家统一规划,由县级以上人民政府按照分级负责的原则共同建设。

第十章　社会保险监督

第七十六条　各级人民代表大会常务委员会听取和审议本级人民政府对社会保险基金的收支、管理、投资运营以及监督检查情况的专项工作报告,组织对本法实施情况的执法检查等,依法行使监督职权。

第七十七条　县级以上人民政府社会保险行政部门应当加强对用人单位和个人遵守社会保险法律、法规情况的监督检查。

社会保险行政部门实施监督检查时,被检查的用人单位和个人应当如实提供与社会保险有关的资料,不得拒绝检查或者谎报、瞒报。

第七十八条　财政部门、审计机关按照各自职责,对社会保险基金的收支、管理和投资运营情况实施监督。

第七十九条　社会保险行政部门对社会保险基金的收支、管理和投资运营情况进行监督检查,发现存在问题的,应当提出整改建议,依法作出处理决定或者向有关行政部门提出处理建议。社会保险基金检查结果应当定期向社会公布。

社会保险行政部门对社会保险基金实施监督检查,有权采取下列措施:

（一）查阅、记录、复制与社会保险基金收支、管理和投资运营相关的资料，对可能被转移、隐匿或者灭失的资料予以封存；

（二）询问与调查事项有关的单位和个人，要求其对与调查事项有关的问题作出说明、提供有关证明材料；

（三）对隐匿、转移、侵占、挪用社会保险基金的行为予以制止并责令改正。

第八十条 统筹地区人民政府成立由用人单位代表、参保人员代表，以及工会代表、专家等组成的社会保险监督委员会，掌握、分析社会保险基金的收支、管理和投资运营情况，对社会保险工作提出咨询意见和建议，实施社会监督。

社会保险经办机构应当定期向社会保险监督委员会汇报社会保险基金的收支、管理和投资运营情况。社会保险监督委员会可以聘请会计师事务所对社会保险基金的收支、管理和投资运营情况进行年度审计和专项审计。审计结果应当向社会公开。

社会保险监督委员会发现社会保险基金收支、管理和投资运营中存在问题的，有权提出改正建议；对社会保险经办机构及其工作人员的违法行为，有权向有关部门提出依法处理建议。

第八十一条 社会保险行政部门和其他有关行政部门、社会保险经办机构、社会保险费征收机构及其工作人员，应当依法为用人单位和个人的信息保密，不得以任何形式泄露。

第八十二条 任何组织或者个人有权对违反社会保险法律、法规的行为进行举报、投诉。

社会保险行政部门、卫生行政部门、社会保险经办机构、社会保险费征收机构和财政部门、审计机关对属于本部门、本机构职责范围的举报、投诉，应当依法处理；对不属于本部门、本机构职责范围的，应当书面通知并移交有权处理的部门、机构处理。有权处理的部门、机构应当及时处理，不得推诿。

第八十三条 用人单位或者个人认为社会保险费征收机构的行为侵害自己合法权益的，可以依法申请行政复议或者提起行政诉讼。

用人单位或者个人对社会保险经办机构不依法办理社会保险登

记、核定社会保险费、支付社会保险待遇、办理社会保险转移接续手续或者侵害其他社会保险权益的行为,可以依法申请行政复议或者提起行政诉讼。

个人与所在用人单位发生社会保险争议的,可以依法申请调解、仲裁,提起诉讼。用人单位侵害个人社会保险权益的,个人也可以要求社会保险行政部门或者社会保险费征收机构依法处理。

第十一章　法律责任

第八十四条　用人单位不办理社会保险登记的,由社会保险行政部门责令限期改正;逾期不改正的,对用人单位处应缴社会保险费数额一倍以上三倍以下的罚款,对其直接负责的主管人员和其他直接责任人员处五百元以上三千元以下的罚款。

第八十五条　用人单位拒不出具终止或者解除劳动关系证明的,依照《中华人民共和国劳动合同法》的规定处理。

第八十六条　用人单位未按时足额缴纳社会保险费的,由社会保险费征收机构责令限期缴纳或者补足,并自欠缴之日起,按日加收万分之五的滞纳金;逾期仍不缴纳的,由有关行政部门处欠缴数额一倍以上三倍以下的罚款。

第八十七条　社会保险经办机构以及医疗机构、药品经营单位等社会保险服务机构以欺诈、伪造证明材料或者其他手段骗取社会保险基金支出的,由社会保险行政部门责令退回骗取的社会保险金,处骗取金额二倍以上五倍以下的罚款;属于社会保险服务机构的,解除服务协议;直接负责的主管人员和其他直接责任人员有执业资格的,依法吊销其执业资格。

第八十八条　以欺诈、伪造证明材料或者其他手段骗取社会保险待遇的,由社会保险行政部门责令退回骗取的社会保险金,处骗取金额二倍以上五倍以下的罚款。

第八十九条　社会保险经办机构及其工作人员有下列行为之一的,由社会保险行政部门责令改正;给社会保险基金、用人单位或者个人造成损失的,依法承担赔偿责任;对直接负责的主管人员和其他直接责任人员依法给予处分：

（一）未履行社会保险法定职责的；

（二）未将社会保险基金存入财政专户的；

（三）克扣或者拒不按时支付社会保险待遇的；

（四）丢失或者篡改缴费记录、享受社会保险待遇记录等社会保险数据、个人权益记录的；

（五）有违反社会保险法律、法规的其他行为的。

第九十条　社会保险费征收机构擅自更改社会保险费缴费基数、费率，导致少收或者多收社会保险费的，由有关行政部门责令其追缴应当缴纳的社会保险费或者退还不应当缴纳的社会保险费；对直接负责的主管人员和其他直接责任人员依法给予处分。

第九十一条　违反本法规定，隐匿、转移、侵占、挪用社会保险基金或者违规投资运营的，由社会保险行政部门、财政部门、审计机关责令追回；有违法所得的，没收违法所得；对直接负责的主管人员和其他直接责任人员依法给予处分。

第九十二条　社会保险行政部门和其他有关行政部门、社会保险经办机构、社会保险费征收机构及其工作人员泄露用人单位和个人信息的，对直接负责的主管人员和其他直接责任人员依法给予处分；给用人单位或者个人造成损失的，应当承担赔偿责任。

第九十三条　国家工作人员在社会保险管理、监督工作中滥用职权、玩忽职守、徇私舞弊的，依法给予处分。

第九十四条　违反本法规定，构成犯罪的，依法追究刑事责任。

第十二章　附　则

第九十五条　进城务工的农村居民依照本法规定参加社会保险。

第九十六条　征收农村集体所有的土地，应当足额安排被征地农民的社会保险费，按照国务院规定将被征地农民纳入相应的社会保险制度。

第九十七条　外国人在中国境内就业的，参照本法规定参加社会保险。

第九十八条　本法自 2011 年 7 月 1 日起施行。

中华人民共和国劳动争议调解仲裁法

（2007 年 12 月 29 日第十届全国人民代表大会常务委员会第三十一次会议通过，自 2008 年 5 月 1 日起施行。）

目　　录

第一章　总　则

第一条　为了公正及时解决劳动争议，保护当事人合法权益，促进劳动关系和谐稳定，制定本法。

第二条　中华人民共和国境内的用人单位与劳动者发生的下列劳动争议，适用本法：

（一）因确认劳动关系发生的争议；

（二）因订立、履行、变更、解除和终止劳动合同发生的争议；

（三）因除名、辞退和辞职、离职发生的争议；

（四）因工作时间、休息休假、社会保险、福利、培训以及劳动保护发生的争议；

（五）因劳动报酬、工伤医疗费、经济补偿或者赔偿金等发生的争议；

（六）法律、法规规定的其他劳动争议。

第三条　解决劳动争议，应当根据事实，遵循合法、公正、及时、着重调解的原则,依法保护当事人的合法权益。

第四条　发生劳动争议,劳动者可以与用人单位协商,也可以请工会或者第三方共同与用人单位协商,达成和解协议。

第五条　发生劳动争议,当事人不愿协商、协商不成或者达成和解协议后不履行的,可以向调解组织申请调解;不愿调解、调解不成或者达成调解协议后不履行的,可以向劳动争议仲裁委员会申请仲裁;对仲裁裁决不服的,除本法另有规定的外,可以向人民法院提起诉讼。

第六条　发生劳动争议,当事人对自己提出的主张,有责任提供证据。与争议事项有关的证据属于用人单位掌握管理的,用人单位应当提供;用人单位不提供的,应当承担不利后果。

第七条　发生劳动争议的劳动者一方在十人以上,并有共同请求的,可以推举代表参加调解、仲裁或者诉讼活动。

第八条　县级以上人民政府劳动行政部门会同工会和企业方面代表建立协调劳动关系三方机制,共同研究解决劳动争议的重大问题。

第九条　用人单位违反国家规定,拖欠或者未足额支付劳动报酬,或者拖欠工伤医疗费、经济补偿或者赔偿金的,劳动者可以向劳动行政部门投诉,劳动行政部门应当依法处理。

第二章　调　解

第十条　发生劳动争议,当事人可以到下列调解组织申请调解:

(一)企业劳动争议调解委员会;

(二)依法设立的基层人民调解组织;

(三)在乡镇、街道设立的具有劳动争议调解职能的组织。

企业劳动争议调解委员会由职工代表和企业代表组成。职工代表由工会成员担任或者由全体职工推举产生,企业代表由企业负责人指定。企业劳动争议调解委员会主任由工会成员或者双方推举的人员担任。

第十一条　劳动争议调解组织的调解员应当由公道正派、联系群众、热心调解工作,并具有一定法律知识、政策水平和文化水平的成年公民担任。

第十二条　当事人申请劳动争议调解可以书面申请，也可以口头申请。口头申请的，调解组织应当当场记录申请人基本情况、申请调解的争议事项、理由和时间。

第十三条　调解劳动争议，应当充分听取双方当事人对事实和理由的陈述，耐心疏导，帮助其达成协议。

第十四条　经调解达成协议的，应当制作调解协议书。

调解协议书由双方当事人签名或者盖章，经调解员签名并加盖调解组织印章后生效，对双方当事人具有约束力，当事人应当履行。

自劳动争议调解组织收到调解申请之日起十五日内未达成调解协议的，当事人可以依法申请仲裁。

第十五条　达成调解协议后，一方当事人在协议约定期限内不履行调解协议的，另一方当事人可以依法申请仲裁。

第十六条　因支付拖欠劳动报酬、工伤医疗费、经济补偿或者赔偿金事项达成调解协议，用人单位在协议约定期限内不履行的，劳动者可以持调解协议书依法向人民法院申请支付令。人民法院应当依法发出支付令。

第三章　仲　裁

第一节　一般规定

第十七条　劳动争议仲裁委员会按照统筹规划、合理布局和适应实际需要的原则设立。省、自治区人民政府可以决定在市、县设立；直辖市人民政府可以决定在区、县设立。直辖市、设区的市也可以设立一个或者若干个劳动争议仲裁委员会。劳动争议仲裁委员会不按行政区划层层设立。

第十八条　国务院劳动行政部门依照本法有关规定制定仲裁规则。省、自治区、直辖市人民政府劳动行政部门对本行政区域的劳动争议仲裁工作进行指导。

第十九条　劳动争议仲裁委员会由劳动行政部门代表、工会代表和企业方面代表组成。劳动争议仲裁委员会组成人员应当是单数。

劳动争议仲裁委员会依法履行下列职责：

（一）聘任、解聘专职或者兼职仲裁员；

（二）受理劳动争议案件；

（三）讨论重大或者疑难的劳动争议案件；

（四）对仲裁活动进行监督。

劳动争议仲裁委员会下设办事机构，负责办理劳动争议仲裁委员会的日常工作。

第二十条 劳动争议仲裁委员会应当设仲裁员名册。

仲裁员应当公道正派并符合下列条件之一：

（一）曾任审判员的；

（二）从事法律研究、教学工作并具有中级以上职称的；

（三）具有法律知识、从事人力资源管理或者工会等专业工作满五年的；

（四）律师执业满三年的。

第二十一条 劳动争议仲裁委员会负责管辖本区域内发生的劳动争议。

劳动争议由劳动合同履行地或者用人单位所在地的劳动争议仲裁委员会管辖。双方当事人分别向劳动合同履行地和用人单位所在地的劳动争议仲裁委员会申请仲裁的，由劳动合同履行地的劳动争议仲裁委员会管辖。

第二十二条 发生劳动争议的劳动者和用人单位为劳动争议仲裁案件的双方当事人。

劳务派遣单位或者用工单位与劳动者发生劳动争议的，劳务派遣单位和用工单位为共同当事人。

第二十三条 与劳动争议案件的处理结果有利害关系的第三人，可以申请参加仲裁活动或者由劳动争议仲裁委员会通知其参加仲裁活动。

第二十四条 当事人可以委托代理人参加仲裁活动。委托他人参加仲裁活动，应当向劳动争议仲裁委员会提交有委托人签名或者盖章的委托书，委托书应当载明委托事项和权限。

第二十五条　丧失或者部分丧失民事行为能力的劳动者,由其法定代理人代为参加仲裁活动;无法定代理人的,由劳动争议仲裁委员会为其指定代理人。劳动者死亡的,由其近亲属或者代理人参加仲裁活动。

第二十六条　劳动争议仲裁公开进行,但当事人协议不公开进行或者涉及国家秘密、商业秘密和个人隐私的除外。

第二节　申请和受理

第二十七条　劳动争议申请仲裁的时效期间为一年。仲裁时效期间从当事人知道或者应当知道其权利被侵害之日起计算。

前款规定的仲裁时效,因当事人一方向对方当事人主张权利,或者向有关部门请求权利救济,或者对方当事人同意履行义务而中断。从中断时起,仲裁时效期间重新计算。

因不可抗力或者有其他正当理由,当事人不能在本条第一款规定的仲裁时效期间申请仲裁的,仲裁时效中止。从中止时效的原因消除之日起,仲裁时效期间继续计算。

劳动关系存续期间因拖欠劳动报酬发生争议的,劳动者申请仲裁不受本条第一款规定的仲裁时效期间的限制;但是,劳动关系终止的,应当自劳动关系终止之日起一年内提出。

第二十八条　申请人申请仲裁应当提交书面仲裁申请,并按照被申请人人数提交副本。

仲裁申请书应当载明下列事项:

(一)劳动者的姓名、性别、年龄、职业、工作单位和住所,用人单位的名称、住所和法定代表人或者主要负责人的姓名、职务;

(二)仲裁请求和所根据的事实、理由;

(三)证据和证据来源、证人姓名和住所。

书写仲裁申请确有困难的,可以口头申请,由劳动争议仲裁委员会记入笔录,并告知对方当事人。

第二十九条　劳动争议仲裁委员会收到仲裁申请之日起五日内,认为符合受理条件的,应当受理,并通知申请人;认为不符合受理条件的,应当书面通知申请人不予受理,并说明理由。对劳动争议仲裁委员会不予受理或者逾期未作出决定的,申请人可以就该劳动争议事项向人民法院提起诉讼。

第三十条 劳动争议仲裁委员会受理仲裁申请后,应当在五日内将仲裁申请书副本送达被申请人。

被申请人收到仲裁申请书副本后,应当在十日内向劳动争议仲裁委员会提交答辩书。劳动争议仲裁委员会收到答辩书后,应当在五日内将答辩书副本送达申请人。被申请人未提交答辩书的,不影响仲裁程序的进行。

第三节 开庭和裁决

第三十一条 劳动争议仲裁委员会裁决劳动争议案件实行仲裁庭制。仲裁庭由三名仲裁员组成,设首席仲裁员。简单劳动争议案件可以由一名仲裁员独任仲裁。

第三十二条 劳动争议仲裁委员会应当在受理仲裁申请之日起五日内将仲裁庭的组成情况书面通知当事人。

第三十三条 仲裁员有下列情形之一,应当回避,当事人也有权以口头或者书面方式提出回避申请:

(一)是本案当事人或者当事人、代理人的近亲属的;

(二)与本案有利害关系的;

(三)与本案当事人、代理人有其他关系,可能影响公正裁决的;

(四)私自会见当事人、代理人,或者接受当事人、代理人的请客送礼的。

劳动争议仲裁委员会对回避申请应当及时作出决定,并以口头或者书面方式通知当事人。

第三十四条 仲裁员有本法第三十三条第四项规定情形,或者有索贿受贿、徇私舞弊、枉法裁决行为的,应当依法承担法律责任。劳动争议仲裁委员会应当将其解聘。

第三十五条 仲裁庭应当在开庭五日前,将开庭日期、地点书面通知双方当事人。当事人有正当理由的,可以在开庭三日前请求延期开庭。是否延期,由劳动争议仲裁委员会决定。

第三十六条 申请人收到书面通知,无正当理由拒不到庭或者未经仲裁庭同意中途退庭的,可以视为撤回仲裁申请。

被申请人收到书面通知,无正当理由拒不到庭或者未经仲裁庭同意中途退庭的,可以缺席裁决。

第三十七条 仲裁庭对专门性问题认为需要鉴定的,可以交由当事人约定的鉴定机构鉴定;当事人没有约定或者无法达成约定的,由仲裁庭指定的鉴定机构鉴定。

根据当事人的请求或者仲裁庭的要求,鉴定机构应当派鉴定人参加开庭。当事人经仲裁庭许可,可以向鉴定人提问。

第三十八条 当事人在仲裁过程中有权进行质证和辩论。质证和辩论终结时,首席仲裁员或者独任仲裁员应当征询当事人的最后意见。

第三十九条 当事人提供的证据经查证属实的,仲裁庭应当将其作为认定事实的根据。

劳动者无法提供由用人单位掌握管理的与仲裁请求有关的证据,仲裁庭可以要求用人单位在指定期限内提供。用人单位在指定期限内不提供的,应当承担不利后果。

第四十条 仲裁庭应当将开庭情况记入笔录。当事人和其他仲裁参加人认为对自己陈述的记录有遗漏或者差错的,有权申请补正。如果不予补正,应当记录该申请。

笔录由仲裁员、记录人员、当事人和其他仲裁参加人签名或者盖章。

第四十一条 当事人申请劳动争议仲裁后,可以自行和解。达成和解协议的,可以撤回仲裁申请。

第四十二条 仲裁庭在作出裁决前,应当先行调解。

调解达成协议的,仲裁庭应当制作调解书。

调解书应当写明仲裁请求和当事人协议的结果。调解书由仲裁员签名,加盖劳动争议仲裁委员会印章,送达双方当事人。调解书经双方当事人签收后,发生法律效力。

调解不成或者调解书送达前,一方当事人反悔的,仲裁庭应当及时作出裁决。

　　第四十三条　仲裁庭裁决劳动争议案件,应当自劳动争议仲裁委员会受理仲裁申请之日起四十五日内结束。案情复杂需要延期的,经劳动争议仲裁委员会主任批准,可以延期并书面通知当事人,但是延长期限不得超过十五日。逾期未作出仲裁裁决的,当事人可以就该劳动争议事项向人民法院提起诉讼。

　　仲裁庭裁决劳动争议案件时,其中一部分事实已经清楚,可以就该部分先行裁决。

　　第四十四条　仲裁庭对追索劳动报酬、工伤医疗费、经济补偿或者赔偿金的案件,根据当事人的申请,可以裁决先予执行,移送人民法院执行。

　　仲裁庭裁决先予执行的,应当符合下列条件:

　　(一)当事人之间权利义务关系明确;

　　(二)不先予执行将严重影响申请人的生活。

　　劳动者申请先予执行的,可以不提供担保。

　　第四十五条　裁决应当按照多数仲裁员的意见作出,少数仲裁员的不同意见应当记入笔录。仲裁庭不能形成多数意见时,裁决应当按照首席仲裁员的意见作出。

　　第四十六条　裁决书应当载明仲裁请求、争议事实、裁决理由、裁决结果和裁决日期。裁决书由仲裁员签名,加盖劳动争议仲裁委员会印章。对裁决持不同意见的仲裁员,可以签名,也可以不签名。

　　第四十七条　下列劳动争议,除本法另有规定的外,仲裁裁决为终局裁决,裁决书自作出之日起发生法律效力:

　　(一)追索劳动报酬、工伤医疗费、经济补偿或者赔偿金,不超过当地月最低工资标准十二个月金额的争议;

　　(二)因执行国家的劳动标准在工作时间、休息休假、社会保险等方面发生的争议。

　　第四十八条　劳动者对本法第四十七条规定的仲裁裁决不服的,可以自收到仲裁裁决书之日起十五日内向人民法院提起诉讼。

　　第四十九条　用人单位有证据证明本法第四十七条规定的仲裁裁

决有下列情形之一,可以自收到仲裁裁决书之日起三十日内向劳动争议仲裁委员会所在地的中级人民法院申请撤销裁决:

(一)适用法律、法规确有错误的;

(二)劳动争议仲裁委员会无管辖权的;

(三)违反法定程序的;

(四)裁决所根据的证据是伪造的;

(五)对方当事人隐瞒了足以影响公正裁决的证据的;

(六)仲裁员在仲裁该案时有索贿受贿、徇私舞弊、枉法裁决行为的。

人民法院经组成合议庭审查核实裁决有前款规定情形之一的,应当裁定撤销。

仲裁裁决被人民法院裁定撤销的,当事人可以自收到裁定书之日起十五日内就该劳动争议事项向人民法院提起诉讼。

第五十条 当事人对本法第四十七条规定以外的其他劳动争议案件的仲裁裁决不服的,可以自收到仲裁裁决书之日起十五日内向人民法院提起诉讼;期满不起诉的,裁决书发生法律效力。

第五十一条 当事人对发生法律效力的调解书、裁决书,应当依照规定的期限履行。一方当事人逾期不履行的,另一方当事人可以依照民事诉讼法的有关规定向人民法院申请执行。受理申请的人民法院应当依法执行。

第四章 附 则

第五十二条 事业单位实行聘用制的工作人员与本单位发生劳动争议的,依照本法执行;法律、行政法规或者国务院另有规定的,依照其规定。

第五十三条 劳动争议仲裁不收费。劳动争议仲裁委员会的经费由财政予以保障。

第五十四条 本法自 2008 年 5 月 1 日起施行。

关于贯彻执行
《中华人民共和国劳动法》若干问题的意见

劳部发[1995]309 号

《中华人民共和国劳动法》(以下简称劳动法)已于 1995 年 1 月 1 日起施行,现就劳动法在贯彻执行中遇到的若干问题提出以下意见。

一、适用范围

1. 劳动法第二条中的"个体经济组织"是指一般雇工在七人以下的个体工商户。

2. 中国境内的企业、个体经济组织与劳动者之间,只要形成劳动关系,即劳动者事实上已成为企业、个体经济组织的成员,并为其提供有偿劳动,适用劳动法。

3. 国家机关、事业组织、社会团体实行劳动合同制度的以及按规定应实行劳动合同制度的工勤人员;实行企业化管理的事业组织的人员;其他通过劳动合同与国家机关、事业组织、社会团体建立劳动关系的劳动者,适用劳动法。

4. 公务员和比照实行公务员制度的事业组织和社会团体的工作人员,以及农村劳动者(乡镇企业职工和进城务工、经商的农民除外)、现役军人和家庭保姆等不适用劳动法。

5. 中国境内的企业、个体经济组织在劳动法中被称为用人单位。国家机关、事业组织、社会团体和与之建立劳动合同关系的劳动者依照劳动法执行。根据劳动法的这一规定,国家机关、事业组织、社会团体应当视为用人单位。

二、劳动合同和集体合同

（一）劳动合同的订立

6. 用人单位应与其富余人员、放长假的职工,签订劳动合同,但其劳动合同与在岗职工的劳动合同在内容上可以有所区别。用人单位与劳动者经协商一致可以在劳动合同中就不在岗期间的有关事项作出规定。

7. 用人单位应与其长期被外单位借用的人员、带薪上学人员以及其他非在岗但仍保持劳动关系的人员签订劳动合同,但在外借和上学期间,劳动合同中的某些相关条款经双方协商可以变更。

8. 请长病假的职工,在病假期间与原单位保持着劳动关系,用人单位应与其签订劳动合同。

9. 原固定二中经批准的停薪留职人员,愿意回原单位继续工作的,原单位应与其签订劳动合同;不愿回原单位继续工作的,原单位可以与其解除劳动关系。

10. 根据劳动部《实施〈劳动法〉中有关劳动合同问题的解答》(劳部发[1995]202号)的规定,党委书记、工会主席等党群专职人员也是职工的一员,依照劳动法的规定,与用人单位签订劳动合同。对于有特殊规定的,可以按有关规定办理。

11. 根据劳动部《实施〈劳动法〉中有关劳动合同问题的解答》(劳部发[1995]202号)的规定,经理由其上级部门聘任(委任)的,应与聘任(委任)部门签订劳动合同。实行公司制的经理和有关经营管理人员,应依照《中华人民共和国公司法》的规定与董事会签订劳动合同。

12. 在校生利用业余时间勤工助学,不视为就业,未建立劳动关系,可以不签订劳动合同。

13. 用人单位发生分立或合并后,分立或合并后的用人单位可以依照其实际情况与原用人单位的劳动者遵循平等自愿、协商一致的原则变更原劳动合同。

14. 派出到合资、参股单位的职工如果与原单位仍保持着劳动关系,应当与原单位签订劳动合同,原单位可就劳动合同的有关内容在与合资、参股单位订立的劳务合同时,明确职工的工资、保险、福利、休假等有关待遇。

15. 租赁经营(生产)、承包经营(生产)的企业,所有权并没有发生改变,法人名称未变,在与职工订立劳动合同时,该企业仍为用人单位一方。依照租赁合同或承包合同,租赁人、承包人如果作为该企业的法定代表人或者该法定代表人的授权委托人时,可代表该企业(用人单位)与劳动者订立劳动合同。

16. 用人单位与劳动者签订劳动合同时,劳动合同可以由用人单位拟定,也可以由双方当事人共同拟定,但劳动合同必须经双方当事人协商一致后才能签订,职工被迫签订的劳动合同或未经协商一致签订的劳动合同为无效劳动合同。

17. 用人单位与劳动者之间形成了事实劳动关系,而用人单位故意拖延不订立劳动合同,劳动行政部门应予以纠正。用人单位因此给劳动者造成损害的,应按劳动部《违反〈劳动法〉有关劳动合同规定的赔偿办法》(劳部发[1995]223号)的规定进行赔偿。

(二)劳动合同的内容

18. 劳动者被用人单位录用后,双方可以在劳动合同中的约定试用期,试用期应包括在劳动合同期限内。

19. 试用期是用人单位和劳动者为相互了解、选择而约定的不超过六个月的考察期。一般对初次就业或再次就业的职工可以约定。在原固定工进行劳动合同制度的转制过程中,用人单位与原固定工签订劳动合同时,可以不再约定试用期。

20. 无固定期限的劳动合同是指不约定终止日期的劳动合同。按照平等自愿、协商一致的原则,用人单位和劳动者只要达到一致,无论初次就业的,还是由固定工转制的,都可以签订无固定期限的劳动合同。

无固定期限的劳动合同不得将法定解除条件约定为终止条件,以规避解除劳动合同时用人单位应承担支付劳动者经济补偿的义务。

21. 用人单位经批准招用农民工,其劳动合同期限可以由用人单位和劳动者协商确定。

从事矿山井下以及在其他有害身体健康的工种、岗位工作的农民工,实行定期轮换制度,合同期限最长不超过八年。

22. 劳动法第二十条中的"在同一用人单位连续工作满十年以上"是指劳动者与同一用人单位签订的劳动合同的期限不间断达到十年,劳动合同期满双方同意续订劳动合同时,只要劳动者提出签订无固定期限劳动合同的,用人单位就应当与其签订无固定期限的劳动合同。在固定工转制中各地如有特殊规定的,从其规定。

23. 用人单位用于劳动者职业技能培训费用的支付和劳动者违约时培训费的赔偿可以在劳动合同中约定,但约定劳动者违约时负担的培训费和赔偿金的标准不得违反劳动部《违反〈劳动法〉有关劳动合同规定的赔偿办法》(劳部发[1995]223 号)等有关规定。

24. 用人单位在与劳动者订立劳动合同时,不得以任何形式向劳动者收取定金、保证金(物)或抵押金(物)。对违反以上规定的,应按照劳动部、公安部、全国总工会《关于加强外商投资企业和私营企业劳动管理切实保障职工合法权益的通知》(劳部发[1994]118 号)和劳动部办公厅《对"关于国有企业和集体所有制企业能否参照执行劳部发[1994]118 号文件中的有关规定的请示"的复函》(劳办发[1994]256 号)的规定,由公安部门和劳动行政部门责令用人单位立即退还给劳动者本人。

（三）经济性裁员

25. 依据劳动法第二十七条和劳动部《企业经济性裁减人员规定》(劳部发[1994]447 号)第四条的规定,用人单位确需裁减人员,应按下列程序进行:

(1)提前三十日向工会或全体职工说明情况,并提供有关生产经营状况的资料;

(2)提出裁减人员方案,内容包括:被裁减人员名单、裁减时间及实施步骤,符合法律、法规规定和集体合同约定的被裁减人员的经济补偿办法;

(3)将裁减人员方案征求工会或者全体职工的意见,并对方案进行修改和完善;

(4)向当地劳动行政部门报告裁减人员方案以及工会或者全体职工的意见,并听取劳动行政部门的意见;

(5)由用人单位正式公布裁减人员方案,与被裁减人员办理解除劳动合同手续,按照有关规定向被裁减人员本人支付经济补偿金,并出具裁减人员证明书。

(四)劳动合同的解除和无效劳动合同

26. 劳动合同的解除是指劳动合同订立后,尚未全部履行以前,由于某种原因导致劳动合同一方或双方当事人提前消灭劳动关系的法律行为。劳动合同的解除分为法定解除和约定解除两种。根据劳动法的规定,劳动合同既可以由单方依法解除,也可以双方协商解除。劳动合同的解除,只对未履行的部分发生效力,不涉及已履行的部分。

27. 无效劳动合同是指所订立的劳动合同不符合法定条件,不能发生当事人预期的法律后果的劳动合同。劳动合同的无效由人民法院或劳动争议仲裁委员会确认,不能由合同双方当事人决定。

28. 劳动者涉嫌违法犯罪被有关机关收容审查、拘留或逮捕的,用人单位在劳动者被限制人身自由期间,可与其暂时停止劳动合同的履行。

暂时停止履行劳动合同期间,用人单位不承担劳动合同规定的相应义务。劳动者经证明被错误限制人身自由的,暂时停止履行劳动合同期间劳动者的损失,可由其依据《国家赔偿法》要求有关部门赔偿。

29. 劳动者被依法追究刑事责任的,用人单位可依据劳动法第二十五条解除劳动合同。

"被依法追究刑事责任"是指:被人民检察院免予起诉的、被人民法院判处处罚的、被人民法院依据刑法第三十二条免予刑事处分的。

劳动者被人民法院判处拘役、三年以下有期徒刑缓刑的,用人单位可以解除劳动合同。

30.《劳动法》第二十五条用人单位可以解除劳动合同的条款,即使存在第二十九条规定的情况,只要劳动者同时存在第二十五条规定的四种情形之一,用人单位也可以根据第二十五条的规定解除劳动合同。

31. 劳动者被劳动教养的,用人单位可以依据被劳教的事实解除与该劳动者的劳动合同。

32. 按照劳动法第三十一条的规定,劳动者解除劳动合同,应当提前三十日以书面形式通知用人单位。超过三十日,劳动者可以向用人单位提出办理解除劳动合同手续,用人单位予以办理。如果劳动者违法解除劳动合同给原用人单位造成经济损失,应当承担赔偿责任。

33. 劳动者违反劳动法规定或劳动合同的约定解除劳动合同(如擅自离职),给用人单位造成经济损失的,应当根据劳动法第一百零二条和劳动部《违反〈劳动法〉有关劳动合同规定的赔偿办法》(劳部发〔1995〕223号)的规定,承担赔偿责任。

34. 除劳动法第二十五条规定的情形外,劳动者在医疗期、孕期、产期和哺乳期内,劳动合同期限届满时,用人单位不得终止劳动合同。劳动合同的期限应自动延续至医疗期、孕期、产期和哺乳期期满为止。

35. 请长病假的职工在医疗期满后,能从事原工作的,可以继续履行劳动合同;医疗期满后仍不能从事原工作也不能从事由单位另行安排的工作的,由劳动鉴定委员会参照工伤与职业病致残程度鉴定标准进行劳动能力鉴定。被鉴定为一至四级的,应当退出劳动岗位,解除劳动关系,办理因病或非因工负伤退休退职手续,享受相应的退休退职待遇;被鉴定为五至一级的,用人单位可以解除劳动合同,并按规定支付经济补偿金和医疗补助费。

(五)解除劳动合同的经济补偿

36. 用人单位依据劳动法第二十四条、第二十六条、第二十七条的规定解除劳动合同,应当按照劳动法和劳动部《违反和解除劳动合同的经济补偿办法》(劳部发〔1994〕481号)支付劳动者经济补偿金。

37. 根据《民法通则》第四十四条第二款"企业法人分立、合并,它的权利和义务由变更后的法人享有和承担"的规定,用人单位发生分立或合并后,分立或合并后的用人单位可依据其实际情况与原用人单位的劳动者遵循平等自愿、协商一致的原则变更、解除或重新签订劳动合同。在此种情况下的重新签订劳动合同视为原劳动合同的变更,用人单位变更劳动合同,劳动者不能依据劳动法第二十八条要求经济补偿。

38.劳动合同期满或者当事人约定的劳动合同终止条件出现,劳动合同即行终止,用人单位可以不支付劳动者经济补偿金。国家另有规定的,可以从其规定。

39.用人单位依据劳动法第二十五条解除劳动合同,可以不支付劳动者经济补偿金。

40.劳动者依据劳动法第三十二条第(一)项解除劳动合同,用人单位可以不支付经济补偿金,但应按照劳动者的实际工作天数支付工资。

41.在原固定工实行劳动合同制度的过程中,企业富余职工辞职,经企业同意可以不与企业签订劳动合同的,企业应根据《国有企业富余职工安置规定》(国务院令第111号,1993年公布)发给劳动者一次性生活补助费。

42.职工在接近退休年龄(按有关规定一般为五年以内)时因劳动合同到期终止劳动合同的,如果符合退休、退职条件,可以办理退休、退职手续;不符合退休、退职条件的,在终止劳动合同后按规定领取失业救济金。享受失业救济金的期限届满后仍未就业,符合社会救济条件的,可以按规定领取社会救济金,达到退休年龄时办理退休手续,领取养老保险金。

43.劳动合同解除后,用人单位对符合规定的劳动者应支付经济补偿金。不能因劳动者领取了失业救济金而拒付或克扣经济补偿金,失业保险机构也不得以劳动者领取了经济补偿金为由,停发或减发失业救济金。

(六)体制改革过程中实行劳动合同制度的有关政策

44.困难企业签订劳动合同,应区分不同情况,有些亏损企业属政策性亏损,生产仍在进行,还能发出工资,应该按照劳动法的规定签订劳动合同。已经停产半停产的企业,要根据具体情况签订劳动合同,保证这些企业职工的基本生活。

45. 在国有企业固定工转制过程中,劳动者无正当理由不得单方面与用人单位解除劳动关系;用人单位也不得以实行劳动合同制度为由,借机辞退部分职工。

46. 关于在企业内录干、聘干问题,劳动法规定用人单位内的全体职工统称为劳动者,在同一用人单位内,各种不同的身份界限随之打破。应该按照劳动法的规定,通过签订劳动合同来明确劳动者的工作内容、岗位等。用人单位根据工作需要,调整劳动者的工作岗位时,可以与劳动者协商一致,变更劳动合同的相关内容。

47. 由于各用人单位千差万别,对工作内容、劳动报酬的规定也就差异很大,因此,国家不宜制定统一的劳动合同标准文本。目前,各地、各行业制定并向企业推荐的劳动合同文本,对于用人单位和劳动者双方有一定的指导意义,但这些劳动合同文本只能供用人单位和劳动者参考。

48. 按照劳动部办公厅《对全面实行劳动合同制若干问题的请示的复函》(劳办发〔1995〕19号)的规定,各地企业在与原固定工签订劳动合同时,应注意保护老弱病残职工的合法权益。对工作时间较长,年龄较大的职工,各地可以根据劳动法第一百零六条制定一次性的过渡政策,具体办法由各省、自治区、直辖市确定。

49. 在企业全面建立劳动合同制度以后,原合同制工人与本企业内的原固定工应享受同等待遇。是否发给15%的工资性补贴,可以由各省、自治区、直辖市人民政府根据劳动法第一百零六条在制定劳动合同制度的实施步骤时加以规定。

50. 在目前工伤保险和残疾人康复就业制度尚未建立和完善的情况下,对因工部分丧失劳动能力的职工,劳动合同期满也不能终止劳动合同,仍由原单位按照国家有关规定提供医疗等待遇。

(七)集体合同

51. 当前签订集体合同的重点应在非国有企业和现代企业制度试点的企业进行,积累经验,逐步扩大范围。

52. 关于国有企业在承包制条件下签订的"共保合同",凡内容符合劳动法和有关法律、法规和规章关于集体合同规定的,应按照有关规定办理集体合同送审、备案手续;凡不符合劳动法和有关法律、法规和规章规定的,应积极创造条件逐步向规范的集体合同过渡。

三、工资

(一)最低工资

53. 劳动法中的"工资"是指用人单位依据国家有关规定或劳动合同的约定,以货币形式直接支付给本单位劳动者的劳动报酬,一般包括计时工资、计件工资、资金、津贴和补贴、延长工作时间的工资报酬以及特殊情况下支付的工资等。"工资"是劳动者劳动收入的主要组成部分。劳动者的以下劳动收入不属于工资范围:(1)单位支付给劳动者个人的社会保险福利费用,如丧葬抚恤救济费、生活困难补助费、计划生育补贴等;(2)劳动保护方面的费用,如用人单位支付给劳动者的工作服、解毒剂、清凉饮料费用等;(3)按规定未列入工资总额的各种劳动报酬及其他劳动收入,如根据国家规定发放的创造发明奖、国家星火奖、自然科学奖、科学技术进步奖、合理化建议和技术改进奖、中华技能大奖等,以及稿费、讲课费、翻译费等。

54. 劳动法第四十八条中的"最低工资"是指劳动者在法定工作时间内履行了正常劳动义务的前提下,由其所在单位支付的最低劳动报酬。最低工资不包括延长工作时间的工资报酬,以货币形式支付的住房和用人单位支付的伙食补贴,中班、夜班、高温、低温、井下、有毒、有害等特殊工作环境和劳动条件下的津贴,国家法律、法规、规章规定的社会保险福利待遇。

55. 劳动法第四十四条中的"劳动者正常工作时间工资"是指劳动合同规定的劳动者本人所在工作岗位(职位)相对应的工资。鉴定当前劳动合同制度尚处于推进过程中,按上述规定执行确有困难的用人单位,地方或行业劳动部门可在不违反劳动部《关于工资〈支付暂行规定〉有关问题的补充规定》(劳部发[1995]226号)文件所确定的总的原则的基础上,制定过渡办法。

56. 在劳动合同中,双方当事人约定的劳动者在未完成劳动定额或承包任务的情况下,用人单位可低于最低工资标准支付劳动者工资的条款不具有法律效力。

57. 劳动者与用人单位形成或建立劳动关系后,试用、熟练、见习期间,在法定工作时间内提供了正常劳动,其所在的用人单位应当支付其不低于最低工资标准的工资。

58. 企业下岗待工人员,由企业依据当地政府的有关规定支付其生活费,生活费可以低于最低工资标准,下岗待工人员中重新就业的,企业应停发其生活费。女职工因生育、哺乳请长假而下岗的,在其享受法定产假期间,依法领取生育津贴;没有参加生育保险的企业,由企业照发原工资。

59. 职工患病或非因工负伤治疗期间,在规定的医疗期间内由企业按有关规定支付其病假工资或疾病救济费,病假工资或疾病救济费可以低于当地最低工资标准支付,但不能低于最低工资标准的80%。

（二）延长工作时间的工资报酬

60. 实行每天不超过8小时,每周不超过44小时或40小时标准工作时间制度的企业,以及经批准实行综合计算工时工作制的企业,应当按照劳动法的规定支付劳动者延长工作时间的工资报酬。全体职工已实行劳动合同制度的企业,一般管理人员（实行不定时工作制人员除外）经批准延长工作时间的,可以支付延长工作时间的工资报酬。

61. 实行计时工资制的劳动者的日工资,按其本人月工资标准除以平均每月法定工作天数（实行每周40小时工作制的为21.46天,实行每周44小时工作制的为23.33天）进行计算。

62. 实行综合计算工时工作制的企业职工,工作日正好是周休息日的,属于正常工作;工作日正好是法定节假日时,要依照劳动法第四十四条第（三）项的规定支付职工的工资报酬。

（三）有关企业工资支付的政策

63. 企业克扣或无故拖欠劳动者工资的,劳动监察部门应根据劳动法第九十一条、劳动部《违反和解除劳动合同的经济补偿办法》第三条、《违反〈中华人民共和国劳动法〉行政处罚办法》第六条予以处理。

64. 经济困难的企业执行劳动部《工资支付暂行规定》(劳部发[1994]489号)确有困难,应根据以下规定执行:

(1)《关于做好国有企业职工和离退休人员基本生活保障工作的通知》(国发[1993]76号)的规定,"企业发放工资确有困难时,应发给职工基本生活费,具体标准由各地区、各部门根据实际情况确定";

(2)《关于国有企业流动资金贷款的紧急通知》(银传[1994]34号)的规定,"地方政府通过财政补贴,企业主管部门有可能也要拿出一部分资金,银行要拿出一部分贷款,共同保证职工基本生活和社会的稳定";

(3)《国有企业富余职工安置规定》(国务院令第111号,1993年发布)规定:"企业可以对职工实行有限期的放假。职工放假期间,由企业发给生活费。"

四、工作时间和休假

(一)综合计算工作时间

65. 经批准实行综合计算工作时间的用人单位,分别以周、月、季、年等为周期综合计算工作时间,但其平均日工作时间和平均周工作时间应与法定标准工作时间基本相同。

66. 对于那些在市场竞争中,由于外界因素的影响,生产任务不均衡的企业的部分职工,经劳动行政部门严格审批后,可以参照综合计算工时工作制的办法实施,但用人单位应采取适当方式确保职工的休息休假权利和生产、工作任务的完成。

67. 经批准实行不定时工作制的职工,不受《劳动法》第四十一条规定的日延长工作时间标准和月延长工作时间标准的限制,但用人单位应采用弹性工作时间等适当的工作和休息方式,确保职工的休息休假权利和生产、工作任务的完成。

68. 实行标准工时制度的企业,延长工作时间应严格按劳动法第四十一条的规定执行,不能按季、年综合计算延长工作时间。

69. 中央直属企业、企业化管理的事业单位实行不定时工作制和综合计算工时工作制等其他工作和休息办法的,须经国务院行业主管部门审核,报国务院劳动行政部门批准。地方企业实行不定时工作制和综合计算工时工作制等其他工作和休息办法的审批办法,由省、自治区、直辖市人民政府劳动行政部门制定,报国务院劳动行政部门备案。

(二)延长工作时间

70. 休息日安排劳动者工作的,应先按同等时间安排其补休,不能安排补休的应按劳动法第四十四条第(二)项的规定支付劳动者延长工作时间的工资报酬。法定节假日(元旦、春节、劳动节、国庆节)安排劳动者工作的,应按劳动法第四十四条第(三)项支付劳动者延长工作时间的工资报酬。

71. 协商是企业决定延长工作时间的程序(劳动法第四十二条和《劳动部贯彻〈国务院关于职工工作时间的规定〉的实施办法》第七条规定除外),企业确因生产经营需要,必须延长工作时间时,应与工会和劳动者协商。协商后,企业可以在劳动法限定的延长工作时数内决定延长工作时间,对企业违反法律、法规强迫劳动者延长工作时间的,劳动者有权拒绝。若由此发生劳动争议,可以提请劳动争议处理机构予以处理。

(三)休假

72. 实行新工时制度后,企业职工原有的年休假仍然实行。在国务院尚未作出新的规定之前,企业可以按照 1991 年 6 月 5 日《中共中央国务院关于职工休假问题的通知》,安排职工休假。

五、社会保险

73. 企业实施破产时,按照国家有关企业破产的规定,从其财产清产和土地转让所得中按实际需要划拨出社会保险费用和职工再就业的安置费。其划拨的养老保险费和失业保险费由当地社会保险基金经办机构和劳动部门就业服务机构接收,并负责支付离退休人员的养老保险费用和支付失业人员应享受的失业保险待遇。

74. 企业富余职工、请长假人员、请长病假人员、外借人员和带薪上学人员,其社会保险费用仍按规定由原单位和个人继续缴纳,缴纳保险费期间计算为缴费年限。

75. 用人单位全部职工实行劳动合同制度后,职工在用人单位由转制前的原工人岗位转为原干部(技术)岗位或由原干部(技术)岗位转为原工人岗位,其退休年龄和条件,按现岗位国家规定执行。

76. 依据劳动部《企业职工患病或非因工负伤医疗期的规定》(劳部发[1994]479号)和劳动部《关于贯彻〈企业职工患病或非因工负伤医疗期的规定〉的通知》(劳部发[1995]236号),职工患病或非因工负伤,根据本人实际参加工作的年限和本企业工作年限长短,享受3～24个月的医疗期。对于某些患特殊疾病(如癌症、精神病、瘫痪等)的职工,在24个月内尚不能痊愈的,经企业和当地劳动部门批准,可以适当延长医疗期。

77. 劳动者的工伤待遇在国家尚未颁布新的工伤保险法律、行政法规之前,各类企业仍要执行《劳动保险条例》及相关的政策规定,如果当地政府已实行工伤保险制度改革的,应执行当地新规定;个体经济组织的劳动者的工伤保险参照企业职工的规定执行;国家机关、事业组织、社会团体的劳动者的工伤保险,如果包括在地方人民政府的工伤改革规定范围内的,按地方政府的规定执行。

78. 劳动者患职业病按照1987年由卫生部等部门发布的《职业病范围和职业病患者处理办法的规定》和所附的"职业病名单"([87]卫防第60号)处理,经职业病诊断机构确诊并发给《职业病诊断证明书》,劳动行政部门据此确认工伤,并通知用人单位或者社会保险基金经办机构发给有关工伤保险待遇;劳动者因工负伤的,劳动行政部门根据企业的工伤事故报告和工伤者本人的申请,作出工伤认定,由社会保险基金经办机构或用人单位,发给有关工伤保险待遇。患职业病或工伤致残的,由当地劳动鉴定委员会按照劳动部《职工工伤和职业病致残程度鉴定标准》(劳险字[1992]6号)评定伤残等级和护理依赖程度。劳动鉴定委员会的伤残等级和护理依赖程度的结论,以医学检查、论断结果为技术依据。

79. 劳动者因工负伤或患职业病,用人单位应按国家和地方政府的规定进行工伤事故报告,或者经职业病论断机构确诊进行职业病报告。用人单位和劳动者有权按规定向当地劳动行政部门报告。如果用人单位瞒报、漏报工作或职业病,工会、劳动者可以向劳动行政部门报告。经劳动行政部门确认后,用人单位或社会保险基金经办机构应补发工伤保险待遇。

80. 劳动者对劳动行政部门作出的工伤或职业病的确认意见不服,可依法提起行政复议或行政诉讼。

81. 劳动者被认定患职业病或因工负伤后,对劳动鉴定委员会作出的伤残等级和护理依赖程度鉴定结论不服,可依法提起行政复议或行政诉讼。对劳动能力鉴定结论所依据的医学检查、诊断结果有异议的,可以要求复查诊断,复查论断按各省、自治区和直辖市劳动鉴定委员会规定的程序进行。

六、劳动争议

82. 用人单位与劳动者发生劳动争议不论是否订立劳动合同,只要存在事实劳动关系,并符合劳动法的适用范围和《中华人民共和国企业劳动争议处理条例》的受案范围,劳动争议仲裁委员会均应受理。

83. 劳动合同鉴证是劳动行政部门审查、证明劳动合同的真实性、合法性的一项行政监督措施,尤其是在劳动合同制度全面实施的初期有其必要性。劳动行政部门鼓励并提倡用人单位和劳动者进行劳动合同鉴证。劳动争议仲裁委员会不能以劳动合同未经鉴证为由不受理相关的劳动争议案件。

84. 国家机关、事业组织、社会团体与本单位工人以及其他与之建立劳动合同关系的劳动者之间,个体工商户与帮工、学徒之间,以及军队、武警部队的事业组织和企业与其无军籍的职工之间发生的劳动争议,只要符合劳动争议的受案范围,劳动争议仲裁委员会应予受理。

85.“劳动争议发生之日”是指当事人知道或者应当知道其权利被

侵害之日。

86. 根据《中华人民共和国商业银行法》的规定,商业银行为企业法人。商业银行与职工适用《劳动法》、《中华人民共和国企业劳动争议处理条例》等劳动法律、法规和规章。商业银行与其职工发生的争议属于劳动争议的受案范围的,劳动争议仲裁委员会应予受理。

87. 劳动法第二十五条第(三)项中的"重大损害",应由企业内部规章来规定,不便于在全国对其作统一解释。若用人单位以此为由解除劳动合同,与劳动者发生劳动争议,当事人向劳动争议仲裁委员会申请仲裁的,由劳动争议仲裁委员会根据企业类型、规模和损害程度等情况,对企业规章中规定的"重大损害"进行认定。

88. 劳动监察是劳动法授予劳动行政部门的职责,劳动争议仲裁是劳动法授予各级劳动争议仲裁委员会的职能。用人单位或行业部门不能设立劳动监察机构和劳动争议仲裁委员会,也不能设立劳动行政部门劳动监察机构的派出机构和劳动争议仲裁委员会的派出机构。

89. 劳动争议当事人向企业劳动争议调解委员会申请调解,从当事人提出申请之日起,仲裁申诉时效中止,企业劳动争议调解委员会应当在三十日内结束调解,即中止期间最长不得超过三十日。结束调解之日起,当事人的申诉时效继续计算。调解超过三十日的,申诉时效从三十日之后的第一天继续计算。

90. 劳动争议仲裁委员会的办事机构对未予受理的仲裁申请,应逐件向仲裁委员会报告并说明情况,仲裁委员会认为应当受理的,应及时通知当事人。当事人从申请至受理的期间应视为时效中止。

七、法律责任

91. 劳动法第九十一条的含义是,如果用人单位实施了本条规定的前三项侵权行为之一的,劳动行政部门应责令用人单位支付劳动者的工资报酬和经济补偿,并可以责令支付赔偿金。如果用人单位实施了本条规定的第四项侵权行为,即解除劳动合同后未依法给予劳动者经济补偿的,因不存在支付工资报酬的问题,故劳动行政部门只责令用人单位支付劳动者经济补偿,还可以支付赔偿金。

92. 用人单位实施下列行为之一的,应认定为劳动法第一百零一条中的"无理阻挠"行为:

(1)阻止劳动监督检查人员进入用人单位内(包括进入劳动现场)进行监督检查的;

(2)隐瞒事实真相,出具伪证,或者隐匿、毁灭证据的;

(3)拒绝提供有关资料的;

(4)拒绝在规定的时间和地点就劳动行政部门所提问题作出解释和说明的;

(5)法律、法规和规章规定的其他情况。

八、适用法律

93. 劳动部、外经贸部《外商投资企业劳动管理规定》(劳部发〔1994〕246 号)与劳动部《违反和解除劳动合同的经济补偿办法》(劳部发〔1994〕481 号)中关于解除劳动合同的经济补偿规定是一致的,246 号文中的"生活补助费"是劳动法第二十八条所指经济补偿的具体化,与 481 号文中的"经济补偿金"可视为同一概念。

94. 劳动部、外经贸部《外商投资企业劳动管理规定》(劳部发〔1994〕246 号)与劳动部《违反〈中华人民共和国劳动法〉行政处罚办法》(劳部发〔1994〕532 号)在企业低于当地最低工资标准支付职工工资应付赔偿金的标准,延长工作时间的罚款标准,阻止劳动监察人员行使监督检查权的罚款标准等方面规定不一致,按照同等效力的法律规范新法优于旧法执行的原则,应执行劳动部劳部发〔1994〕532 号规章。

95. 劳动部《企业最低工资规定》(劳部发〔1993〕333 号)与劳动部《违反〈中华人民共和国劳动法〉行政处罚办法》(劳部发〔1994〕532 号)在拖欠或低于国家最低工资标准支付工资的赔偿金标准方面规定不一致,应按劳动部劳部发〔1994〕532 号规章执行。

96. 劳动部《违反〈中华人民共和国劳动法〉行政处罚办法》(劳部发〔1994〕532 号)对行政处罚行为、处罚标准未作规定,而其他劳动行政规章和地方政府规章作了规定的,按有关规定执行。

97. 对违反劳动法的用人单位,劳动行政部门有权依据劳动法律、法规和规章的规定予以处理,用人单位对劳动行政部门作出的行政处罚决定不服,在法定期限内不提起诉讼或不申请复议又不执行行政处罚决定的,劳动行政部门可以根据行政诉讼法第六十六条申请人民法院强制执行。劳动行政部门依法申请人民法院强制执行时,应当提交申请执行书,据以执行的法律文书和其他必须提交的材料。

98. 适用法律、法规、规章及其他规范性文件遵循下列原则:

(1)法律的效力高于行政法规与地方性法规;行政法规与地方性法规效力高于部门规章和地方政府规章;部门规章和地方政府规章效力高于其他规范性文件。

(2)在适用同一效力层次的文件时,新法律优于旧法律;新法规优于旧法规;新规章优于旧规章;新规范性文件优于旧规范性文件。

99. 依据《法规规章备案规定》(国务院令第 48 号,1990 年发布)"地方人民政府规章同国务院部门规章之间或者国务院部门规章相互之间有矛盾的,由国务院法制局进行协调;经协调不能取得一致意见的,由国务院法制局提出意见,报国务院决定。"地方劳动行政部门在发现劳动部规章与国务院其他部门规章或地方政府规章相矛盾时,可将情况报劳动部,由劳动部报国务院法制局进行协调或决定。

100. 地方或行业劳动部门发现劳动部的规章之间、其他规范性文件之间或规章与其他规范性文件之间相矛盾,一般适用"新文件优于旧文件"的原则,同时可向劳动部请示。

集体合同规定

(2003 年 12 月 30 日经劳动和社会保障部第 7 次部务会议通过,自 2004 年 5 月 1 日起施行。)

第一章 总 则

第一条 为规范集体协商和签订集体合同行为,依法维护劳动者和用人单位的合法权益,根据《中华人民共和国劳动法》和《中华人民共和国工会法》,制定本规定。

第二条　中华人民共和国境内的企业和实行企业化管理的事业单位(以下统称用人单位)与本单位职工之间进行集体协商,签订集体合同,适用本规定。

第三条　本规定所称集体合同,是指用人单位与本单位职工根据法律、法规、规章的规定,就劳动报酬、工作时间、休息休假、劳动安全卫生、职业培训、保险福利等事项,通过集体协商签订的书面协议;所称专项集体合同,是指用人单位与本单位职工根据法律、法规、规章的规定,就集体协商的某项内容签订的专项书面协议。

第四条　用人单位与本单位职工签订集体合同或专项集体合同,以及确定相关事宜,应当采取集体协商的方式。集体协商主要采取协商会议的形式。

第五条　进行集体协商,签订集体合同或专项集体合同,应当遵循下列原则:

(一)遵守法律、法规、规章及国家有关规定;

(二)相互尊重,平等协商;

(三)诚实守信,公平合作;

(四)兼顾双方合法权益;

(五)不得采取过激行为。

第六条　符合本规定的集体合同或专项集体合同,对用人单位和本单位的全体职工具有法律约束力。

用人单位与职工个人签订的劳动合同约定的劳动条件和劳动报酬等标准,不得低于集体合同或专项集体合同的规定。

第七条　县级以上劳动保障行政部门对本行政区域内用人单位与本单位职工开展集体协商、签订、履行集体合同的情况进行监督,并负责审查集体合同或专项集体合同。

第二章　集体协商内容

第八条　集体协商双方可以就下列多项或某项内容进行集体协商,签订集体合同或专项集体合同:

(一)劳动报酬;

（二）工作时间；

（三）休息休假；

（四）劳动安全与卫生；

（五）补充保险和福利；

（六）女职工和未成年工特殊保护；

（七）职业技能培训；

（八）劳动合同管理；

（九）奖惩；

（十）裁员；

（十一）集体合同期限；

（十二）变更、解除集体合同的程序；

（十三）履行集体合同发生争议时的协商处理办法；

（十四）违反集体合同的责任；

（十五）双方认为应当协商的其他内容。

第九条 劳动报酬主要包括：

（一）用人单位工资水平、工资分配制度、工资标准和工资分配形式；

（二）工资支付办法；

（三）加班、加点工资及津贴、补贴标准和奖金分配办法；

（四）工资调整办法；

（五）试用期及病、事假等期间的工资待遇；

（六）特殊情况下职工工资（生活费）支付办法；

（七）其他劳动报酬分配办法。

第十条 工作时间主要包括：

（一）工时制度；

（二）加班加点办法；

（三）特殊工种的工作时间；

（四）劳动定额标准。

第十一条 休息休假主要包括：

（一）日休息时间、周休息日安排、年休假办法；

（二）不能实行标准工时职工的休息休假；

（三）其他假期。

第十二条　劳动安全卫生主要包括：

（一）劳动安全卫生责任制；

（二）劳动条件和安全技术措施；

（三）安全操作规程；

（四）劳保用品发放标准；

（五）定期健康检查和职业健康体检。

第十三条　补充保险和福利主要包括：

（一）补充保险的种类、范围；

（二）基本福利制度和福利设施；

（三）医疗期延长及其待遇；

（四）职工亲属福利制度。

第十四条　女职工和未成年工的特殊保护主要包括：

（一）女职工和未成年工禁忌从事的劳动；

（二）女职工的经期、孕期、产期和哺乳期的劳动保护；

（三）女职工、未成年工定期健康检查；

（四）未成年工的使用和登记制度。

第十五条　职业技能培训主要包括：

（一）职业技能培训项目规划及年度计划；

（二）职业技能培训费用的提取和使用；

（三）保障和改善职业技能培训的措施。

第十六条　劳动合同管理主要包括：

（一）劳动合同签订时间；

（二）确定劳动合同期限的条件；

（三）劳动合同变更、解除、续订的一般原则及无固定期限劳动合同的终止条件；

（四）试用期的条件和期限。

第十七条　奖惩主要包括：

（一）劳动纪律；

（二）考核奖惩制度；

（三）奖惩程序。

第十八条 裁员主要包括：

（一）裁员的方案；

（二）裁员的程序；

（三）裁员的实施办法和补偿标准。

第三章　集体协商代表

第十九条 本规定所称集体协商代表（以下统称协商代表），是指按照法定程序产生并有权代表本方利益进行集体协商的人员。

集体协商双方的代表人数应当对等，每方至少3人，并各确定1名首席代表。

第二十条 职工一方的协商代表由本单位工会选派。未建立工会的，由本单位职工民主推荐，并经本单位半数以上职工同意。

职工一方的首席代表由本单位工会主席担任。工会主席可以书面委托其他协商代表代理首席代表。工会主席空缺的，首席代表由工会主要负责人担任。未建立工会的，职工一方的首席代表从协商代表中民主推举产生。

第二十一条 用人单位一方的协商代表，由用人单位法定代表人指派，首席代表由单位法定代表人担任或由其书面委托的其他管理人员担任。

第二十二条 协商代表履行职责的期限由被代表方确定。

第二十三条 集体协商双方首席代表可以书面委托本单位以外的专业人员作为本方协商代表。委托人数不得超过本方代表的1/3。

首席代表不得由非本单位人员代理。

第二十四条 用人单位协商代表与职工协商代表不得相互兼任。

第二十五条 协商代表应履行下列职责：

（一）参加集体协商；

（二）接受本方人员质询，及时向本方人员公布协商情况并征求意见；

（三）提供与集体协商有关的情况和资料；

（四）代表本方参加集体协商争议的处理；

（五）监督集体合同或专项集体合同的履行；

（六）法律、法规和规章规定的其他职责。

第二十六条 协商代表应当维护本单位正常的生产、工作秩序，不得采取威胁、收买、欺骗等行为。

协商代表应当保守在集体协商过程中知悉的用人单位的商业秘密。

第二十七条 企业内部的协商代表参加集体协商视为提供了正常劳动。

第二十八条 职工一方协商代表在其履行协商代表职责期间劳动合同期满的，劳动合同期限自动延长至完成履行协商代表职责之时，除出现下列情形之一的，用人单位不得与其解除劳动合同：

（一）严重违反劳动纪律或用人单位依法制定的规章制度的；

（二）严重失职、营私舞弊，对用人单位利益造成重大损害的；

（三）被依法追究刑事责任的。

职工一方协商代表履行协商代表职责期间，用人单位无正当理由不得调整其工作岗位。

第二十九条 职工一方协商代表就本规定第二十七条、第二十八条的规定与用人单位发生争议的，可以向当地劳动争议仲裁委员会申请仲裁。

第三十条 工会可以更换职工一方协商代表；未建立工会的，经本单位半数以上职工同意可以更换职工一方协商代表。

用人单位法定代表人可以更换用人单位一方协商代表。

第三十一条 协商代表因更换、辞任或遇有不可抗力等情形造成空缺的，应在空缺之日起15日内按照本规定产生新的代表。

第四章　集体协商程序

第三十二条 集体协商任何一方均可就签订集体合同或专项集体合同以及相关事宜，以书面形式向对方提出进行集体协商的要求。

一方提出进行集体协商要求的,另一方应当在收到集体协商要求之日起 20 日内以书面形式给以回应,无正当理由不得拒绝进行集体协商。

第三十三条 协商代表在协商前应进行下列准备工作:

(一)熟悉与集体协商内容有关的法律、法规、规章和制度;

(二)了解与集体协商内容有关的情况和资料,收集用人单位和职工对协商意向所持的意见;

(三)拟定集体协商议题,集体协商议题可由提出协商一方起草,也可由双方指派代表共同起草;

(四)确定集体协商的时间、地点等事项;

(五)共同确定一名非协商代表担任集体协商记录员。记录员应保持中立、公正,并为集体协商双方保密。

第三十四条 集体协商会议由双方首席代表轮流主持,并按下列程序进行:

(一)宣布议程和会议纪律;

(二)一方首席代表提出协商的具体内容和要求,另一方首席代表就对方的要求作出回应;

(三)协商双方就商谈事项发表各自意见,开展充分讨论;

(四)双方首席代表归纳意见。达成一致的,应当形成集体合同草案或专项集体合同草案,由双方首席代表签字。

第三十五条 集体协商未达成一致意见或出现事先未预料的问题时,经双方协商,可以中止协商。中止期限及下次协商时间、地点、内容由双方商定。

第五章 集体合同的订立、变更、解除和终止

第三十六条 经双方协商代表协商一致的集体合同草案或专项集体合同草案应当提交职工代表大会或者全体职工讨论。

职工代表大会或者全体职工讨论集体合同草案或专项集体合同草案,应当有 2/3 以上职工代表或者职工出席,且须经全体职工代表半数以上或者全体职工半数以上同意,集体合同草案或专项集体合同草案

方获通过。

第三十七条　集体合同草案或专项集体合同草案经职工代表大会或者职工大会通过后,由集体协商双方首席代表签字。

第三十八条　集体合同或专项集体合同期限一般为 1 至 3 年,期满或双方约定的终止条件出现,即行终止。

集体合同或专项集体合同期满前 3 个月内,任何一方均可向对方提出重新签订或续订的要求。

第三十九条　双方协商代表协商一致,可以变更或解除集体合同或专项集体合同。

第四十条　有下列情形之一的,可以变更或解除集体合同或专项集体合同:

(一)用人单位因被兼并、解散、破产等原因,致使集体合同或专项集体合同无法履行的;

(二)因不可抗力等原因致使集体合同或专项集体合同无法履行或部分无法履行的;

(三)集体合同或专项集体合同约定的变更或解除条件出现的;

(四)法律、法规、规章规定的其他情形。

第四十一条　变更或解除集体合同或专项集体合同适用本规定的集体协商程序。

第六章　集体合同审查

第四十二条　集体合同或专项集体合同签订或变更后,应当自双方首席代表签字之日起 20 日内,由用人单位一方将文本一式三份报送劳动保障行政部门审查。

劳动保障行政部门对报送的集体合同或专项集体合同应当办理登记手续。

第四十三条　集体合同或专项集体合同审查实行属地管辖,具体管辖范围由省级劳动保障行政部门规定。

中央管辖的企业以及跨省、自治区、直辖市的用人单位的集体合同应当报送劳动保障部或劳动保障部指定的省级劳动保障行政部门。

第四十四条　劳动保障行政部门应当对报送的集体合同或专项集体合同的下列事项进行合法性审查：

（一）集体协商双方的主体资格是否符合法律、法规和规章规定；

（二）集体协商程序是否违反法律、法规、规章规定；

（三）集体合同或专项集体合同内容是否与国家规定相抵触。

第四十五条　劳动保障行政部门对集体合同或专项集体合同有异议的，应当自收到文本之日起 15 日内将《审查意见书》送达双方协商代表。《审查意见书》应当载明以下内容：

（一）集体合同或专项集体合同当事人双方的名称、地址；

（二）劳动保障行政部门收到集体合同或专项集体合同的时间；

（三）审查意见；

（四）作出审查意见的时间。

《审查意见书》应当加盖劳动保障行政部门印章。

第四十六条　用人单位与本单位职工就劳动保障行政部门提出异议的事项经集体协商重新签订集体合同或专项集体合同的，用人单位一方应当根据本规定第四十二条的规定将文本报送劳动保障行政部门审查。

第四十七条　劳动保障行政部门自收到文本之日起 15 日内未提出异议的，集体合同或专项集体合同即行生效。

第四十八条　生效的集体合同或专项集体合同，应当自其生效之日起由协商代表及时以适当的形式向本方全体人员公布。

第七章　集体协商争议的协调处理

第四十九条　集体协商过程中发生争议，双方当事人不能协商解决的，当事人一方或双方可以书面向劳动保障行政部门提出协调处理申请；未提出申请的，劳动保障行政部门认为必要时也可以进行协调处理。

第五十条　劳动保障行政部门应当组织同级工会和企业组织等三方面的人员，共同协调处理集体协商争议。

第五十一条　集体协商争议处理实行属地管辖，具体管辖范围由省级劳动保障行政部门规定。

中央管辖的企业以及跨省、自治区、直辖市用人单位因集体协商发生的争议,由劳动保障部指定的省级劳动保障行政部门组织同级工会和企业组织等三方面的人员协调处理,必要时,劳动保障部也可以组织有关方面协调处理。

第五十二条 协调处理集体协商争议,应当自受理协调处理申请之日起 30 日内结束协调处理工作。期满未结束的,可以适当延长协调期限,但延长期限不得超过 15 日。

第五十三条 协调处理集体协商争议应当按照以下程序进行:

(一)受理协调处理申请;

(二)调查了解争议的情况;

(三)研究制定协调处理争议的方案;

(四)对争议进行协调处理;

(五)制作《协调处理协议书》。

第五十四条 《协调处理协议书》应当载明协调处理申请、争议的事实和协调结果,双方当事人就某些协商事项不能达成一致的,应将继续协商的有关事项予以载明。《协调处理协议书》由集体协商争议协调处理人员和争议双方首席代表签字盖章后生效。争议双方均应遵守生效后的《协调处理协议书》。

第八章 附 则

第五十五条 因履行集体合同发生的争议,当事人协商解决不成的,可以依法向劳动争议仲裁委员会申请仲裁。

第五十六条 用人单位无正当理由拒绝工会或职工代表提出的集体协商要求的,按照《工会法》及有关法律、法规的规定处理。

第五十七条 本规定于 2004 年 5 月 1 日起实施。原劳动部 1994 年 12 月 5 日颁布的《集体合同规定》同时废止。

劳务派遣暂行规定

（2013 年 12 月 20 日经人力资源社会保障部第 21 次部务会审议通过，自 2014 年 3 月 1 日起施行。）

第一章　总　则

第一条　为规范劳务派遣，维护劳动者的合法权益，促进劳动关系和谐稳定，依据《中华人民共和国劳动合同法》（以下简称劳动合同法）和《中华人民共和国劳动合同法实施条例》（以下简称劳动合同法实施条例）等法律、行政法规，制定本规定。

第二条　劳务派遣单位经营劳务派遣业务，企业（以下称用工单位）使用被派遣劳动者，适用本规定。

依法成立的会计师事务所、律师事务所等合伙组织和基金会以及民办非企业单位等组织使用被派遣劳动者，依照本规定执行。

第二章　用工范围和用工比例

第三条　用工单位只能在临时性、辅助性或者替代性的工作岗位上使用被派遣劳动者。

前款规定的临时性工作岗位是指存续时间不超过 6 个月的岗位；辅助性工作岗位是指为主营业务岗位提供服务的非主营业务岗位；替代性工作岗位是指用工单位的劳动者因脱产学习、休假等原因无法工作的一定期间内，可以由其他劳动者替代工作的岗位。

用工单位决定使用被派遣劳动者的辅助性岗位，应当经职工代表大会或者全体职工讨论，提出方案和意见，与工会或者职工代表平等协商确定，并在用工单位内公示。

第四条　用工单位应当严格控制劳务派遣用工数量，使用的被派遣劳动者数量不得超过其用工总量的 10％。

前款所称用工总量是指用工单位订立劳动合同人数与使用的被派遣劳动者人数之和。

计算劳务派遣用工比例的用工单位是指依照劳动合同法和劳动合同法实施条例可以与劳动者订立劳动合同的用人单位。

第三章　劳动合同、劳务派遣协议的订立和履行

第五条　劳务派遣单位应当依法与被派遣劳动者订立2年以上的固定期限书面劳动合同。

第六条　劳务派遣单位可以依法与被派遣劳动者约定试用期。劳务派遣单位与同一被派遣劳动者只能约定一次试用期。

第七条　劳务派遣协议应当载明下列内容：

（一）派遣的工作岗位名称和岗位性质；

（二）工作地点；

（三）派遣人员数量和派遣期限；

（四）按照同工同酬原则确定的劳动报酬数额和支付方式；

（五）社会保险费的数额和支付方式；

（六）工作时间和休息休假事项；

（七）被派遣劳动者工伤、生育或者患病期间的相关待遇；

（八）劳动安全卫生以及培训事项；

（九）经济补偿等费用；

（十）劳务派遣协议期限；

（十一）劳务派遣服务费的支付方式和标准；

（十二）违反劳务派遣协议的责任；

（十三）法律、法规、规章规定应当纳入劳务派遣协议的其他事项。

第八条　劳务派遣单位应当对被派遣劳动者履行下列义务：

（一）如实告知被派遣劳动者劳动合同法第八条规定的事项、应遵守的规章制度以及劳务派遣协议的内容；

（二）建立培训制度，对被派遣劳动者进行上岗知识、安全教育培训；

（三）按照国家规定和劳务派遣协议约定，依法支付被派遣劳动者的劳动报酬和相关待遇；

（四）按照国家规定和劳务派遣协议约定，依法为被派遣劳动者缴

纳社会保险费,并办理社会保险相关手续;

(五)督促用工单位依法为被派遣劳动者提供劳动保护和劳动安全卫生条件;

(六)依法出具解除或者终止劳动合同的证明;

(七)协助处理被派遣劳动者与用工单位的纠纷;

(八)法律、法规和规章规定的其他事项。

第九条 用工单位应当按照劳动合同法第六十二条规定,向被派遣劳动者提供与工作岗位相关的福利待遇,不得歧视被派遣劳动者。

第十条 被派遣劳动者在用工单位因工作遭受事故伤害的,劳务派遣单位应当依法申请工伤认定,用工单位应当协助工伤认定的调查核实工作。劳务派遣单位承担工伤保险责任,但可以与用工单位约定补偿办法。

被派遣劳动者在申请进行职业病诊断、鉴定时,用工单位应当负责处理职业病诊断、鉴定事宜,并如实提供职业病诊断、鉴定所需的劳动者职业史和职业危害接触史、工作场所职业病危害因素检测结果等资料,劳务派遣单位应当提供被派遣劳动者职业病诊断、鉴定所需的其他材料。

第十一条 劳务派遣单位行政许可有效期未延续或者《劳务派遣经营许可证》被撤销、吊销的,已经与被派遣劳动者依法订立的劳动合同应当履行至期限届满。双方经协商一致,可以解除劳动合同。

第十二条 有下列情形之一的,用工单位可以将被派遣劳动者退回劳务派遣单位:

(一)用工单位有劳动合同法第四十条第三项、第四十一条规定情形的;

(二)用工单位被依法宣告破产、吊销营业执照、责令关闭、撤销、决定提前解散或者经营期限届满不再继续经营的;

(三)劳务派遣协议期满终止的。

被派遣劳动者退回后在无工作期间,劳务派遣单位应当按照不低于所在地人民政府规定的最低工资标准,向其按月支付报酬。

第十三条 被派遣劳动者有劳动合同法第四十二条规定情形的,

在派遣期限届满前,用工单位不得依据本规定第十二条第一款第一项规定将被派遣劳动者退回劳务派遣单位;派遣期限届满的,应当延续至相应情形消失时方可退回。

第四章　劳动合同的解除和终止

第十四条　被派遣劳动者提前 30 日以书面形式通知劳务派遣单位,可以解除劳动合同。被派遣劳动者在试用期内提前 3 日通知劳务派遣单位,可以解除劳动合同。劳务派遣单位应当将被派遣劳动者通知解除劳动合同的情况及时告知用工单位。

第十五条　被派遣劳动者因本规定第十二条规定被用工单位退回,劳务派遣单位重新派遣时维持或者提高劳动合同约定条件,被派遣劳动者不同意的,劳务派遣单位可以解除劳动合同。

被派遣劳动者因本规定第十二条规定被用工单位退回,劳务派遣单位重新派遣时降低劳动合同约定条件,被派遣劳动者不同意的,劳务派遣单位不得解除劳动合同。但被派遣劳动者提出解除劳动合同的除外。

第十六条　劳务派遣单位被依法宣告破产、吊销营业执照、责令关闭、撤销、决定提前解散或者经营期限届满不再继续经营的,劳动合同终止。用工单位应当与劳务派遣单位协商妥善安置被派遣劳动者。

第十七条　劳务派遣单位因劳动合同法第四十六条或者本规定第十五条、第十六条规定的情形,与被派遣劳动者解除或者终止劳动合同的,应当依法向被派遣劳动者支付经济补偿。

第五章　跨地区劳务派遣的社会保险

第十八条　劳务派遣单位跨地区派遣劳动者的,应当在用工单位所在地为被派遣劳动者参加社会保险,按照用工单位所在地的规定缴纳社会保险费,被派遣劳动者按照国家规定享受社会保险待遇。

第十九条　劳务派遣单位在用工单位所在地设立分支机构的,由分支机构为被派遣劳动者办理参保手续,缴纳社会保险费。

劳务派遣单位未在用工单位所在地设立分支机构的,由用工单位代劳务派遣单位为被派遣劳动者办理参保手续,缴纳社会保险费。

第六章 法律责任

第二十条 劳务派遣单位、用工单位违反劳动合同法和劳动合同法实施条例有关劳务派遣规定的,按照劳动合同法第九十二条规定执行。

第二十一条 劳务派遣单位违反本规定解除或者终止被派遣劳动者劳动合同的,按照劳动合同法第四十八条、第八十七条规定执行。

第二十二条 用工单位违反本规定第三条第三款规定的,由人力资源社会保障行政部门责令改正,给予警告;给被派遣劳动者造成损害的,依法承担赔偿责任。

第二十三条 劳务派遣单位违反本规定第六条规定的,按照劳动合同法第八十三条规定执行。

第二十四条 用工单位违反本规定退回被派遣劳动者的,按照劳动合同法第九十二条第二款规定执行。

第七章 附 则

第二十五条 外国企业常驻代表机构和外国金融机构驻华代表机构等使用被派遣劳动者的,以及船员用人单位以劳务派遣形式使用国际远洋海员的,不受临时性、辅助性、替代性岗位和劳务派遣用工比例的限制。

第二十六条 用人单位将本单位劳动者派往境外工作或者派往家庭、自然人处提供劳动的,不属于本规定所称劳务派遣。

第二十七条 用人单位以承揽、外包等名义,按劳务派遣用工形式使用劳动者的,按照本规定处理。

第二十八条 用工单位在本规定施行前使用被派遣劳动者数量超过其用工总量10%的,应当制定调整用工方案,于本规定施行之日起2年内降至规定比例。但是,《全国人民代表大会常务委员会关于修改〈中华人民共和国劳动合同法〉的决定》公布前已依法订立的劳动合同和劳务派遣协议期限届满日期在本规定施行之日起2年后的,可以依法继续履行至期限届满。

用工单位应当将制定的调整用工方案报当地人力资源社会保障行政部门备案。

用工单位未将本规定施行前使用的被派遣劳动者数量降至符合规定比例之前，不得新用被派遣劳动者。

第二十九条　本规定自2014年3月1日起施行。

最高人民法院关于审理劳动争议案件适用法律若干问题的解释（一）

（2001年3月22日最高人民法院审判委员会第1165次会议通过，自2001年4月30日起施行。）

为正确审理劳动争议案件，根据《中华人民共和国劳动法》（以下简称《劳动法》）和《中华人民共和国民事诉讼法》（以下简称《民事诉讼法》）等相关法律之规定，就适用法律的若干问题，作如下解释。

第一条　劳动者与用人单位之间发生的下列纠纷，属于《劳动法》第二条规定的劳动争议，当事人不服劳动争议仲裁委员会作出的裁决，依法向人民法院起诉的，人民法院应当受理：

（一）劳动者与用人单位在履行劳动合同过程中发生的纠纷；

（二）劳动者与用人单位之间没有订立书面劳动合同，但已形成劳动关系后发生的纠纷；

（三）劳动者退休后，与尚未参加社会保险统筹的原用人单位因追索养老金、医疗费、工伤保险待遇和其他社会保险费而发生的纠纷。

第二条　劳动争议仲裁委员会以当事人申请仲裁的事项不属于劳动争议为由，作出不予受理的书面裁决、决定或者通知，当事人不服，依法向人民法院起诉的，人民法院应当分别情况予以处理：

（一）属于劳动争议案件的，应当受理；

（二）虽不属于劳动争议案件，但属于人民法院主管的其他案件，应当依法受理。

第三条　劳动争议仲裁委员会根据《劳动法》第八十二条之规定，以当事人的仲裁申请超过六十日期限为由，作出不予受理的书面裁决、决定或者通知，当事人不服，依法向人民法院起诉的，人民法院应当受理；对确已超过仲裁申请期限，又无不可抗力或者其他正当理由的，依法驳回其诉讼请求。

第四条　劳动争议仲裁委员会以申请仲裁的主体不适格为由，作出不予受理的书面裁决、决定或者通知，当事人不服，依法向人民法院起诉的，经审查，确属主体不适格的，裁定不予受理或者驳回起诉。

第五条　劳动争议仲裁委员会为纠正原仲裁裁决错误重新作出裁决，当事人不服，依法向人民法院起诉的，人民法院应当受理。

第六条　人民法院受理劳动争议案件后，当事人增加诉讼请求的，如该诉讼请求与讼争的劳动争议具有不可分性，应当合并审理；如属独立的劳动争议，应当告知当事人向劳动争议仲裁委员会申请仲裁。

第七条　劳动争议仲裁委员会仲裁的事项不属于人民法院受理的案件范围，当事人不服，依法向人民法院起诉的，裁定不予受理或者驳回起诉。

第八条　劳动争议案件由用人单位所在地或者劳动合同履行地的基层人民法院管辖。

劳动合同履行地不明确的，由用人单位所在地的基层人民法院管辖。

第九条　当事人双方不服劳动争议仲裁委员会作出的同一仲裁裁决，均向同一人民法院起诉的，先起诉的一方当事人为原告，但对双方的诉讼请求，人民法院应当一并作出裁决。

当事人双方就同一仲裁裁决分别向有管辖权的人民法院起诉的，后受理的人民法院应当将案件移送给先受理的人民法院。

第十条　用人单位与其他单位合并的，合并前发生的劳动争议，由合并后的单位为当事人；用人单位分立为若干单位的，其分立前发生的劳动争议，由分立后的实际用人单位为当事人。

用人单位分立为若干单位后，对承受劳动权利义务的单位不明确的，分立后的单位均为当事人。

第十一条　用人单位招用尚未解除劳动合同的劳动者,原用人单位与劳动者发生的劳动争议,可以列新的用人单位为第三人。

原用人单位以新的用人单位侵权为由向人民法院起诉的,可以列劳动者为第三人。

原用人单位以新的用人单位和劳动者共同侵权为由向人民法院起诉的,新的用人单位和劳动者列为共同被告。

第十二条　劳动者在用人单位与其他平等主体之间的承包经营期间,与发包方和承包方双方或者一方发生劳动争议,依法向人民法院起诉的,应当将承包方和发包方作为当事人。

第十三条　因用人单位作出的开除、除名、辞退、解除劳动合同、减少劳动报酬、计算劳动者工作年限等决定而发生的劳动争议,用人单位负举证责任。

第十四条　劳动合同被确认为无效后,用人单位对劳动者付出的劳动,一般可参照本单位同期、同工种、同岗位的工资标准支付劳动报酬。

根据《劳动法》第九十七条之规定,由于用人单位的原因订立的无效合同,给劳动者造成损害的,应当比照违反和解除劳动合同经济补偿金的支付标准,赔偿劳动者因合同无效所造成的经济损失。

第十五条　用人单位有下列情形之一,迫使劳动者提出解除劳动合同的,用人单位应当支付劳动者的劳动报酬和经济补偿,并可支付赔偿金:

(一)以暴力、威胁或者非法限制人身自由的手段强迫劳动的;

(二)未按照劳动合同约定支付劳动报酬或者提供劳动条件的;

(三)克扣或者无故拖欠劳动者工资的;

(四)拒不支付劳动者延长工作时间工资报酬的;

(五)低于当地最低工资标准支付劳动者工资的。

第十六条　劳动合同期满后,劳动者仍在原用人单位工作,原用人单位未表示异议的,视为双方同意以原条件继续履行劳动合同。一方提出终止劳动关系的,人民法院应当支持。

根据《劳动法》第二十条之规定,用人单位应当与劳动者签订无固定期限劳动合同而未签订的,人民法院可以视为双方之间存在无固定期限劳动合同关系,并以原劳动合同确定双方的权利义务关系。

第十七条　劳动争议仲裁委员会作出仲裁裁决后,当事人对裁决中的部分事项不服,依法向人民法院起诉的,劳动争议仲裁裁决不发生法律效力。

第十八条　劳动争议仲裁委员会对多个劳动者的劳动争议作出仲裁裁决后,部分劳动者对仲裁裁决不服,依法向人民法院起诉的,仲裁裁决对提出起诉的劳动者不发生法律效力;对未提出起诉的部分劳动者,发生法律效力,如其申请执行的,人民法院应当受理。

第十九条　用人单位根据《劳动法》第四条之规定,通过民主程序制定的规章制度,不违反国家法律、行政法规及政策规定,并已向劳动者公示的,可以作为人民法院审理劳动争议案件的依据。

第二十条　用人单位对劳动者作出的开除、除名、辞退等处理,或者因其他原因解除劳动合同确有错误的,人民法院可以依法判决予以撤销。

对于追索劳动报酬、养老金、医疗费以及工伤保险待遇、经济补偿金、培训费及其他相关费用等案件,给付数额不当的,人民法院可以予以变更。

第二十一条　当事人申请人民法院执行劳动争议仲裁机构作出的发生法律效力的裁决书、调解书,被申请人提出证据证明劳动争议仲裁裁决书、调解书有下列情形之一,并经审查核实的,人民法院可以根据《民事诉讼法》第二百一十七条之规定,裁定不予执行:

(一)裁决的事项不属于劳动争议仲裁范围,或者劳动争议仲裁机构无权仲裁的;

(二)适用法律确有错误的;

(三)仲裁员仲裁该案时,有徇私舞弊、枉法裁决行为的;

(四)人民法院认定执行该劳动争议仲裁裁决违背社会公共利益的。

人民法院在不予执行的裁定书中,应当告知当事人在收到裁定书之次日起三十日内,可以就该劳动争议事项向人民法院起诉。

最高人民法院关于审理
劳动争议案件适用法律若干问题的解释(二)

(2006 年 7 月 10 日由最高人民法院审判委员会第 1393 次会议通过,自 2006 年 10 月 1 日起施行。)

为正确审理劳动争议案件,根据《中华人民共和国劳动法》、《中华人民共和国民事诉讼法》等相关法律规定,结合民事审判实践,对人民法院审理劳动争议案件适用法律的若干问题补充解释如下:

第一条 人民法院审理劳动争议案件,对下列情形,视为劳动法第八十二条规定的"劳动争议发生之日":

(一)在劳动关系存续期间产生的支付工资争议,用人单位能够证明已经书面通知劳动者拒付工资的,书面通知送达之日为劳动争议发生之日。用人单位不能证明的,劳动者主张权利之日为劳动争议发生之日。

(二)因解除或者终止劳动关系产生的争议,用人单位不能证明劳动者收到解除或者终止劳动关系书面通知时间的,劳动者主张权利之日为劳动争议发生之日。

(三)劳动关系解除或者终止后产生的支付工资、经济补偿金、福利待遇等争议,劳动者能够证明用人单位承诺支付的时间为解除或者终止劳动关系后的具体日期的,用人单位承诺支付之日为劳动争议发生之日。劳动者不能证明的,解除或者终止劳动关系之日为劳动争议发生之日。

第二条 拖欠工资争议,劳动者申请仲裁时劳动关系仍然存续,用人单位以劳动者申请仲裁超过六十日为由主张不再支付的,人民法院不予支持。但用人单位能够证明劳动者已经收到拒付工资的书面通知的除外。

第三条 劳动者以用人单位的工资欠条为证据直接向人民法院起诉,诉讼请求不涉及劳动关系其他争议的,视为拖欠劳动报酬争议,按照普通民事纠纷受理。

第四条 用人单位和劳动者因劳动关系是否已经解除或者终止,以及应否支付解除或终止劳动关系经济补偿金产生的争议,经劳动争议仲裁委员会仲裁后,当事人依法起诉的,人民法院应予受理。

第五条 劳动者与用人单位解除或者终止劳动关系后,请求用人单位返还其收取的劳动合同定金、保证金、抵押金、抵押物产生的争议,或者办理劳动者的人事档案、社会保险关系等移转手续产生的争议,经劳动争议仲裁委员会仲裁后,当事人依法起诉的,人民法院应予受理。

第六条 劳动者因为工伤、职业病,请求用人单位依法承担给予工伤保险待遇的争议,经劳动争议仲裁委员会仲裁后,当事人依法起诉的,人民法院应予受理。

第七条 下列纠纷不属于劳动争议:

(一)劳动者请求社会保险经办机构发放社会保险金的纠纷;

(二)劳动者与用人单位因住房制度改革产生的公有住房转让纠纷;

(三)劳动者对劳动能力鉴定委员会的伤残等级鉴定结论或者对职业病诊断鉴定委员会的职业病诊断鉴定结论的异议纠纷;

(四)家庭或者个人与家政服务人员之间的纠纷;

(五)个体工匠与帮工、学徒之间的纠纷;

(六)农村承包经营户与受雇人之间的纠纷。

第八条 当事人不服劳动争议仲裁委员会作出的预先支付劳动者部分工资或者医疗费用的裁决,向人民法院起诉的,人民法院不予受理。

用人单位不履行上述裁决中的给付义务,劳动者依法向人民法院申请强制执行的,人民法院应予受理。

第九条 劳动者与起有字号的个体工商户产生的劳动争议诉讼,人民法院应当以营业执照上登记的字号为当事人,但应同时注明该字号业主的自然情况。

第十条 劳动者因履行劳动力派遣合同产生劳动争议而起诉,以派遣单位为被告;争议内容涉及接受单位的,以派遣单位和接受单位为共同被告。

第十一条 劳动者和用人单位均不服劳动争议仲裁委员会的同一裁决,向同一人民法院起诉的,人民法院应当并案审理,双方当事人互为原告和被告。在诉讼过程中,一方当事人撤诉的,人民法院应当根据另一方当事人的诉讼请求继续审理。

第十二条 当事人能够证明在申请仲裁期间内因不可抗力或者其他客观原因无法申请仲裁的,人民法院应当认定申请仲裁期间中止,从中止的原因消灭之次日起,申请仲裁期间连续计算。

第十三条 当事人能够证明在申请仲裁期间内具有下列情形之一的,人民法院应当认定申请仲裁期间中断:

(一)向对方当事人主张权利;

(二)向有关部门请求权利救济;

(三)对方当事人同意履行义务。

申请仲裁期间中断的,从对方当事人明确拒绝履行义务,或者有关部门作出处理决定或明确表示不予处理时起,申请仲裁期间重新计算。

第十四条 在诉讼过程中,劳动者向人民法院申请采取财产保全措施,人民法院经审查认为申请人经济确有困难,或有证据证明用人单位存在欠薪逃匿可能的,应当减轻或者免除劳动者提供担保的义务,及时采取保全措施。

第十五条 人民法院作出的财产保全裁定中,应当告知当事人在劳动仲裁机构的裁决书或者在人民法院的裁判文书生效后三个月内申请强制执行。逾期不申请的,人民法院应当裁定解除保全措施。

第十六条 用人单位制定的内部规章制度与集体合同或者劳动合同约定的内容不一致,劳动者请求优先适用合同约定的,人民法院应予支持。

第十七条 当事人在劳动争议调解委员会主持下达成的具有劳动权利义务内容的调解协议,具有劳动合同的约束力,可以作为人民法院裁判的根据。

当事人在劳动争议调解委员会主持下仅就劳动报酬争议达成调解协议,用人单位不履行调解协议确定的给付义务,劳动者直接向人民法院起诉的,人民法院可以按照普通民事纠纷受理。

第十八条 本解释自二〇〇六年十月一日起施行。本解释施行前本院颁布的有关司法解释与本解释规定不一致的,以本解释的规定为准。

本解释施行后,人民法院尚未审结的一审、二审案件适用本解释。本解释施行前已经审结的案件,不得适用本解释的规定进行再审。

最高人民法院关于审理
劳动争议案件适用法律若干问题的解释(三)

(2010 年 7 月 12 日由最高人民法院审判委员会第 1489 次会议通过,自 2010 年 9 月 14 日起施行。)

为正确审理劳动争议案件,根据《中华人民共和国劳动法》、《中华人民共和国劳动合同法》、《中华人民共和国劳动争议调解仲裁法》、《中华人民共和国民事诉讼法》等相关法律规定,结合民事审判实践,特作如下解释。

第一条 劳动者以用人单位未为其办理社会保险手续,且社会保险经办机构不能补办导致其无法享受社会保险待遇为由,要求用人单位赔偿损失而发生争议的,人民法院应予受理。

第二条 因企业自主进行改制引发的争议,人民法院应予受理。

第三条 劳动者依据劳动合同法第八十五条规定,向人民法院提起诉讼,要求用人单位支付加付赔偿金的,人民法院应予受理。

第四条 劳动者与未办理营业执照、营业执照被吊销或者营业期限届满仍继续经营的用人单位发生争议的,应当将用人单位或者其出资人列为当事人。

第五条 未办理营业执照、营业执照被吊销或者营业期限届满仍继续经营的用人单位,以挂靠等方式借用他人营业执照经营的,应当将用人单位和营业执照出借方列为当事人。

第六条 当事人不服劳动人事争议仲裁委员会作出的仲裁裁决,依法向人民法院提起诉讼,人民法院审查认为仲裁裁决遗漏了必须共同参加仲裁的当事人的,应当依法追加遗漏的人为诉讼当事人。

被追加的当事人应当承担责任的,人民法院应当一并处理。

第七条 用人单位与其招用的已经依法享受养老保险待遇或领取退休金的人员发生用工争议,向人民法院提起诉讼的,人民法院应当按劳务关系处理。

第八条　企业停薪留职人员、未达到法定退休年龄的内退人员、下岗待岗人员以及企业经营性停产放长假人员,因与新的用人单位发生用工争议,依法向人民法院提起诉讼的,人民法院应当按劳动关系处理。

第九条　劳动者主张加班费的,应当就加班事实的存在承担举证责任。但劳动者有证据证明用人单位掌握加班事实存在的证据,用人单位不提供的,由用人单位承担不利后果。

第十条　劳动者与用人单位就解除或者终止劳动合同办理相关手续、支付工资报酬、加班费、经济补偿或者赔偿金等达成的协议,不违反法律、行政法规的强制性规定,且不存在欺诈、胁迫或者乘人之危情形的,应当认定有效。

前款协议存在重大误解或者显失公平情形,当事人请求撤销的,人民法院应予支持。

第十一条　劳动人事争议仲裁委员会作出的调解书已经发生法律效力,一方当事人反悔提起诉讼的,人民法院不予受理;已经受理的,裁定驳回起诉。

第十二条　劳动人事争议仲裁委员会逾期未作出受理决定或仲裁裁决,当事人直接提起诉讼的,人民法院应予受理,但申请仲裁的案件存在下列事由的除外:

(一)移送管辖的;

(二)正在送达或送达延误的;

(三)等待另案诉讼结果、评残结论的;

(四)正在等待劳动人事争议仲裁委员会开庭的;

(五)启动鉴定程序或者委托其他部门调查取证的;

(六)其他正当事由。

当事人以劳动人事争议仲裁委员会逾期未作出仲裁裁决为由提起诉讼的,应当提交劳动人事争议仲裁委员会出具的受理通知书或者其他已接受仲裁申请的凭证或证明。

第十三条　劳动者依据调解仲裁法第四十七条第(一)项规定,追索劳动报酬、工伤医疗费、经济补偿或者赔偿金,如果仲裁裁决涉及数项,每项确定的数额均不超过当地月最低工资标准十二个月金额的,应当按照终局裁决处理。

第十四条　劳动人事争议仲裁委员会作出的同一仲裁裁决同时包含终局裁决事项和非终局裁决事项，当事人不服该仲裁裁决向人民法院提起诉讼的，应当按照非终局裁决处理。

第十五条　劳动者依据调解仲裁法第四十八条规定向基层人民法院提起诉讼，用人单位依据调解仲裁法第四十九条规定向劳动人事争议仲裁委员会所在地的中级人民法院申请撤销仲裁裁决的，中级人民法院应不予受理；已经受理的，应当裁定驳回申请。

被人民法院驳回起诉或者劳动者撤诉的，用人单位可以自收到裁定书之日起三十日内，向劳动人事争议仲裁委员会所在地的中级人民法院申请撤销仲裁裁决。

第十六条　用人单位依照调解仲裁法第四十九条规定向中级人民法院申请撤销仲裁裁决，中级人民法院作出的驳回申请或者撤销仲裁裁决的裁定为终审裁定。

第十七条　劳动者依据劳动合同法第三十条第二款和调解仲裁法第十六条规定向人民法院申请支付令，符合民事诉讼法第十七章督促程序规定的，人民法院应予受理。

依据劳动合同法第三十条第二款规定申请支付令被人民法院裁定终结督促程序后，劳动者就劳动争议事项直接向人民法院起诉的，人民法院应当告知其先向劳动人事争议仲裁委员会申请仲裁。

依据调解仲裁法第十六条规定申请支付令被人民法院裁定终结督促程序后，劳动者依据调解协议直接向人民法院提起诉讼的，人民法院应予受理。

第十八条　劳动人事争议仲裁委员会作出终局裁决，劳动者向人民法院申请执行，用人单位向劳动人事争议仲裁委员会所在地的中级人民法院申请撤销的，人民法院应当裁定中止执行。

用人单位撤回撤销终局裁决申请或者其申请被驳回的，人民法院应当裁定恢复执行。仲裁裁决被撤销的，人民法院应当裁定终结执行。

用人单位向人民法院申请撤销仲裁裁决被驳回后，又在执行程序中以相同理由提出不予执行抗辩的，人民法院不予支持。